中华人民共和国
公司法
新旧对照与重点条文解读

周游 编著

中国法制出版社
CHINA LEGAL PUBLISHING HOUSE

《中华人民共和国公司法》学习指引

公司法重在规范公司的组织和行为，是社会主义市场经济制度的基础性法律。1993年12月29日，第八届全国人民代表大会常务委员会第五次会议通过公司法，其历经1999年第一次修正、2004年第二次修正、2005年第一次修订、2013年第三次修正、2018年第四次修正。三十年来，公司法的制定和历次修改都立足于解决我国当时经济发展的关键问题，与我国社会主义市场经济体制的建立和完善紧密相连，为维护社会经济秩序，促进社会主义市场经济的发展，发挥了重要作用。与此同时，公司注册登记数量逐年增加，经济发展过程中也涌现出亟待回应的新问题。为落实党中央关于深化国有企业改革、优化营商环境、加强产权保护、促进资本市场健康发展等重大决策部署，有必要全面修订公司法。2023年12月29日，第十四届全国人民代表大会常务委员会第七次会议第二次修订通过公司法，自2024年7月1日起施行。新公司法在公司登记、公司治理、公司资本、股东权利、职工权益以及国家出资公司和上市公司组织机构的特别规定等各领域都有重大修改。

在公司登记方面，新公司法专设公司登记一章以统合公司登记规则，同时进一步完善企业信息公示制度。此次修订将原来分别规定在不同条文中关于办理变更登记的内容予以统一（第34条），并归整设立登记（第29条）和注销登记（第37条）等规定，同时明确公司及公司登记机关都有通过国家企业信用信息公示系统公示相关事项的义务（第32条、第40条）。

在公司治理方面，新公司法在组织机构设置、瑕疵决议规则以及控股股东、实际控制人、董事、监事、高级管理人员的义务和责任方面都有系统性革新。首先，新公司法确立董事会审计委员会和监事会的选择设置规则（第69条、第121条），规模较小或股东人数较少的有限责任公司甚至可以选择不设监督机构（第83条）。其次，此次修订在完善关于决议无效和撤销的规定基础上，借鉴司法解释的相关规定，增加决议不成立的内容（第27条），从而形成较为系统的瑕疵决议规则体系。最后，在对忠实义务和勤勉义务分别作出内涵界定（第180条）之基础上，新公司法细化了违反忠实义务的规定，尤其是单列自我交易和关联交易（第182条）、利用公司商业机会（第183条）、竞业限制（第184条）等条文，并增设事实董事（第180条）、影子董事（第192条）等规定，以强化控股股东、实际控制人的法律责任。

在公司资本方面，新公司法全面总结注册资本认缴登记制改革的经验，直面其中存在的问题并提供了体系化的改进方案。针对有限责任公司，此次修订在明确股东五年限期实缴出资（第47条）之基础上，进一步设置董事会催缴出资（第51条）、股东失权（第52条）、抽逃出资的民事责任（第53条）、股东提前缴纳出资（第54条）等规定。针对股份有限公司，此次修订在引入授权资本制（第152条、第153条）的同时，明确发起人应当在公司成立前全额缴纳股款（第98条），并细化类别股发行的相关规则（第144条至第146条）。

在股东权利方面，新公司法切实强化各项相关规则，尤其是对保护中小股东合法权益作出制度回应。例如，有限责任公司股东查账范围延伸至会计凭证，并允许股东查阅、复制公司全资子公司的相关材料（第57条），并增设因控股股东滥用权利而引起的异议股东股权收购请求权的规定（第89条）；股份有限公司股东有权提出临时提案的持股比例限制则从3%降至1%（第115条）。另外，此次修订将原本仅规定在有限责任公司的若干规则扩张适用于股份有限公司。例如，有条件地行使查账权（第110条）、异议股东股份收购请求权（第161条）、自然人股东死亡后股东资格的继承（第167条）等。

在职工权益方面，新公司法从立法目的到具体规则都有较全面的完善。保护职工合法权益成为公司法的立法目的之一（第1条），职工也是公司承担社会责任涉及的重要利益相关者（第20条）。新公司法还明确建立健全以职工代表大会为基本形式的民主管理制度（第17条），并落实董事会成员中的职工代表及其可以成为审计委员会成员的规定（第68条、第69条）。

在国家出资公司组织机构的特别规定方面，新公司法在原本关于国有独资公司的特别规定一节基础上予以完善，增设国家出资公司组织机构的特别规定一章，与完善中国特色现代企业制度之立法目的（第1条）相契合。新公司法进一步明确坚持党对国有企业的领导（第170条），并将调整对象从国有独资公司扩张至国有资本控股公司（第168条）。

在上市公司组织机构的特别规定方面，新公司法进一步与证券法等法律法规相衔接。此次修订增设上市公司董事会审计委员会针对特别事项的表决（第137条），关于股东和实际控制人的信息披露与禁止股票代持（第140条），以及上市公司及其控股子公司禁止相互持股（第141条）等规定。

作为三十年来最大规模的一次修订，新公司法在整体上彰显出以下几个方面的特点：

首先，新公司法是一部"选择型"公司法。此次修订在诸多领域都提供了规则选项,当事人可以根据自身需要择一适用。前文提及关于组织机构设置的规则变化正是这一特点的显著体现。此外,在公司融资途径方面,股份有限公司可以选择发行面额股或无面额股,也可将已发行的股份在两者间相互转换(第142条)。在股东出资方式方面,股权、债权等皆可用作出资(第48条)。总之,公司在规模大小、公开性程度及所有制属性等方面都存在较大差异,公司法在诸多关键领域都不能只提供一种默示规则。由此,"选择型"公司法提升了当事人对于制度安排的参与度,将促使公司自治从形式走向实质,也与此次修订新增弘扬企业家精神之立法目的(第1条)相契合。

其次,新公司法在很大程度上降低了制度性交易成本。此次修订在诸多领域都进一步优化了相关程序性规定,以减轻当事人负担,从而激发市场活力、提升运营效率。例如,在公司登记方面,对于申请材料不齐全或者不符合法定形式的,公司登记机关应当一次性告知需要补正的材料(第30条)。又如,在信息公示方面,公司登记机关不再只是基于公众申请查询才提供相关信息,而是应当将公司登记事项通过国家企业信用信息公示系统向社会公示(第32条)。再如,在会议召开和表决方面,公司可以采用电子通信方式(第24条)。尤其是在公司重大事项变动方面,此次修订系统性地增设简易合并(第219条)、简易减资(第225条)、简易注销(第240条)等制度。总之,在完善各项维护交易安全的规则前提下,此次修订充分因应互联网和信息技术发展等时代潮流,可进一步提升交易效率,优化营商环境。

最后,新公司法充分回应了当下愈加复杂的商事组织架构和投融资关系。一方面,在商事组织集团化运营的趋势下,传统公司法主要围绕单个公司构建规则的模式已经显现诸多弊端。此次修订赋予股东对公司全资子公司"穿越"行使查阅权或提起股东代表诉讼的权利（第57条、第189条），原则禁止公司为他人取得本公司或者其母公司的股份提供财务资助（第163条），以及强化对关联交易主体和方式的规制（第182条）等规定，都是对这一趋势的制度回应。另一方面，在投资者角色多元化背景下，传统公司法主要基于投资者需求同质化的假定已然脱离实践。此次修订因应投资者的不同需求作出相应的规则调适，例如，契合类别股制度革新明确一股一权规则的例外情形（第116条），以及扩大可转换为股票的公司债券的发行主体及其内部决策机构的范围（第202条）等。再一方面，商事组织架构与投融资关系也相互影响，反映了组织和契约交叉的制度变迁趋势。对此，新公司法增设有限责任公司设立时的股东可以签订设立协议（第43条），以及债券持有人会议决议及其效力（第204条）等规定。

总之，新公司法具有鲜明的适应性。随着经济社会的发展，商业实践也将为公司法的持续进化不断注入新的理念和元素。本书在编写过程中参阅了全国人民代表大会宪法和法律委员会关于公司法修订草案各次审议稿修改情况的汇报，并借鉴国内专家学者及实务部门的相关研究成果。中央财经大学企业合规与风险防控法律研究中心研究助理马健淇、符大卿在表格绘制及文字校对方面做了部分协助工作。因时间和水平有限，本书内容难免有疏漏或不妥之处，敬请广大读者批评指正。

周 游
2024年1月3日

目 录

《中华人民共和国公司法》新旧对照与重点条文解读表 ……… 1
第一章 总 则 ……………………………………………… 3
 第 一 条 【立法目的】……………………………………… 3
 第 二 条 【调整范围】……………………………………… 4
 第 三 条 【公司的法律地位】……………………………… 4
 第 四 条 【股东有限责任和基本权利】…………………… 5
 第 五 条 【公司章程】……………………………………… 5
 第 六 条 【公司名称】……………………………………… 6
 第 七 条 【公司名称中的公司类型】……………………… 6
 第 八 条 【公司住所】……………………………………… 6
 第 九 条 【经营范围】……………………………………… 7
 第 十 条 【法定代表人的担任和辞任】…………………… 7
 第十一条 【法定代表人行为的法律后果】………………… 8
 第十二条 【公司形式变更】………………………………… 8
 第十三条 【子公司和分公司】……………………………… 9
 第十四条 【转投资】………………………………………… 10
 第十五条 【转投资和为他人提供担保的内部程序】……… 10
 第十六条 【职工权益和教育培训】………………………… 11
 第十七条 【工会和职工代表大会】………………………… 12
 第十八条 【党组织】………………………………………… 12
 第十九条 【公司基本义务】………………………………… 13

第 二 十 条　　【公司社会责任】……………………… 13
　　第二十一条　　【不得滥用股东权利】…………………… 14
　　第二十二条　　【关联交易】………………………………… 14
　　第二十三条　　【公司人格否认】…………………………… 15
　　第二十四条　　【电子通信方式开会和表决】…………… 16
　　第二十五条　　【决议的无效】……………………………… 16
　　第二十六条　　【决议的撤销】……………………………… 17
　　第二十七条　　【决议的不成立】…………………………… 18
　　第二十八条　　【瑕疵决议的法律后果】…………………… 18

第二章　公司登记 ………………………………………………… 20
　　第二十九条　　【设立登记的原则】………………………… 20
　　第 三 十 条　　【设立登记的申请材料】…………………… 20
　　第三十一条　　【申请设立登记的法律效果】……………… 21
　　第三十二条　　【公司登记事项】…………………………… 21
　　第三十三条　　【营业执照】………………………………… 22
　　第三十四条　　【变更登记和登记效力】…………………… 23
　　第三十五条　　【申请变更登记的材料】…………………… 23
　　第三十六条　　【换发营业执照】…………………………… 24
　　第三十七条　　【注销登记】………………………………… 24
　　第三十八条　　【分公司的设立登记】……………………… 25
　　第三十九条　　【公司登记的撤销】………………………… 25
　　第 四 十 条　　【信息公示】………………………………… 26
　　第四十一条　　【公司登记便利化】………………………… 26

第三章　有限责任公司的设立和组织机构 …………………… 28
　　第一节　设　立 ………………………………………………… 28
　　第四十二条　　【股东人数】………………………………… 28
　　第四十三条　　【设立协议】………………………………… 28

2

第四十四条　【设立责任】…………………………… 29

第四十五条　【公司章程制定】………………………… 30

第四十六条　【公司章程记载事项】…………………… 30

第四十七条　【注册资本】……………………………… 31

第四十八条　【出资方式】……………………………… 32

第四十九条　【股东履行出资义务】…………………… 32

第 五 十 条　【设立时股东的资本充实责任】………… 33

第五十一条　【董事会催缴出资】……………………… 34

第五十二条　【股东失权】……………………………… 34

第五十三条　【抽逃出资】……………………………… 35

第五十四条　【股东提前缴纳出资】…………………… 36

第五十五条　【出资证明书】…………………………… 37

第五十六条　【股东名册】……………………………… 37

第五十七条　【股东查阅权】…………………………… 38

第二节　组织机构 ………………………………………… 40

第五十八条　【股东会的组成和定位】………………… 40

第五十九条　【股东会的职权】………………………… 40

第 六 十 条　【一人有限责任公司的股东决定】……… 42

第六十一条　【首次股东会会议】……………………… 42

第六十二条　【股东会会议的类型和召开要求】……… 42

第六十三条　【股东会会议的召集和主持】…………… 43

第六十四条　【股东会会议的通知和记录】…………… 44

第六十五条　【股东表决权】…………………………… 44

第六十六条　【股东会决议通过比例】………………… 45

第六十七条　【董事会的职权】………………………… 46

第六十八条　【董事会的组成】………………………… 47

第六十九条　【审计委员会和监事会的选择设置】…… 48

3

第七十条	【董事的任期和辞任】	……	48
第七十一条	【董事的解任】	……	49
第七十二条	【董事会会议的召集和主持】	……	49
第七十三条	【董事会的议事方式和表决程序】	……	50
第七十四条	【经理及其职权】	……	51
第七十五条	【不设董事会的董事及其职权】	……	52
第七十六条	【监事会的组成、会议召集和主持】	……	52
第七十七条	【监事的任期和辞任】	……	53
第七十八条	【监事会的职权】	……	54
第七十九条	【监事的质询建议权和监事会的调查权】	……	55
第八十条	【董事、高级管理人员配合监事会行使职权】	……	55
第八十一条	【监事会的议事方式和表决程序】	……	56
第八十二条	【监事会行使职权的费用承担】	……	56
第八十三条	【不设监事会的监事及其职权】	……	57

第四章 有限责任公司的股权转让 …… 58

第八十四条	【股权的自愿转让】	……	58
第八十五条	【股权的强制转让】	……	59
第八十六条	【股权转让引起的变更股东名册和变更登记】	……	60
第八十七条	【公司在股权转让后的义务】	……	60
第八十八条	【转让股权后的出资责任】	……	61
第八十九条	【股东股权收购请求权】	……	62
第九十条	【股东资格继承】	……	63

第五章 股份有限公司的设立和组织机构 …… 64
第一节 设 立 …… 64
第九十一条　【设立方式】 …… 64
第九十二条　【发起人的人数及住所要求】 …… 64
第九十三条　【发起人筹办公司的义务及发起人协议】 …… 65
第九十四条　【公司章程制订】 …… 65
第九十五条　【公司章程记载事项】 …… 66
第九十六条　【注册资本】 …… 67
第九十七条　【发起人认购股份】 …… 68
第九十八条　【发起人履行出资义务】 …… 68
第九十九条　【发起人瑕疵出资的连带责任】 …… 69
第 一 百 条　【公开募集股份的招股说明书和认股书】 …… 70
第一百零一条　【公开募集股份的验资】 …… 70
第一百零二条　【股东名册】 …… 71
第一百零三条　【成立大会的召开】 …… 71
第一百零四条　【成立大会的职权】 …… 72
第一百零五条　【股款返还和不得抽回股本】 …… 73
第一百零六条　【董事会授权代表申请设立登记】 …… 74
第一百零七条　【股东、董事、监事、高级管理人员的设立责任及资本充实责任】 …… 75
第一百零八条　【变更公司形式的股本折合及公开发行股份规制】 …… 75
第一百零九条　【公司特定文件材料的置备】 …… 76
第一百一十条　【股东查阅权】 …… 76

第二节 股东会 ······ 78

第一百一十一条 【股东会的组成和定位】 ······ 78

第一百一十二条 【股东会的职权和一人股份有限公司的股东决定】 ······ 78

第一百一十三条 【股东会会议的类型和召开要求】 ··· 79

第一百一十四条 【股东会会议的召集和主持】 ······ 80

第一百一十五条 【股东会会议的通知和股东临时提案权】 ······ 81

第一百一十六条 【股东表决权和股东会决议通过比例】 ······ 82

第一百一十七条 【累积投票制】 ······ 83

第一百一十八条 【表决权的代理行使】 ······ 83

第一百一十九条 【股东会会议记录】 ······ 84

第三节 董事会、经理 ······ 84

第一百二十条 【董事会的职权和组成、董事的任期及辞任、解任】 ······ 84

第一百二十一条 【审计委员会和监事会的选择设置】 ······ 85

第一百二十二条 【董事长和副董事长的产生办法、董事会会议的召集和主持】 ··· 86

第一百二十三条 【董事会会议的类型和召开要求】 ··· 87

第一百二十四条 【董事会的表决程序和会议记录】 ······ 88

第一百二十五条 【董事出席董事会会议及其决议责任】 ······ 88

第一百二十六条 【经理及其职权】 ······ 89

第一百二十七条 【董事兼任经理】 ······ 89

第一百二十八条 【不设董事会的董事及其职权】 ······ 90

第一百二十九条 【董事、监事、高级管理人员的报酬披露】………… 90

第四节 监事会 …………………………………… 91
第一百三十条 【监事会的组成和监事的任期】…… 91
第一百三十一条 【监事会的职权及其行使职权的费用承担】………………… 92
第一百三十二条 【监事会会议类型、表决程序和会议记录】………………… 93
第一百三十三条 【不设监事会的监事及其职权】…… 93

第五节 上市公司组织结构的特别规定 …………… 94
第一百三十四条 【上市公司的定义】…………… 94
第一百三十五条 【股东会特别决议事项】……… 94
第一百三十六条 【独立董事和章程特别记载事项】… 95
第一百三十七条 【董事会审计委员会的职权】…… 96
第一百三十八条 【董事会秘书及其职责】……… 96
第一百三十九条 【有关联关系的董事回避表决】… 97
第一百四十条 【披露股东和实际控制人的信息及禁止股票代持】………… 97
第一百四十一条 【禁止相互持股】……………… 98

第六章 股份有限公司的股份发行和转让 ………… 99

第一节 股份发行 ………………………………… 99
第一百四十二条 【面额股和无面额股】………… 99
第一百四十三条 【股份发行的原则】…………… 100
第一百四十四条 【类别股的种类】……………… 100
第一百四十五条 【发行类别股的公司章程记载事项】……………………… 101
第一百四十六条 【类别股股东会决议】………… 102

第一百四十七条	【股份的形式和记名股票】	103
第一百四十八条	【面额股股票的发行价格】	103
第一百四十九条	【股票的形式】	104
第一百五十条	【股票交付时间】	105
第一百五十一条	【公司发行新股的股东会决议】	105
第一百五十二条	【授权董事会决定发行股份及其限制】	106
第一百五十三条	【董事会决定发行新股的决议通过比例】	106
第一百五十四条	【公开募集股份的注册和公告招股说明书】	107
第一百五十五条	【证券承销】	108
第一百五十六条	【银行代收股款】	108

第二节 股份转让 ······ 109

第一百五十七条	【股份转让自由及其例外】	109
第一百五十八条	【股份转让的方式】	109
第一百五十九条	【股票转让的方式】	110
第一百六十条	【股份转让的限制】	111
第一百六十一条	【异议股东股份回购请求权】	112
第一百六十二条	【公司不得收购本公司股份及其例外】	113
第一百六十三条	【禁止财务资助及其例外】	115
第一百六十四条	【股票被盗、遗失或者灭失的救济】	116
第一百六十五条	【上市公司的股票上市交易】	116
第一百六十六条	【上市公司信息披露】	117
第一百六十七条	【股东资格继承】	117

第七章　国家出资公司组织机构的特别规定 …………… 118
　　第一百六十八条　【国家出资公司组织机构法律
　　　　　　　　　　适用及其范围】 ………… 118
　　第一百六十九条　【履行出资人职责的机构】 …… 118
　　第一百七十条　　【国家出资公司中的党组织】 …… 119
　　第一百七十一条　【国有独资公司章程制定】 …… 120
　　第一百七十二条　【履行出资人职责的机构行使
　　　　　　　　　　股东会职权及其授权】 …… 120
　　第一百七十三条　【国有独资公司董事会的职权
　　　　　　　　　　和组成及董事长、副董事长
　　　　　　　　　　的指定】 ………………… 121
　　第一百七十四条　【国有独资公司经理的聘任及
　　　　　　　　　　解聘】 …………………… 122
　　第一百七十五条　【国有独资公司董事、高级管
　　　　　　　　　　理人员的兼职限制】 …… 123
　　第一百七十六条　【国有独资公司审计委员会和
　　　　　　　　　　监事会的选择设置】 …… 123
　　第一百七十七条　【合规管理】 ………………… 124
第八章　公司董事、监事、高级管理人员的资格和义务 …… 125
　　第一百七十八条　【消极资格】 ………………… 125
　　第一百七十九条　【守法合章义务】 …………… 126
　　第一百八十条　　【忠实义务和勤勉义务的一般
　　　　　　　　　　规定】 …………………… 127
　　第一百八十一条　【违反忠实义务的行为】 …… 128
　　第一百八十二条　【自我交易和关联交易】 …… 129
　　第一百八十三条　【利用公司商业机会】 ……… 130
　　第一百八十四条　【竞业限制】 ………………… 130

第一百八十五条	【关联董事回避表决】	131
第一百八十六条	【归入权】	131
第一百八十七条	【列席股东会会议并接受股东质询】	132
第一百八十八条	【执行职务给公司造成损失的赔偿责任】	132
第一百八十九条	【股东代表诉讼】	133
第一百九十条	【股东直接诉讼】	135
第一百九十一条	【执行职务给他人造成损害的赔偿责任】	135
第一百九十二条	【影子董事、影子高级管理人员】	136
第一百九十三条	【董事责任保险】	136

第九章 公司债券 ………………………………………… 138

第一百九十四条	【公司债券的定义、发行和交易的一般规定】	138
第一百九十五条	【公司债券募集办法的公告及记载事项】	138
第一百九十六条	【以纸面形式发行的公司债券的记载事项】	139
第一百九十七条	【记名债券】	140
第一百九十八条	【债券持有人名册】	140
第一百九十九条	【公司债券的登记结算】	141
第二百条	【公司债券转让自由及其合法性】	141
第二百零一条	【公司债券转让的方式】	142
第二百零二条	【可转换为股票的公司债券的发行】	143
第二百零三条	【可转换为股票的公司债券的转换】	143

第二百零四条　【债券持有人会议及其决议】………… 144

　　第二百零五条　【债券受托管理人的聘请及其
　　　　　　　　　负责事项】………………………… 144

　　第二百零六条　【债券受托管理人的职责及责
　　　　　　　　　任承担】………………………… 145

第十章　公司财务、会计……………………………… 146

　　第二百零七条　【依法建立财务、会计制度】…… 146

　　第二百零八条　【财务会计报告的编制】………… 146

　　第二百零九条　【财务会计报告的公布】………… 147

　　第二百一十条　【公司利润分配】………………… 147

　　第二百一十一条　【违法分配利润的后果及责任】…… 149

　　第二百一十二条　【利润分配的完成期限】……… 149

　　第二百一十三条　【资本公积金的来源】………… 150

　　第二百一十四条　【公积金的用途】……………… 150

　　第二百一十五条　【会计师事务所的聘用及解聘】…… 151

　　第二百一十六条　【会计资料的提供】…………… 152

　　第二百一十七条　【禁止另立账簿或账户】……… 152

第十一章　公司合并、分立、增资、减资…………… 154

　　第二百一十八条　【公司合并方式】……………… 154

　　第二百一十九条　【简易合并】…………………… 154

　　第二百二十条　【公司合并程序】………………… 155

　　第二百二十一条　【公司合并的债权债务承继】… 156

　　第二百二十二条　【公司分立程序】……………… 156

　　第二百二十三条　【公司分立的债务承担】……… 157

　　第二百二十四条　【公司减资程序】……………… 157

　　第二百二十五条　【简易减资】…………………… 158

　　第二百二十六条　【违法减资的后果及责任】…… 159

第二百二十七条　【增资时股东的优先认缴（购）权】… 160

第二百二十八条　【增资时缴资或购股适用设立时的相关规定】…………… 160

第十二章　公司解散和清算 …………………… 162

第二百二十九条　【公司解散事由及其公示】………… 162

第二百三十条　【公司出现特定解散事由的存续程序】………… 163

第二百三十一条　【司法解散】………… 163

第二百三十二条　【公司自行清算】………… 164

第二百三十三条　【法院指定清算】………… 165

第二百三十四条　【清算组的职权】………… 165

第二百三十五条　【债权申报】………… 166

第二百三十六条　【制订清算方案和处分公司财产】… 167

第二百三十七条　【破产清算的申请】………… 167

第二百三十八条　【清算组成员的忠实义务和勤勉义务】………… 168

第二百三十九条　【制作清算报告和申请注销登记】… 169

第二百四十条　【简易注销】………… 169

第二百四十一条　【强制注销】………… 170

第二百四十二条　【破产清算的法律适用】………… 171

第十三章　外国公司的分支机构 …………………… 172

第二百四十三条　【外国公司的定义】………… 172

第二百四十四条　【外国公司设立分支机构的程序】… 172

第二百四十五条　【外国公司设立分支机构的条件】… 173

第二百四十六条　【名称及公司章程置备】………… 173

第二百四十七条　【法律地位】………… 174

第二百四十八条　【从事业务活动的原则】………… 174

第二百四十九条	【外国公司撤销分支机构的债务清偿】	175
第十四章　法律责任		176
第二百五十条	【欺诈取得公司登记的法律责任】	176
第二百五十一条	【违反信息公示规定的法律责任】	176
第二百五十二条	【虚假出资或未出资的法律责任】	177
第二百五十三条	【抽逃出资的法律责任】	178
第二百五十四条	【违反财务会计制度的法律责任】	178
第二百五十五条	【不依法通知或公告债权人的法律责任】	179
第二百五十六条	【妨害清算的法律责任】	179
第二百五十七条	【中介机构违法的法律责任】	180
第二百五十八条	【公司登记机关违法的法律责任】	181
第二百五十九条	【冒用公司或分公司名义的法律责任】	181
第二百六十条	【未依法开业或停业、办理变更登记的法律责任】	182
第二百六十一条	【外国公司违法设立分支机构的法律责任】	183
第二百六十二条	【利用公司名义从事严重违法行为的法律责任】	183
第二百六十三条	【民事赔偿优先】	183
第二百六十四条	【刑事责任】	184
第十五章　附　则		185
第二百六十五条	【本法相关用语的含义】	185
第二百六十六条	【施行日期和过渡调整】	186

附录

中华人民共和国主席令（第十五号）……………… 187
中华人民共和国公司法 …………………………… 188
关于《中华人民共和国公司法（修订草案）》的说明……… 229
全国人民代表大会宪法和法律委员会关于《中华人民共和国公司法（修订草案）》修改情况的汇报 …………… 235
全国人民代表大会宪法和法律委员会关于《中华人民共和国公司法（修订草案）》审议结果的报告 …………… 239
全国人民代表大会宪法和法律委员会关于《中华人民共和国公司法（修订草案）》修改情况的汇报 …………… 242
全国人民代表大会宪法和法律委员会关于《中华人民共和国公司法（修订草案四次审议稿）》修改意见的报告 ………………………………………………… 245

《中华人民共和国公司法》
新旧对照与重点条文解读表[*]

(左栏黑体部分为增加或修改，右栏双删除线部分为删去，右栏下划线部分为替换或其他调整)

修订后	修订前
目　录 第一章　总　　则 **第二章　公司登记** 第三章　有限责任公司的设立和组织机构 　第一节　设　立 　第二节　组织机构 **第四章　有限责任公司的股权转让** 第五章　股份有限公司的设立和组织机构 　第一节　设　立 　第二节　**股东会** 　第三节　董事会、经理 　第四节　监事会 　**第五节　上市公司组织机构的特别规定** **第六章　股份有限公司的股份发行和转让**	目　录 第一章　总　　则 第二章　有限责任公司的设立和组织机构 　第一节　设　立 　第二节　组织机构 　~~第三节　一人有限责任公司的特别规定~~ 　~~第四节　国有独资公司的特别规定~~ 第三章　有限责任公司的股权转让 第四章　股份有限公司的设立和组织机构 　第一节　设　立 　第二节　股东~~大~~会 　第三节　董事会、经理 　第四节　监事会

---

　　[*] 以下表格左栏为 2023 年 12 月 29 日第十四届全国人民代表大会常务委员会第七次会议修订的新《公司法》，右栏为 2018 年 10 月 26 日第十三届全国人民代表大会常务委员会第六次会议修正的旧《公司法》。

1

修订后	修订前
第一节　股份发行	第五节　上市公司组织机构的
第二节　股份转让	特别规定
第七章　国家出资公司组织机构的特别规定	第五章　股份有限公司的股份发行和转让
第八章　公司董事、监事、高级管理人员的资格和义务	第一节　股份发行
	第二节　股份转让
第九章　公司债券	第六章　公司董事、监事、高级管理人员的资格和义务
第十章　公司财务、会计	
第十一章　公司合并、分立、增资、减资	第七章　公司债券
	第八章　公司财务、会计
第十二章　公司解散和清算	第九章　公司合并、分立、增资、减资
第十三章　外国公司的分支机构	
第十四章　法律责任	第十章　公司解散和清算
第十五章　附　　则	第十一章　外国公司的分支机构
	第十二章　法律责任
	第十三章　附　　则

　　此次修订在章节方面主要有以下调整：一是增加第二章"公司登记"；二是在原来关于"国有独资公司的特别规定"一节之基础上予以完善，增加第七章"国家出资公司组织机构的特别规定"；三是将原来"一人有限责任公司的特别规定"融入相应部分，不再单列为一节；四是将有限责任公司的"股东会"和股份有限公司的"股东大会"统称为"股东会"，不再作表述上的区分。新法的有关章节及条文序号，也作相应调整。

第一章 总 则

第一条 【立法目的】*

修订后	修订前
第一条 为了规范公司的组织和行为,保护公司、股东、**职工**和债权人的合法权益,**完善中国特色现代企业制度,弘扬企业家精神**,维护社会经济秩序,促进社会主义市场经济的发展,**根据宪法**,制定本法。	第一条 为了规范公司的组织和行为,保护公司、股东和债权人的合法权益,维护社会经济秩序,促进社会主义市场经济的发展,制定本法。
本条规定变化主要有:一是为了深入贯彻党的二十大精神,增加"完善中国特色现代企业制度,弘扬企业家精神"的表述;二是增加"职工"作为本法应当依法保护的对象;三是明确根据宪法,制定本法。 完善中国特色现代企业制度,首先是国有企业改革的任务,同时也可引导有条件的民营企业以此促进高质量发展。新时代企业家精神涵盖爱国情怀、勇于创新、敢于担当、追求卓越、国际视野等多种要素。 职工是公司的重要利益相关者。此次修订在建立健全以职工代表大会为基本形式的民主管理制度之基础上,进一步完善本法关于职工合法权益保护的各项制度。 宪法具有最高法和根本法之性质,故而,制定本法应当符合宪法的规定。	

---

* 条文主旨为编者所加,下同。

第二条 【调整范围】

修订后	修订前
第二条 本法所称公司,是指依照本法在**中华人民共和国境内**设立的有限责任公司和股份有限公司。	第二条 本法所称公司是指依照本法在<u>中国境内</u>设立的有限责任公司和股份有限公司。

依照本条规定,在中华人民共和国境内(以下解读部分简称为中国境内)设立的公司有两种形式:有限责任公司和股份有限公司。我国公司法没有规定无限公司、两合公司、股份两合公司等传统大陆法系公司法通常会规定的公司形式。

第三条 【公司的法律地位】

修订后	修订前
第三条 公司是企业法人,有独立的法人财产,享有法人财产权。公司以其全部财产对公司的债务承担责任。 公司的合法权益受法律保护,不受侵犯。	第三条第一款 公司是企业法人,有独立的法人财产,享有法人财产权。公司以其全部财产对公司的债务承担责任。 第五条第二款 公司的合法权益受法律保护,不受侵犯。

本条将旧法第三条第一款和第五条第二款合并,是公司的法律地位及其权利和责任的原则性规定。

公司作为企业法人,是独立的市场主体,故而公司应以其全部财产对公司的债务承担责任。股东因出资取得股权,享有股东权利;股东出资形成的公司财产,属于公司所有,是公司利益的组成部分,包括股东在内的其他主体不得损害公司利益。

第四条　【股东有限责任和基本权利】

修订后	修订前
第四条　有限责任公司的股东以其认缴的出资额为限对公司承担责任；股份有限公司的股东以其认购的股份为限对公司承担责任。 　　公司股东**对公司**依法享有资产收益、参与重大决策和选择管理者等权利。	第三条第二款　有限责任公司的股东以其认缴的出资额为限对公司承担责任；股份有限公司的股东以其认购的股份为限对公司承担责任。 　　第四条　公司股东依法享有资产收益、参与重大决策和选择管理者等权利。
本条由旧法第三条第二款和第四条合并而成。 　　股东有限责任与公司法人独立地位是相辅相成的两种制度，可谓公司法理论与实践的基石。资产收益、参与重大决策和选择管理者是对股东权利的总括性表述，一般可分为涉及财产利益或者人身利益两种股东权利，公司法在具体规则中进一步细化了这些权利的内容。	

第五条　【公司章程】

修订后	修订前
第五条　设立公司**应当**依法制定公司章程。公司章程对公司、股东、董事、监事、高级管理人员具有约束力。	第十一条　设立公司**必须**依法制定公司章程。公司章程对公司、股东、董事、监事、高级管理人员具有约束力。
公司章程常被比喻为公司的"宪章"，是公司的自治法规。虽然股东是制定公司章程的主体，但是公司章程不仅对公司现有股东具有约束力，还对后续加入公司的其他股东具有约束力；继而，公司及其董事、监事和高级管理人员也应当遵守公司章程的规定。	

5

第六条 【公司名称】

修订后	修订前
第六条　公司应当有自己的名称。公司名称应当符合国家有关规定。公司的名称权受法律保护。	新增条文

　　本条是新增条文。
　　公司是民事主体,应当有自己的名称。依照《民法典》第五十八条、第一千零一十三条的规定,法人享有名称权,为其人格权的重要组成部分。

第七条 【公司名称中的公司类型】

修订后	修订前
第七条　依照本法设立的有限责任公司,应当在公司名称中标明有限责任公司或者有限公司字样。 　　依照本法设立的股份有限公司,应当在公司名称中标明股份有限公司或者股份公司字样。	第八条　依照本法设立的有限责任公司,必须在公司名称中标明有限责任公司或者有限公司字样。 　　依照本法设立的股份有限公司,必须在公司名称中标明股份有限公司或者股份公司字样。

　　本法确立了有限责任公司和股份有限公司两种类型。为保障交易安全,公司名称中应当相应地标明为何种类型的公司。

第八条 【公司住所】

修订后	修订前
第八条　公司以其主要办事机构所在地为住所。	第十条　公司以其主要办事机构所在地为住所。

　　公司在实际运营过程中可能存在多个办事机构或者经营场所,但公司只能登记一个住所,即主要办事机构所在地。确定公司住所对于确立公司登记管理、确定诉讼管辖地及法律文书送达地、合同成立地或者债务履行地、税收征收管理机关、涉外法律适用准据法等事项具有重要意义。

第九条 【经营范围】

修订后	修订前
第九条 公司的经营范围由公司章程规定。公司可以修改公司章程，**变更经营范围**。 公司的经营范围中属于法律、行政法规规定须经批准的项目，应当依法经过批准。	第十二条 公司的经营范围由公司章程规定，并依法登记。公司可以修改公司章程，改变经营范围，但是应当办理变更登记。 公司的经营范围中属于法律、行政法规规定须经批准的项目，应当依法经过批准。

关于公司经营范围登记的原有规定已移至新法第二章。

公司经营范围是公司所从事经营活动的具体内容，按照登记内容可区分为一般经营项目和许可经营项目，其中许可经营项目还细分为前置许可经营项目和后置许可经营项目。

第十条 【法定代表人的担任和辞任】

修订后	修订前
第十条 公司的法定代表人按照公司章程的规定，由代表公司执行公司事务的董事或者经理担任。 担任法定代表人的董事或者经理辞任的，视为同时辞去法定代表人。 法定代表人辞任的，公司应当在法定代表人辞任之日起三十日内确定新的法定代表人。	第十三条 公司法定代表人依照公司章程的规定，由董事长、执行董事或者经理担任，并依法登记。公司法定代表人变更，应当办理变更登记。

本条规定的变化主要有：一是将有资格担任法定代表人的主体从原来规定的"董事长、执行董事或者经理"改为"代表公司执行公司事务的董事或者经理"，并将关于公司法定代表人登记的原有规定移至本法第二章；二是增加法定代表人辞任的规定。

依照《民法典》第六十一条的规定，法人的法定代表人是依照法律或者法人章程的规定，代表法人从事民事活动的负责人。从文义上看，新法

7

在担任法定代表人的主体范围方面有所拓宽。

担任法定代表人的董事或者经理辞任的,也无法继续担任法定代表人。法定代表人作为公司的意思表示机关,一旦辞任而又未及时确定新的法定代表人,势必对公司运营及交易安全带来较大影响。故而,公司应当在法定代表人辞任之日起三十日内确定新的法定代表人。

第十一条 【法定代表人行为的法律后果】

修订后	修订前
第十一条 法定代表人以公司名义从事的民事活动,其法律后果由公司承受。 公司章程或者股东会对法定代表人职权的限制,不得对抗善意相对人。 法定代表人因执行职务造成他人损害的,由公司承担民事责任。公司承担民事责任后,依照法律或者公司章程的规定,可以向有过错的法定代表人追偿。	新增条文

本条是新增条文,是《民法典》第六十一条、第六十二条关于法人的法定代表人行为之法律后果的规定在公司法上的体现。

法定代表人与公司之间的关系是代表关系,故其代表公司从事民事活动无须如代理关系那般应以公司的授权为前提,而是由法律明确规定其代表权限。法定代表人只能在法律或公司章程规定的权限范围内行使代表权,但公司内部对法定代表人职权的限制,不得对抗善意相对人。法定代表人的职务侵权行为需要符合侵权责任的构成要件并具备执行职务的要素。

第十二条 【公司形式变更】

修订后	修订前
第十二条 有限责任公司变更为股份有限公司,应当符合本法规	第九条 有限责任公司变更为股份有限公司,应当符合本法规定

修订后	修订前
定的股份有限公司的条件。股份有限公司变更为有限责任公司，应当符合本法规定的有限责任公司的条件。 　　有限责任公司变更为股份有限公司的，或者股份有限公司变更为有限责任公司的，公司变更前的债权、债务由变更后的公司承继。	的股份有限公司的条件。股份有限公司变更为有限责任公司，应当符合本法规定的有限责任公司的条件。 　　有限责任公司变更为股份有限公司的，或者股份有限公司变更为有限责任公司的，公司变更前的债权、债务由变更后的公司承继。

　　公司形式变更属于公司经营管理过程中的重大事项，故而应当由股东会作出特别决议，有限责任公司应当经代表三分之二以上表决权的股东通过；股份有限公司应当经出席会议的股东所持表决权的三分之二以上通过。

　　此外，有限责任公司变更为股份有限公司的，还可能涉及本法[①]第一百零八条关于股本折合及公开发行股份规制的规定。

第十三条　【子公司和分公司】

修订后	修订前
第十三条　公司可以设立**子**公司。**子公司具有法人资格，依法独立承担民事责任。** 　　公司可以设立分公司。分公司不具有法人资格，其民事责任由公司承担。	第十四条　公司可以设立<u>分</u>公司。~~设立分公司，应当向公司登记机关申请登记，领取营业执照。~~分公司不具有法人资格，其民事责任由公司承担。 　　公司可以设立子公司，子公司具有法人资格，依法独立承担民事责任。

　　本条规定调整了旧法的条文次序，并将关于分公司登记的原有规定移至本法第二章。

　　与子公司对应，学理上将设立子公司的公司称为母公司。子公司具有法人资格，之所以要关注母子公司关系，主要是出于规制关联交易的考虑。

[①]　本书解读中的"本法"指修订后的新法。

与分公司对应,学理上将设立分公司的公司称为总公司。分公司属于民法上的法人分支机构,不具有法人资格,实为公司这一独立法人的组成部分。

第十四条 【转投资】

修订后	修订前
第十四条 公司可以向其他企业投资。 法律规定公司不得成为对所投资企业的债务承担连带责任的出资人的,从其规定。	第十五条 公司可以向其他企业投资;但是,除法律另有规定外,不得成为对所投资企业的债务承担连带责任的出资人。

本条关于"不得成为对所投资企业的债务承担连带责任的出资人"的规定从原来的原则规定改为例外规定。

本条第二款规定的情形目前主要是《合伙企业法》第三条的规定:国有独资公司、国有企业、上市公司以及公益性的事业单位、社会团体不得成为普通合伙人。

第十五条 【转投资和为他人提供担保的内部程序】

修订后	修订前
第十五条 公司向其他企业投资或者为他人提供担保,按照公司章程的规定,由董事会或者股东会决议;公司章程对投资或者担保的总额及单项投资或者担保的数额有限额规定的,不得超过规定的限额。 公司为公司股东或者实际控制人提供担保的,应当经股东会决议。 前款规定的股东或者受前款规定的实际控制人支配的股东,不得	第十六条 公司向其他企业投资或者为他人提供担保,依照公司章程的规定,由董事会或者股东会、股东大会决议;公司章程对投资或者担保的总额及单项投资或者担保的数额有限额规定的,不得超过规定的限额。 公司为公司股东或者实际控制人提供担保的,必须经股东会或者股东大会决议。

参加前款规定事项的表决。该项表决由出席会议的其他股东所持表决权的过半数通过。	前款规定的股东或者受前款规定的实际控制人支配的股东，不得参加前款规定事项的表决。该项表决由出席会议的其他股东所持表决权的过半数通过。

  公司转投资行为虽然属于公司自治范畴，但会影响公司的经营管理，进而影响公司、股东及其他利益相关者的合法权益，故而应当经董事会或股东会决议，并不得超过投资数额的限制。
  公司为其他主体提供担保的行为，学理上可分为非关联担保（本条第一款）和关联担保（本条第二款）。非关联担保的规则与转投资的规则相仿。至于关联担保，考虑到股东（尤其是控股股东）、实际控制人对公司经营管理的重大影响，为了维护公司人格独立性，公司法有必要对其设置只能由股东会决议、关联股东回避表决等限制性规定。

第十六条　【职工权益和教育培训】

修订后	修订前
第十六条　公司应当保护职工的合法权益，依法与职工签订劳动合同，参加社会保险，加强劳动保护，实现安全生产。 　　公司应当采用多种形式，加强公司职工的职业教育和岗位培训，提高职工素质。	第十七条　公司<u>必须</u>保护职工的合法权益，依法与职工签订劳动合同，参加社会保险，加强劳动保护，实现安全生产。 　　公司应当采用多种形式，加强公司职工的职业教育和岗位培训，提高职工素质。

  职工为公司的重要利益相关者，其对公司具有人格、经济和组织等方面的从属性。公司与职工之间的关系不能简单地理解为平等主体之间的法律关系，劳动法律制度有必要矫正这种不平等关系，对职工予以倾斜性保护。

第十七条　【工会和职工代表大会】

修订后	修订前
第十七条　公司职工依照《中华人民共和国工会法》组织工会，开展工会活动，维护职工合法权益。公司应当为本公司工会提供必要的活动条件。公司工会代表职工就职工的劳动报酬、工作时间、**休息休假**、劳动安全卫生**和保险福利**等事项依法与公司签订集体合同。 　　公司依照宪法和有关法律的规定，**建立健全以职工代表大会为基本形式的民主管理制度**，通过职工代表大会或者其他形式，实行民主管理。 　　公司研究决定改制、**解散、申请破产**以及经营方面的重大问题、制定重要的规章制度时，应当听取公司工会的意见，并通过职工代表大会或者其他形式听取职工的意见和建议。	第十八条　公司职工依照《中华人民共和国工会法》组织工会，开展工会活动，维护职工合法权益。公司应当为本公司工会提供必要的活动条件。公司工会代表职工就职工的劳动报酬、工作时间、福利、保险和劳动安全卫生等事项依法与公司签订集体合同。 　　公司依照宪法和有关法律的规定，通过职工代表大会或者其他形式，实行民主管理。 　　公司研究决定改制以及经营方面的重大问题、制定重要的规章制度时，应当听取公司工会的意见，并通过职工代表大会或者其他形式听取职工的意见和建议。

> 本条规定的变化主要是在第二款中增加"建立健全以职工代表大会为基本形式的民主管理制度"的规定，并扩大应当听取工会意见的重大事项范围，及对个别表述略作调整。
> 　　依照《工会法》第二条、第六条的规定，工会是中国共产党领导的职工自愿结合的工人阶级群众组织，是中国共产党联系职工群众的桥梁和纽带。工会依照法律规定通过职工代表大会或者其他形式，组织职工参与本单位的民主选举、民主协商、民主决策、民主管理和民主监督。

第十八条　【党组织】

修订后	修订前
第十八条　在公司中，根据中国共产党章程的规定，设立中国共	第十九条　在公司中，根据中国共产党章程的规定，设立中国共

产党的组织，开展党的活动。公司应当为党组织的活动提供必要条件。	产党的组织，开展党的活动。公司应当为党组织的活动提供必要条件。

公司作为基层单位，凡是有正式党员三人以上的，就应成立党的基层组织。党组织保证监督党和国家的方针、政策在本企业的贯彻执行，支持股东会、董事会、监事会和经理依法行使职权，全心全意依靠职工群众，支持职工代表大会开展工作，参与企业重大问题的决策等。

第十九条 【公司基本义务】

修订后	修订前
第十九条 公司从事经营活动，**应当遵守法律法规**，遵守社会公德、商业道德，诚实守信，接受政府和社会公众的监督。	第五条第一款 公司从事经营活动，必须遵守法律、行政法规，遵守社会公德、商业道德，诚实守信，接受政府和社会公众的监督，~~承担社会责任。~~

本条将关于公司社会责任的原有表述移至本法第二十条，从而分列为公司基本义务和公司社会责任两个条文。

公司在追逐利润的同时，需要履行相应的法律义务。本条仅为公司基本义务的原则性规定，实践中还需要结合公司行为确定具体的规则适用。

第二十条 【公司社会责任】

修订后	修订前
第二十条 公司从事经营活动，**应当充分考虑公司职工、消费者等利益相关者的利益以及生态环境保护等社会公共利益**，承担社会责任。 **国家鼓励公司参与社会公益活动，公布社会责任报告。**	第五条第一款 公司从事经营活动，必须~~遵守法律、行政法规、遵守社会公德、商业道德，诚实守信，接受政府和社会公众的监督，~~承担社会责任。

本条规定的变化主要是强调公司在遵守法律法规义务基础上的社会责任，并融入了利益相关者理论的相关内容。

13

利益相关者不同程度地分担公司的经营风险，甚至为公司利益付出代价，但并不一定从公司经营中获得利益。虽然从本条规定来看，公布社会责任报告（CSR报告）尚未成为所有公司的法律义务，但是越来越多的规则将其明确为强制性规定。同时，因应投融资需要，不少公司还发布了环境、社会和管治报告（ESG报告）。

第二十一条 【不得滥用股东权利】

修订后	修订前
第二十一条 公司股东应当遵守法律、行政法规和公司章程，依法行使股东权利，不得滥用股东权利损害公司或者其他股东的利益。 公司股东滥用股东权利给公司或者其他股东造成损失的，应当承担赔偿责任。	第二十条第一款、第二款 公司股东应当遵守法律、行政法规和公司章程，依法行使股东权利，不得滥用股东权利损害公司或者其他股东的利益；不得滥用公司法人独立地位和股东有限责任损害公司债权人的利益。 公司股东滥用股东权利给公司或者其他股东造成损失的，应当依法承担赔偿责任。

本条将关于公司人格否认的原有规定统一移至本法第二十三条，再结合本法第二十二条关于关联交易的规定，从而形成禁止权利滥用、规制关联交易、公司人格否认的公司及其利益相关者的保护规则体系。

所谓股东不得滥用权利，既包括在实体权利内容方面股东不得超越法律法规及章程规定的边界，也包括在实际行使权利过程中股东应当遵守法律法规及章程的程序。从文义来看，不得滥用股东权利是对全体股东提出的要求；而在具体实践中，滥用股东权利的主体主要为控股股东。

第二十二条 【关联交易】

修订后	修订前
第二十二条 公司的控股股东、实际控制人、董事、监事、高级管理人员不得利用关联关系损害公司	第二十一条 公司的控股股东、实际控制人、董事、监事、高级管理人员不得利用其关联关系损害公

利益。	司利益。
违反前款规定，给公司造成损失的，应当承担赔偿责任。	违反前款规定，给公司造成损失的，应当承担赔偿责任。

所谓关联关系，是指公司控股股东、实际控制人、董事、监事、高级管理人员与其直接或者间接控制的企业之间的关系，以及可能导致公司利益转移的其他关系。并不是所有关联交易都是违法的，正常的关联交易可以降低公司的运营成本和交易成本。但在实践中，关联方常常利用其对公司的影响力，从事损害公司利益的机会主义行为，法律对此有必要通过构建信息披露制度等途径予以规制。

第二十三条 【公司人格否认】

修订后	修订前
第二十三条　公司股东滥用公司法人独立地位和股东有限责任，逃避债务，严重损害公司债权人利益的，应当对公司债务承担连带责任。 **股东利用其控制的两个以上公司实施前款规定行为的，各公司应当对任一公司的债务承担连带责任。** 只有一个股东的公司，股东不能证明公司财产独立于股东自己的财产的，应当对公司债务承担连带责任。	第二十条第三款　公司股东滥用公司法人独立地位和股东有限责任，逃避债务，严重损害公司债权人利益的，应当对公司债务承担连带责任。 第六十三条　一人有限责任公司的股东不能证明公司财产独立于股东自己的财产的，应当对公司债务承担连带责任。

本条在统合关于公司人格否认的原有规定基础上结合最高人民法院15号指导性案例的裁判立场增加了所谓横向人格否认的情形；此外，此次修订取消"一人有限责任公司的特别规定"一节，同时删减与之相关的诸多规定，但关于只有一个股东的公司（所谓一人公司）之股东就其个人财产与公司财产相互独立应负举证责任的规定得以保留。

所谓公司人格否认只是一种形象比喻，指的是无视公司的独立地位，股东因此丧失有限责任的保护，从而需要承担公司债务的连带责任。该规则应当作为公司人格独立和股东有限责任的例外规则予以适用。

最高人民法院15号指导性案例通过采取参照适用一般规则的做法要

求关联公司承担连带清偿责任，由此在司法裁判中确立了横向人格否认规则，此次修订对此加以确认。

一人公司理论上缺失在普通公司中可能具有的股东之间相互制衡、相互监督的机能，也可能更容易出现股东滥用公司法人独立地位和股东有限责任的情形。一人公司的股东对公司财产独立于股东自己的财产负举证责任。

第二十四条 【电子通信方式开会和表决】

修订后	修订前
第二十四条 公司股东会、董事会、监事会召开会议和表决可以采用电子通信方式，公司章程另有规定的除外。	新增条文

本条是新增条文，以因应互联网和信息技术的发展对公司治理的影响。除举行传统的现场会议外，采用网络语音通话、视频等电子通信方式召开会议和表决能在很大程度上降低公司运营成本，节省参会时间和费用，提升召开会议和表决效率。公司可以根据自身情况，决定是否采用电子通信方式。

第二十五条 【决议的无效】

修订后	修订前
第二十五条 公司股东会、董事会的决议内容违反法律、行政法规的无效。	第二十二条第一款 公司股东会或者股东大会、董事会的决议内容违反法律、行政法规的无效。

此次修订关于决议无效和撤销的规定不再置于同一条文中，而分置为本法第二十五条和第二十六条；再结合本法第二十七条关于决议不成立以及第二十八条关于瑕疵决议法律后果的规定，从而形成较为系统的瑕疵决议规则体系。

无效是对瑕疵决议最严重的效力评价，并不是存在瑕疵的决议都归于无效。本条规定只有在内容违反法律、行政法规的情形下，决议方为无效。至于决议内容违反公司章程或者决议存在程序瑕疵的，甚至未依法或依章程作出决议的，则可能导致决议的撤销或不成立。

第二十六条 【决议的撤销】

修订后	修订前
第二十六条　公司股东会、董事会的会议召集程序、表决方式违反法律、行政法规或者公司章程，或者决议内容违反公司章程的，股东自决议作出之日起六十日内，可以请求人民法院撤销。但是，股东会、董事会的会议召集程序或者表决方式仅有轻微瑕疵，对决议未产生实质影响的除外。 未被通知参加股东会会议的股东自知道或者应当知道股东会决议作出之日起六十日内，可以请求人民法院撤销；自决议作出之日起一年内没有行使撤销权的，撤销权消灭。	第二十二条第二款、第三款　股东会或者股东大会、董事会的会议召集程序、表决方式违反法律、行政法规或者公司章程，或者决议内容违反公司章程的，股东可以自决议作出之日起六十日内，请求人民法院撤销。 股东依照前款规定提起诉讼的，人民法院可以应公司的请求，要求股东提供相应担保。

本条规定的变化主要有：一是删除关于股东提起决议撤销之诉时人民法院可应公司的请求要求股东提供相应担保的原有规定；二是增加未被通知参加股东会的股东可依法撤销决议的规定；三是增加关于轻微瑕疵不影响决议效力的规定；四是增加股东撤销权的除斥期间的规定。《民法典》第八十五条对营利法人决议撤销作了原则性规定，本条在此基础上结合公司决议的特殊性予以细化。

相比决议无效情形，决议可撤销事由主要是程序性规则或者公司章程规定的违反，对于公司法律关系各方主体的实质影响相对较小，为了尽可能确保公司决策效率及公司正常运营，此次修订增加轻微瑕疵不影响决议效力以及撤销权的除斥期间的规定。

17

第二十七条　【决议的不成立】

修订后	修订前
第二十七条　有下列情形之一的，公司股东会、董事会的决议不成立： （一）未召开股东会、董事会会议作出决议； （二）股东会、董事会会议未对决议事项进行表决； （三）出席会议的人数或者所持表决权数未达到本法或者公司章程规定的人数或者所持表决权数； （四）同意决议事项的人数或者所持表决权数未达到本法或者公司章程规定的人数或者所持表决权数。	新增条文

> 本条是新增条文，在吸收司法解释相关规定基础上确立决议不成立规则。决议的无效和撤销都是针对已经成立的决议，而未涵盖决议不成立的情形；也只有在符合成立要件的基础上，才有进一步探究决议是否存在无效或者可撤销事由的情形。导致决议不成立的情形通常都是严重的程序瑕疵，大致可归纳为未开会、未表决、出席人数或表决权数不足，以及表决比例不足四个方面。此次修订并未保留相关司法解释中"导致决议不成立的其他情形"的兜底条款。

第二十八条　【瑕疵决议的法律后果】

修订后	修订前
第二十八条　公司股东会、董事会决议被人民法院宣告无效、撤销或者确认不成立的，公司应当向公司登记机关申请撤销根据该决议已办理的登记。	第二十二条第四款　公司根据股东会或者股东大会、董事会决议已办理变更登记的，人民法院宣告该决议无效或者撤销该决议后，公司应当向公司登记机关申请撤销变

18

| 股东会、董事会决议被人民法院宣告无效、撤销或者确认不成立的，公司根据该决议与善意相对人形成的民事法律关系不受影响。 | 要登记。 |

　　本条规定的变化主要是相应增加关于确认不成立的内容并吸收司法解释的相关规定。

　　公司应当及时向公司登记机关申请撤销根据该决议已办理的变更登记是为了确保登记信息与实际情况能够及时契合，维护交易安全。基于对善意相对人合法权益的保护，即便公司内部意思形成存在瑕疵，公司对外所作意思表示也应对其自身具有约束力。

第二章 公司登记

第二十九条 【设立登记的原则】

修订后	修订前
第二十九条 设立公司，应当依法向公司登记机关申请设立登记。 法律、行政法规规定设立公司必须报经批准的，应当在公司登记前依法办理批准手续。	第六条第一款、第二款 设立公司，应当依法向公司登记机关申请设立登记。~~符合本法规定的设立条件的，由公司登记机关分别登记为有限责任公司或者股份有限公司；不符合本法规定的设立条件的，不得登记为有限责任公司或者股份有限公司。~~ 法律、行政法规规定设立公司必须报经批准的，应当在公司登记前依法办理批准手续。

> 本条将关于申请设立登记法律效果的原有规定另设为本法第三十一条。
> 我国对于公司设立采取准则设立为主、许可设立为辅的原则。目前，国务院市场监督管理部门主管全国公司登记管理工作；县级以上地方人民政府市场监督管理部门主管本辖区公司登记管理工作。

第三十条 【设立登记的申请材料】

修订后	修订前
第三十条 申请设立公司，应当提交设立登记申请书、公司章程等文件，提交的相关材料应当真实、合法和有效。	第二十九条 ~~股东认足公司章程规定的出资后，由全体股东指定的代表或者共同委托的代理人向~~公司登记机关报送公司登记申请书、

申请材料不齐全或者不符合法定形式的，公司登记机关应当一次性告知需要补正的材料。	公司章程等文件，申请设立登记。

本条规定删除股东认足出资并由全体股东指定的代表或者共同委托的代理人申请设立登记的表述，并增加补正材料的"一次性告知"规定。
　　公司登记机关收到当事人提交的申请设立公司的相关材料后，应当对其进行形式审查。公司登记机关对申请材料齐全、符合法定形式的申请，原则上应予以确认并当场登记，需要补正材料的应当一次性告知。

第三十一条　【申请设立登记的法律效果】

修订后	修订前
第三十一条　申请设立公司，符合本法规定的设立条件的，由公司登记机关分别登记为有限责任公司或者股份有限公司；不符合本法规定的设立条件的，不得登记为有限责任公司或者股份有限公司。	第六条第一款　设立公司，应当依法向公司登记机关申请设立登记。符合本法规定的设立条件的，由公司登记机关分别登记为有限责任公司或者股份有限公司；不符合本法规定的设立条件的，不得登记为有限责任公司或者股份有限公司。

本条在本法第二十九条规定的公司设立登记原则之外单列申请设立登记法律效果的规定，实际上是对公司登记机关提出的要求。
　　只要相关材料符合设立条件的，公司登记机关就应及时办理相关登记手续。倘若相关材料不符合设立条件，公司登记机关应当不予登记并说明理由。

第三十二条　【公司登记事项】

修订后	修订前
第三十二条　公司登记事项包括： （一）名称； （二）住所； （三）注册资本；	第六条第三款　公众可以向公司登记机关申请查询公司登记事项，公司登记机关应当提供查询服务。

21

（四）经营范围； （五）法定代表人的姓名； （六）有限责任公司股东、股份有限公司发起人的姓名或者名称。 公司登记机关应当将前款规定的公司登记事项通过国家企业信用信息公示系统向社会公示。	

本条是新增条文，吸收原《公司登记管理条例》第九条和《市场主体登记管理条例》第八条的相关规定。旧《公司法》第六条第三款规定，公众可以向公司登记机关申请查询公司登记事项，公司登记机关应当提供查询服务。此次修订将公示公司登记事项作为公司登记机关的一项法定职责。

公司登记事项是公司必须向公司登记机关和社会提供的基本信息，是公司登记制度的一项核心内容。企业信息公示制度的构建体现了公司从对行政部门负责到向社会负责的理念转变。

第三十三条 【营业执照】

修订后	修订前
第三十三条 依法设立的公司，由公司登记机关发给公司营业执照。公司营业执照签发日期为公司成立日期。 公司营业执照应当载明公司的名称、住所、注册资本、经营范围、法定代表人姓名等事项。 公司登记机关可以发给电子营业执照。电子营业执照与纸质营业执照具有同等法律效力。	第七条第一款、第二款 依法设立的公司，由公司登记机关发给公司营业执照。公司营业执照签发日期为公司成立日期。 公司营业执照应当载明公司的名称、住所、注册资本、经营范围、法定代表人姓名等事项。

本条增加关于电子营业执照的规定。

公司登记机关签发的营业执照是公司成立的法律依据，具有法人主体资格的创设效力。公司应当"亮照经营"，即需要将营业执照置于住所的醒目位置。电子营业执照在公司成立时与纸质营业执照同时产生，申请人可以根据自身需要在官方客户端或小程序下载使用。

第三十四条 【变更登记和登记效力】

修订后	修订前
第三十四条　公司登记事项发生变更的，应当**依法**办理变更登记。 　　**公司登记事项**未经登记或者未经变更登记，不得对抗**善意相对人**。	第三十二条第三款　公司~~应当将股东的姓名或者名称向公司登记机关登记；~~登记事项发生变更的，应当办理变更登记。未经登记或者变更登记的，不得对抗~~第三人~~。
本条将原来分别规定在不同条文中关于办理变更登记的内容予以统一，并契合民法典关于法人登记事项变更登记以及登记的法律效力的规定。在此基础上，本条规定明确具有对抗效力的登记事项不限于股东的姓名或者名称，继而将"第三人"改为"善意相对人"，从而将保护对象限定在与公司发生交易或其他直接利害关系的主体，同时对其主观方面提出要求。 　　公司登记事项因为需要通过国家企业信用信息公示系统向社会公示，故而在其发生变更时，应当依法办理变更登记。基于商事外观主义原理，公司的相关事项一经登记则应当推定其产生相应的法律效力，善意相对人根据公示的公司登记事项依法所为之行为有效。倘若公司的实际情况与登记事项不一致，亦不得对抗善意相对人。	

第三十五条 【申请变更登记的材料】

修订后	修订前
第三十五条　公司申请变更登记，应当向公司登记机关提交公司法定代表人签署的变更登记申请书、依法作出的变更决议或者决定等文件。 　　公司变更登记事项涉及修改公司章程的，应当提交修改后的公司章程。 　　公司变更法定代表人的，变更登记申请书由变更后的法定代表人签署。	新增条文

23

本条是新增条文，吸收原《公司登记管理条例》第二十七条的规定。
法定代表人为公司的意思表示机关，由其签署变更登记申请书表明申请变更登记是公司行为；需要相应的决议或者决定等文件则表明申请变更登记的事项已经过公司意思形成程序。公司登记事项往往也记载于公司章程，故其发生变更的，公司应提交修改后的公司章程。公司依法作出变更法定代表人的决议或者决定后，法定代表人即已发生变更，并不以变更登记为生效要件，故变更登记申请书由变更后的法定代表人签署。

第三十六条　【换发营业执照】

修订后	修订前
第三十六条　公司营业执照记载的事项发生变更的，公司办理变更登记后，由公司登记机关换发营业执照。	第七条第三款　公司营业执照记载的事项发生变更的，公司应当依法办理变更登记，由公司登记机关换发营业执照。

关于依法办理变更登记的规定已统一移至本法第三十四条，本条无须再作特别规定，同时吸收《市场主体登记管理条例》第二十八条的内容。
公司登记机关应当在办理变更登记后，及时为公司换发营业执照，而无须公司另行提出申请。

第三十七条　【注销登记】

修订后	修订前
第三十七条　公司因解散、被宣告破产或者其他法定事由需要终止的，应当依法向公司登记机关申请注销登记，由公司登记机关公告公司终止。	第一百八十八条　公司清算结束后，清算组应当制作清算报告，报股东会、股东大会或者人民法院确认，并报送公司登记机关，申请注销公司登记，公告公司终止。

本条将原来在本法公司解散和清算一章关于注销登记的规定移至本法公司登记一章，以作统一规定，并吸收《市场主体登记管理条例》第三十一条的内容。

第三十八条　【分公司的设立登记】

修订后	修订前
第三十八条　公司设立分公司，应当向公司登记机关申请登记，领取营业执照。	第十四条第一款　公司可以设立分公司。设立分公司，应当向公司登记机关申请登记，领取营业执照。分公司不具有法人资格，其民事责任由公司承担。

　　本条将旧法关于分公司的登记规定从总则部分移至本章，以作统一规定。
　　公司设立分公司，应当向分公司所在地的公司登记机关申请登记。分公司属于市场主体登记管理条例规定的市场主体范畴。分公司领取营业执照后方能开展营业。

第三十九条　【公司登记的撤销】

修订后	修订前
第三十九条　虚报注册资本、提交虚假材料或者采取其他欺诈手段隐瞒重要事实取得公司设立登记的，公司登记机关应当依照法律、行政法规的规定予以撤销。	第一百九十八条　违反本法规定，虚报注册资本、提交虚假材料或者采取其他欺诈手段隐瞒重要事实取得公司登记的，由公司登记机关责令改正，对虚报注册资本的公司，处以虚报注册资本金额百分之五以上百分之十五以下的罚款；对提交虚假材料或者采取其他欺诈手段隐瞒重要事实的公司，处以五万元以上五十万元以下的罚款；情节严重的，撤销公司登记或者吊销营业执照。

　　本条将旧法关于撤销登记的规定从法律责任一章移至本章，以作统一规定，并吸收《市场主体登记管理条例》第四十条的内容。
　　公司登记机关撤销公司登记的行政许可，是对违法行为的纠正，不属

25

> 于行政处罚；吊销营业执照则是行政处罚措施。因此，撤销公司登记的规定不宜置于本法法律责任一章。

第四十条 【信息公示】

修订后	修订前
第四十条 公司应当按照规定通过国家企业信用信息公示系统公示下列事项： （一）有限责任公司股东认缴和实缴的出资额、出资方式和出资日期，股份有限公司发起人认购的股份数； （二）有限责任公司、股份有限公司发起人的股权、股份变更信息； （三）行政许可取得、变更、注销等信息； （四）法律、行政法规规定的其他信息。 公司应当确保前款公示信息真实、准确、完整。	新增条文

> 本条是新增条文，吸收《企业信息公示暂行条例》第十条的内容。
> 公司需要公示的信息往往是其从事生产经营活动过程中形成的信息，又或者是政府部门在履行职责过程中产生的能够反映公司状况的信息。公司应当确保所公示信息的真实性、准确性和完整性。

第四十一条 【公司登记便利化】

修订后	修订前
第四十一条 公司登记机关应当优化公司登记办理流程，提高公司登记效率，加强信息化建设，推	新增条文

行网上办理等便捷方式,提升公司登记便利化水平。

国务院市场监督管理部门根据本法和有关法律、行政法规的规定,制定公司登记注册的具体办法。

本条是新增条文,吸收了《市场主体登记管理条例》第六条等规定的内容。

促进公司登记的便利化是持续深化"放管服"改革优化营商环境的重要举措。同时,国务院市场监督管理部门主管全国市场主体登记管理工作,依法制定公司登记注册具体办法。

第三章 有限责任公司的设立和组织机构

第一节 设 立

第四十二条 【股东人数】

修订后	修订前
第四十二条 有限责任公司由一个以上五十个以下股东出资设立。	第二十四条 有限责任公司由五十个以下股东出资设立。 第五十七条第二款 ~~本法所称一人有限责任公司,是指只有一个自然人股东或者一个法人股东的有限责任公司。~~
本条规定增加"一个以上"之下限,并无实质变化。同时,既然本条明确下限为一人,就无须再单列关于一人公司定义的条款。 　　有限责任公司是兼具人合性的资合公司,股东人数过多,理论上可能不利于股东之间合作以及公司的运营和决策的开展,故本条规定股东以五十人为上限。		

第四十三条 【设立协议】

修订后	修订前
第四十三条 有限责任公司设立时的股东可以签订设立协议,明确各自在公司设立过程中的权利和义务。	新增条文
本条是新增条文。旧法只在股份有限公司部分对发起人协议作了规定。在实践中,有限责任公司的股东通常也会就公司设立事项以及各股东间的权利义务签订协议;而相关司法解释也已将有限责任公司设立时的		

股东纳入发起人的范畴。

与股份有限公司发起人协议的规定不同，有限责任公司设立时的股东签订设立协议并不是强制的，可以由当事人根据实际需要自行决定。

第四十四条 【设立责任】

修订后	修订前
第四十四条 有限责任公司设立时的股东为设立公司从事的民事活动，其法律后果由公司承受。 公司未成立的，其法律后果由公司设立时的股东承受；设立时的股东为二人以上的，享有连带债权，承担连带债务。 设立时的股东为设立公司以自己的名义从事民事活动产生的民事责任，第三人有权选择请求公司或者公司设立时的股东承担。 设立时的股东因履行公司设立职责造成他人损害的，公司或者无过错的股东承担赔偿责任后，可以向有过错的股东追偿。	新增条文

本条是新增条文，以《民法典》第七十五条关于设立人责任的规定为基础加以完善而成。

虽然旧法并未针对有限责任公司设立时的股东之设立责任作明确规定，而仅在股份有限公司部分就发起人责任设置了相关规则，但是相关司法解释已将股份有限公司发起人责任规定扩张适用于有限责任公司设立时的股东。

公司成立与否对于设立公司法律后果的承受产生影响。总体上看，公司未成立的，则由设立时的股东承受，设立时的股东之间为连带关系；公司成立的，法律后果由公司承受，公司或无过错的股东可向有过错的股东追偿。此外，以设立时的股东的名义从事民事活动产生的民事责任，第三人有权选择请求成立后的公司或者设立时的股东承担。

第四十五条 【公司章程制定】

修订后	修订前
第四十五条 设立有限责任公司，应当由股东共同制定公司章程。	第二十三条 设立有限责任公司，应当具备下列条件： …… （三）股东共同制定公司章程； ……

旧法第二十三条明确列举了设立有限责任公司应当具备的各项条件，包括股东人数、股东出资、公司章程、公司名称、组织机构及公司住所等，此次修订未保留该条规定。这些条件实际上在本法相应部分已分别作了规定，本条以及第四十六条正是涉及公司章程的规定。

法人依章程开展业务活动，是其与非法人组织的重要区别之一。作为一项法定的股东权利，亦为股东职责所在，章程制定事宜不得交由股东以外的主体为之。"制定"含有决定或确定之意，表明有限责任公司股东对章程内容是有决定权的，这与股份有限公司部分使用"制订"一词有别。

第四十六条 【公司章程记载事项】

修订后	修订前
第四十六条 有限责任公司章程应当载明下列事项： （一）公司名称和住所； （二）公司经营范围； （三）公司注册资本； （四）股东的姓名或者名称； （五）股东的出资额、出资方式和出资日期； （六）公司的机构及其产生办法、职权、议事规则； （七）公司法定代表人的产生、变更办法； （八）股东会认为需要规定的其他事项。 股东应当在公司章程上签名或者盖章。	第二十五条 有限责任公司章程应当载明下列事项： （一）公司名称和住所； （二）公司经营范围； （三）公司注册资本； （四）股东的姓名或者名称； （五）股东的出资方式、出资额和出资时间； （六）公司的机构及其产生办法、职权、议事规则； （七）公司法定代表人； （八）股东会会议认为需要规定的其他事项。 股东应当在公司章程上签名、盖章。

本条规定的变化主要有：一是明确公司法定代表人的产生、变更办法为章程记载事项；二是将旧法第二十五条第二款中的"签名、盖章"改为"签名或者盖章"，从而避免是否应当同时签名及盖章的争议。实践中，股东为自然人的，多采取签名的方式，股东为法人或其他组织的，则多采取负责人签名并加盖组织印章的方式。

第四十七条 【注册资本】

修订后	修订前
第四十七条 有限责任公司的注册资本为在公司登记机关登记的全体股东认缴的出资额。**全体股东认缴的出资额由股东按照公司章程的规定自公司成立之日起五年内缴足。** 法律、行政法规以及国务院决定对有限责任公司注册资本实缴、注册资本最低限额、**股东出资期限**另有规定的，从其规定。	第二十六条 有限责任公司的注册资本为在公司登记机关登记的全体股东认缴的出资额。 法律、行政法规以及国务院决定对有限责任公司注册资本实缴、注册资本最低限额另有规定的，从其规定。

本条规定的变化主要是增加股东应当自公司成立之日起五年内缴足所认缴出资额的规定。作为对践行十年的注册资本认缴登记制的一种制度修补，限期实缴制具有比较显著的现实意义。

有限责任公司的注册资本，指的是公司在公司登记机关登记的全体股东认缴的出资额，而非股东实缴的出资额。这其中既包括公司设立时的股东认缴的出资额，也包括公司增资时的股东认缴的出资额。股东应当在公司章程中根据公司及股东的实际情况自行确定不超过五年的出资期限。此外，依照本条第二款的规定，法律、行政法规以及国务院决定有权设置长于或短于五年的出资期限。

31

第四十八条 【出资方式】

修订后	修订前
第四十八条　股东可以用货币出资，也可以用实物、知识产权、土地使用权、**股权**、**债权**等可以用货币估价并可以依法转让的非货币财产作价出资；但是，法律、行政法规规定不得作为出资的财产除外。 　　对作为出资的非货币财产应当评估作价，核实财产，不得高估或者低估作价。法律、行政法规对评估作价有规定的，从其规定。	第二十七条　股东可以用货币出资，也可以用实物、知识产权、土地使用权等可以用货币估价并可以依法转让的非货币财产作价出资；但是，法律、行政法规规定不得作为出资的财产除外。 　　对作为出资的非货币财产应当评估作价，核实财产，不得高估或者低估作价。法律、行政法规对评估作价有规定的，从其规定。

　　本条规定较旧法的规定并无实质变化，主要是明确股权、债权也可以作为非货币财产的出资方式。相关司法解释和部门规章已有关于股权出资、债转股的规定，实践中这些出资方式并不少见，此次修订对此加以明确，并将债转股扩展至其他依法可用于出资的债权，具有现实意义。

　　可用以出资的非货币财产需同时满足"可以用货币估价"与"可以依法转让"两个条件。非货币财产并不像货币那样能呈现一个直观的数额，故而在用以出资时应当评估作价、核实财产。

第四十九条 【股东履行出资义务】

修订后	修订前
第四十九条　股东应当按期足额缴纳公司章程规定的各自所认缴的出资额。 　　股东以货币出资的，应当将货币出资足额存入有限责任公司在银行开设的账户；以非货币财产出资的，应当依法办理其财产权的转移手续。	第二十八条　股东应当按期足额缴纳公司章程中规定的各自所认缴的出资额。股东以货币出资的，应当将货币出资足额存入有限责任公司在银行开设的账户；以非货币财产出资的，应当依法办理其财产权的转移手续。 　　股东<u>不按照前款规定</u>缴纳出资

股东**未按期足额**缴纳出资的，除应当向公司足额缴纳外，还应当**对给公司造成的损失承担赔偿责任**。	的，除应当向公司足额缴纳外，还应当向已按期足额缴纳出资的股东承担违约责任。

本条规定的变化主要是删除旧法第二十八条关于股东因瑕疵出资应向履约股东承担违约责任的规定，并增加股东因瑕疵出资给公司造成损失承担赔偿责任的规定。

股东出资义务的内容原则上由股东之间协商确定，并将出资方式、出资额和出资日期等事项记载于公司章程。只有当股东按照公司章程规定按期足额缴纳所认缴的出资额后，方能被认定为已经履行出资义务。无论是货币还是非货币财产的出资，都应当依照本条第二款规定办理。

本条之所以删除旧法中关于违约责任的规定，是因为此次修订增设第四十三条关于股东协议的规定，股东之间对于缴纳出资的约定及其违约责任按照协议约定内容处理。而股东对公司负有法定的出资义务，当股东因瑕疵出资导致公司遭受损失的，应当承担赔偿责任。

第五十条　【设立时股东的资本充实责任】

修订后	修订前
第五十条　有限责任公司**设立时**，股东未按照公司章程规定实际缴纳出资，或者实际出资的非货币财产的实际价额显著低于**所认缴的出资额**的，设立时的其他股东**与该股东在出资不足的范围内**承担连带责任。	第三十条　有限责任公司<u>成立后</u>，<s>发现作为设立公司</s>出资的非货币财产的实际价额显著低于<u>公司章程所定价额的</u>，<s>应当由交付该出资的股东补足其差额；公司</s>设立时的其他股东承担连带责任。

本条规定的变化主要有：一是明确设立时的股东承担资本充实的连带责任限于公司设立时即实际缴纳出资的情形；二是不再赘述瑕疵出资股东补足差额的规定。

从文义来看，本条规定的适用场景是公司章程规定股东应当在设立时实际缴纳出资的情形，此时公司尚未成立，并不存在董事会履行催缴出资职责的可能。故而，本条明确"设立时"的时间点，也有助于与本法第五十一条关于公司成立后应由董事会负责催缴出资的规定在逻辑上相互衔接。

若股东未按照公司章程规定实际履行出资义务，则该股东应继续履行出资义务自不待言，而设立时的其他股东承担连带责任的范围也有必要明确。

33

第五十一条 【董事会催缴出资】

修订后	修订前
第五十一条 有限责任公司成立后,董事会应当对股东的出资情况进行核查,发现股东未按期足额缴纳公司章程规定的出资的,应当由公司向该股东发出书面催缴书,催缴出资。 未及时履行前款规定的义务,给公司造成损失的,负有责任的董事应当承担赔偿责任。	新增条文

本条是新增条文,旨在明确董事会有向股东催缴出资的职责。

股东未依照本法和公司章程规定履行出资义务的,将严重影响公司资本充实,对公司及其利益相关者的合法权益都可能带来不利影响,董事会作为公司日常运营管理的组织机构,具有履行核查股东出资职责的必要性和可能性。当董事会发现股东未依法履行出资义务,应当以公司的名义向该股东发出书面催缴书。

因董事会未及时履行催缴出资义务给公司造成损失的,未依法履行出资义务的股东应当依照本法第四十九条的规定承担赔偿责任;负有责任的董事则因违反对公司的勤勉义务而应当承担赔偿责任。

第五十二条 【股东失权】

修订后	修订前
第五十二条 股东未按照公司章程规定的出资日期缴纳出资,公司依照前条第一款规定发出书面催缴书催缴出资的,可以载明缴纳出资的宽限期;宽限期自公司发出催缴书之日起,不得少于六十日。宽限期届满,股东仍未履行出资义务	新增条文

的，公司经董事会决议可以向该股东发出失权通知，通知应当以书面形式发出。自通知发出之日起，该股东丧失其未缴纳出资的股权。 　　依照前款规定丧失的股权应当依法转让，或者相应减少注册资本并注销该股权；六个月内未转让或者注销的，由公司其他股东按照其出资比例足额缴纳相应出资。 　　股东对失权有异议的，应当自接到失权通知之日起三十日内，向人民法院提起诉讼。	

　　本条是新增条文，旨在契合董事会催缴出资规则构建股东失权制度。

　　股东失权制度可归纳为以下几个方面：一是不少于六十日的宽限期；二是公司在向股东发出书面失权通知之前，应当经董事会决议；三是丧失的股权应当在六个月内转让或者注销；四是未依法转让或注销的股权，由公司其他股东按出资比例缴纳出资；五是股东失权异议之诉应自接到失权通知之日起三十日内提起。需要注意的是，宽限期和股东失权的日期起算采发出主义，股东提起失权异议之诉的期间起算则采到达主义。

　　还需要注意的是，本条第二款中的"公司其他股东"并未指明针对设立时的股东，故而从文义来看，应当理解为股东失权时公司的其他现有股东。这是通过强化股东责任的方式敦促公司尽快依法处置股东丧失的股权。股东也可事先在设立协议或其他投资合作协议中就此明确处置方式。

　　股东失权并不等同于丧失股东资格。股东丧失的是其未缴纳出资的股权，股东已缴纳出资的股权不受影响。只有在股东完全没有履行出资义务的情形下，股东因其丧失全部股权，才可能丧失股东资格。

第五十三条　【抽逃出资】

修订后	修订前
第五十三条　公司成立后，股东不得抽逃出资。	第三十五条　公司成立后，股东不得抽逃出资。

违反前款规定的,股东应当返还抽逃的出资;给公司造成损失的,负有责任的董事、监事、高级管理人员应当与该股东承担连带赔偿责任。	

本条第二款是新增条文,在吸收相关司法解释规定的基础上修订完善而成。

在判断股东是否存在抽逃出资行为方面,目前主要有两种解决思路:一是以资本维持原则为基础的侵蚀股本标准,即借助资产负债表的财务数据,省察公司资本流出是否导致净资产小于实收股本;二是聚焦于公司现金流或可立即变现资产的实际偿付能力标准,即将公司利润分配、股份回购、减资等事项置于资本流出这一统合概念下,并以适当方法测试公司是否具有实际偿付一定期限内到期债务的能力。在判断股东是否抽逃出资时,可根据资本流出的具体情形,两种思路可以综合运用。股东抽逃出资或有董事、监事、高级管理人员的协助,负有责任的人员应当与该股东承担连带责任。

第五十四条 【股东提前缴纳出资】

修订后	修订前
第五十四条 公司不能清偿到期债务的,公司或者已到期债权的债权人有权要求已认缴出资但未届出资期限的股东提前缴纳出资。	新增条文

本条是新增条文。自2013年公司法确立注册资本认缴登记制以来,出资未届期股东的期限利益应依法予以保护。然而在实践中,股东恶意约定过长缴纳出资期限等拖延履行出资义务的现象层出不穷,如何平衡股东出资期限利益与债权人利益成为注册资本认缴登记制下的新难题。本条规定在2019年最高人民法院《全国法院民商事审判工作会议纪要》第六点规定基础上,结合注册资本认缴登记制实践经验,作进一步凝练和完善。

所谓"公司不能清偿到期债务",而不要求"且明显缺乏清偿能力",表明本条规定的情形与《企业破产法》第二条规定的破产原因有别,也扩充了本条规定的适用情形。

第五十五条 【出资证明书】

修订后	修订前
第五十五条 有限责任公司成立后，应当向股东签发出资证明书，**记载**下列事项： （一）公司名称； （二）公司成立日期； （三）公司注册资本； （四）股东的姓名或者名称、**认缴和实缴**的出资额、出资方式和出资日期； （五）出资证明书的编号和核发日期。 出资证明书由**法定代表人签名，并由**公司盖章。	第三十一条 有限责任公司成立后，应当向股东签发出资证明书。~~出资证明书应当载~~明下列事项： （一）公司名称； （二）公司成立日期； （三）公司注册资本； （四）股东的姓名或者名称、~~缴~~纳的出资额和出资日期； （五）出资证明书的编号和核发日期。 出资证明书由公司盖章。

本条的规定变化主要有：一是增加认缴的出资额作为出资证明书的记载事项；二是明确出资证明书除了由公司盖章外，还应当由法定代表人签名。

出资证明书是有限责任公司向股东签发的证明其已经履行出资义务的法律文件，公司成立后向股东签发出资证明书是公司的一项法定义务。股东分期缴纳出资的，公司应当在股东每一次缴纳出资后向其签发出资证明书；新的出资证明书签发后，公司应当收回并注销原出资证明书。

第五十六条 【股东名册】

修订后	修订前
第五十六条 有限责任公司应当置备股东名册，记载下列事项： （一）股东的姓名或者名称及住所； （二）股东**认缴和实缴**的出资额、**出资方式和出资日期**； （三）出资证明书编号；	第三十二条第一款、第二款 有限责任公司应当置备股东名册，记载下列事项： （一）股东的姓名或者名称及住所； （二）股东的出资额； （三）出资证明书编号。

37

（四）取得和丧失股东资格的日期。 记载于股东名册的股东，可以依股东名册主张行使股东权利。	记载于股东名册的股东，可以依股东名册主张行使股东权利。

> 本条规定新增股东出资日期、取得和丧失股东资格的日期之记载事项要求。
>
> 股东名册是有限责任公司依法对本公司股东的基本信息、出资情况及股东资格变动事宜予以登记造册的法律文件，置备股东名册是公司的一项法定义务。股东名册的记载是股东向公司主张行使股东权利的重要依据。
>
> 股东名册固然重要，然其事项的记载及变更不应作为股权变动的生效要件。即便增加取得和丧失股东资格的日期作为记载事项，也只是据此更清晰地反映股权变动的情况，以尽可能减少不必要的争议。

第五十七条 【股东查阅权】

修订后	修订前
第五十七条 股东有权查阅、复制公司章程、**股东名册**、股东会会议记录、董事会会议决议、监事会会议决议和财务会计报告。 股东可以要求查阅公司会计账簿、**会计凭证**。股东要求查阅公司会计账簿、**会计凭证**的，应当向公司提出书面请求，说明目的。公司有合理根据认为股东查阅会计账簿、**会计凭证**有不正当目的，可能损害公司合法利益的，可以拒绝提供查阅，并应当自股东提出书面请求之日起十五日内书面答复股东并说明理由。公司拒绝提供查阅的，股东可以向人民法院提起诉讼。 股东查阅前款规定的材料，可以委托会计师事务所、律师事务所	第三十三条 股东有权查阅、复制公司章程、股东会会议记录、董事会会议决议、监事会会议决议和财务会计报告。 股东可以要求查阅公司会计账簿。股东要求查阅公司会计账簿的，应当向公司提出书面请求，说明目的。公司有合理根据认为股东查阅会计账簿有不正当目的，可能损害公司合法利益的，可以拒绝提供查阅，并应当自股东提出书面请求之日起十五日内书面答复股东并说明理由。公司拒绝提供查阅的，股东可以<u>请求人民法院要求公司提供查阅</u>。

等中介机构进行。 　　股东及其委托的会计师事务所、律师事务所等中介机构查阅、复制有关材料，应当遵守有关保护国家秘密、商业秘密、个人隐私、个人信息等法律、行政法规的规定。 　　股东要求查阅、复制公司全资子公司相关材料的，适用前四款的规定。	

　　本条规定是在旧法第三十三条以及相关司法解释规定之基础上修改完善而成。本条第一款新增股东可以查阅、复制股东名册的规定；第二款将股东可以查账的范围扩张至公司会计凭证；第三款和第四款源自相关司法解释的规定，明确股东查阅公司文件材料时可以委托中介机构进行，同时需要遵守保密义务。

　　过往实践中，股东通常也可以查阅、复制股东名册，只不过由于有限责任公司股东人数不多，股东之间可能不需要通过股东名册了解相关信息。而一旦立法强化了股东名册的作用，就有必要在股东查阅和复制范围方面加以明确，以免发生争议。

　　会计凭证有助于判断公司的真实经营情况、核对会计账簿记载的真实与否。在公司实务和司法实践中，股东究竟能否查阅公司会计凭证一直存在较大争议。查阅权作为股东知情权的重要内容，是公司法赋予股东的法定权利。为了使股东更好地了解乃至监督公司经营管理，此次修订明确规定股东可以查阅公司会计凭证。

　　在公司渐趋集团化运营的趋势下，股东对公司全资子公司相关材料的查阅权作为股东权利"穿越"行使的重要制度，能更好地体现对股东合法权益的保护。股东要求查阅、复制公司全资子公司相关材料的，应当遵守本条前四款的相关规定。

第二节 组织机构

第五十八条 【股东会的组成和定位】

修订后	修订前
第五十八条 有限责任公司股东会由全体股东组成。股东会是公司的权力机构,依照本法行使职权。	第三十六条 有限责任公司股东会由全体股东组成。股东会是公司的权力机构,依照本法行使职权。

依循股东平等原则,无论出资多寡,每一位股东理所当然都是股东会的成员,都有资格出席股东会会议,并依照法律和公司章程规定参与公司治理。依照《民法典》第八十条的规定,营利法人应当设权力机构。虽是权力机构,但股东会并非公司常设机构,而主要是以会议的形式行使权力,那么为了确保股东参与公司治理,体现股东会作为公司权力机构的法律定位,公司法对股东会会议的类型和召开方式、召集和主持、通知和记录、表决权的行使、议事方式和表决程序等方面都作出了具体规定。

第五十九条 【股东会的职权】

修订后	修订前
第五十九条 股东会行使下列职权: (一) 选举和更换董事、监事,决定有关董事、监事的报酬事项; (二) 审议批准董事会的报告; (三) 审议批准监事会的报告; (四) 审议批准公司的利润分配方案和弥补亏损方案; (五) 对公司增加或者减少注册资本作出决议; (六) 对发行公司债券作出决议;	第三十七条 股东会行使下列职权: (一) 决定公司的经营方针和投资计划; (二) 选举和更换非由职工代表担任的董事、监事,决定有关董事、监事的报酬事项; (三) 审议批准董事会的报告; (四) 审议批准监事会或者监事的报告; (五) 审议批准公司的年度财务预算方案、决算方案;

40

（七）对公司合并、分立、解散、清算或者变更公司形式作出决议； （八）修改公司章程； （九）公司章程规定的其他职权。 **股东会可以授权董事会对发行公司债券作出决议。** 对**本条第一款**所列事项股东以书面形式一致表示同意的，可以不召开股东会会议，直接作出决定，并由全体股东在决定文件上签名**或者**盖章。	（六）审议批准公司的利润分配方案和弥补亏损方案； （七）对公司增加或者减少注册资本作出决议； （八）对发行公司债券作出决议； （九）对公司合并、分立、解散、清算或者变更公司形式作出决议； （十）修改公司章程； （十一）公司章程规定的其他职权。 对前款所列事项股东以书面形式一致表示同意的，可以不召开股东会会议，直接作出决定，并由全体股东在决定文件上签名、盖章。

本条规定的变化主要有：一是删除"决定公司的经营方针和投资计划"的表述；二是将"审议批准公司的年度财务预算方案、决算方案"从股东会法定职权中剔除；三是允许股东会授权董事会对发行公司债券作出决议。这些修改都有利于提升公司内部决策的灵活性。

股东会以会议形式行使权力，通过团体决策体现所有者权益，是股东权益享有与行使的重要方式。依照本法第四条的原则性规定，股东对公司依法享有资产收益、参与重大决策和选择管理者等权利。这些权利也大致与本条第一款规定的股东会职权相对应。

公司发行公司债券虽是一项重大筹资行为，但与增加注册资本将直接涉及股东利益不同的是，债券本质上是发行人与债券持有人之间的债权债务关系，与公司的买卖等交易行为类似，可以由股东会授权董事会根据公司实际需要适时作出决策。

本条第三款是通常被称为书面表决制度的规定。不召开股东会而形成的决定同样产生决议的法律效果，本法有关决议的规定可适用于书面表决场合。

第六十条 【一人有限责任公司的股东决定】

修订后	修订前
第六十条 只有一个股东的有限责任公司不设股东会。股东作出**前条**第一款所列**事项**的决定时，应当采用书面形式，并由股东签名**或者盖章**后置备于公司。	第六十一条 <u>一人</u>有限责任公司不设股东会。股东作出<u>本法第三十七条</u>第一款所列决定时，应当采用书面形式，并由股东签名后置备于公司。
虽然一人有限责任公司不设股东会，但基于公司人格独立的要求，唯一的股东在处理公司事务时也应当遵守必要的程序性规定。一人有限责任公司的股东可能为法人或其他组织，故此次修订增加"盖章"的内容。	

第六十一条 【首次股东会会议】

修订后	修订前
第六十一条 首次股东会会议由出资最多的股东召集和主持，依照本法规定行使职权。	第三十八条 首次股东会会议由出资最多的股东召集和主持，依照本法规定行使职权。
在首次股东会会议召开前，本应负责股东会会议召开事宜的公司董事并未选举产生，故由出资最多的股东召集和主持首次股东会会议是一种针对现实需要的制度考量，以确保公司成立后顺利开展运营。	

第六十二条 【股东会会议的类型和召开要求】

修订后	修订前
第六十二条 股东会会议分为定期会议和临时会议。 定期会议应当**按照**公司章程的规定按时召开。代表十分之一以上表决权的股东、三分之一以上的董事**或者**监事会提议召开临时会议的，	第三十九条 股东会会议分为定期会议和临时会议。 定期会议应当<u>依照</u>公司章程的规定按时召开。代表十分之一以上表决权的股东<u>,</u>三分之一以上的董事<u>,</u>监事会<u>或者不设监事会的公司</u>

应当召开临时会议。	的监事提议召开临时会议的,应当召开临时会议。

除首次股东会会议外,公司后续召开的股东会会议可分为定期会议和临时会议两种。定期会议是按照公司章程规定在一定时期内必须召开的会议。临时会议是在定期会议之外,由于特定主体依法提议或基于法定事由的出现而应当召开的不定期会议。
频繁召开会议也可能给公司运营增加诸多成本,故而对提议召开临时会议的主体需要有一定限制。

第六十三条 【股东会会议的召集和主持】

修订后	修订前
第六十三条 股东会会议由董事会召集,董事长主持;董事长不能履行职务或者不履行职务的,由副董事长主持;副董事长不能履行职务或者不履行职务的,由过半数的董事共同推举一名董事主持。 董事会不能履行或者不履行召集股东会会议职责的,由监事会召集和主持;监事会不召集和主持的,代表十分之一以上表决权的股东可以自行召集和主持。	第四十条 有限责任公司设立董事会的,股东会会议由董事会召集,董事长主持;董事长不能履行职务或者不履行职务的,由副董事长主持;副董事长不能履行职务或者不履行职务的,由半数以上董事共同推举一名董事主持。 有限责任公司不设董事会的,股东会会议由执行董事召集和主持。 董事会或者执行董事不能履行或者不履行召集股东会会议职责的,由监事会或者不设监事会的公司的监事召集和主持;监事会或者监事不召集和主持的,代表十分之一以上表决权的股东可以自行召集和主持。

本条规定将董事在董事长、副董事长不能履行或不履行主持股东会会议时推举一名董事主持的人数比例从"半数以上"改为"过半数"。
为了确保股东会会议的顺利召开,会议需要有召集人和主持人。除了首次股东会会议外,股东会会议由董事会召集,董事长主持。当董事长、副董事长未履职时,则由监事会替之;监事会也未履职时,代表十分之一

以上表决权的股东可以自行召集和主持。该情形下既包括定期会议,也包括临时会议。

第六十四条 【股东会会议的通知和记录】

修订后	修订前
第六十四条 召开股东会会议,应当于会议召开十五日前通知全体股东;但是,公司章程另有规定或者全体股东另有约定的除外。 股东会应当对所议事项的决定作成会议记录,出席会议的股东应当在会议记录上签名**或者盖章**。	第四十一条 召开股东会会议,应当于会议召开十五日前通知全体股东;但是,公司章程另有规定或者全体股东另有约定的除外。 股东会应当对所议事项的决定作成会议记录,出席会议的股东应当在会议记录上签名。

向全体股东发出会议通知是股东会会议召集人的重要职责。会议通知应当载明本次会议拟讨论议题、议程、时间、地点等事项,以便股东提前安排和准备。无论是定期会议还是临时会议,原则上都应当于会议召开十五日前发出通知,实践中不少公司都根据实际需要依法对该期限作出调整。

股东会会议决议和会议记录实为两份不同的法律文件,不应混淆。会议决议主要反映的是所议事项的表决结果,会议记录则是股东会会议召开的全过程反映。

股东可能为法人或其他组织,故此次修订增加"盖章"的内容。

第六十五条 【股东表决权】

修订后	修订前
第六十五条 股东会会议由股东按照出资比例行使表决权;但是,公司章程另有规定的除外。	第四十二条 股东会会议由股东按照出资比例行使表决权;但是,公司章程另有规定的除外。

有限责任公司虽兼具一定程度的人合性,但本质上仍属于资合公司。股东在股东会会议上无论出资多寡都有发表意见的权利,但在行使表决权

时，原则上取决于股东各自的出资比例，即所谓资本多数决。考虑到目前大多数股东在公司设立时都选择以认缴的方式出资，且本条也并未明确指出需以实缴为准，故理解为认缴的出资比例更妥当。

公司可以根据自身发展及经营决策的特殊情况，改变股东按照出资比例行使表决权的原则性规定，并就此在公司章程中另作规定，如可以规定股东会会议由股东按照一人一票的方式行使表决权，即所谓人头多数决。

第六十六条 【股东会决议通过比例】

修订后	修订前
第六十六条 股东会的议事方式和表决程序，除本法有规定的外，由公司章程规定。 **股东会作出决议，应当经代过半数表决权的股东通过。** 股东会作出修改公司章程、增加或者减少注册资本的决议，以及公司合并、分立、解散或者变更公司形式的决议，应当经代表三分之二以上表决权的股东通过。	第四十三条 股东会的议事方式和表决程序，除本法有规定的外，由公司章程规定。 股东会会议作出修改公司章程、增加或者减少注册资本的决议，以及公司合并、分立、解散或者变更公司形式的决议，<u>必须</u>经代表三分之二以上表决权的股东通过。

本条规定增加关于股东会会议作出一般决议之通过比例的规定。

决议是公司意思形成的基础性制度。与意思表示（尤其是自然人的意思表示）不同，公司意思形成具有鲜明的组织特征，股东会等组织机构作出决议应当遵守相应的程式化规则以确保公司正义。为了避免争议，并确保公司就特定事项作出决议尽可能反映集体意志及维护公司利益，公司法也有必要对股东会决议的表决比例作出相应规定。旧法并无股东会作出一般决议的通过比例要求，此次修订符合资本多数决的一般原理和实践需要。至于涉及公司事务的重大事项，应有更高的通过比例要求，学理上常称之为特别决议。

第六十七条　【董事会的职权】

修订后	修订前
第六十七条　有限责任公司设董事会，**本法第七十五条另有规定的除外**。 董事会行使下列职权： （一）召集股东会会议，并向股东会报告工作； （二）执行股东会的决议； （三）决定公司的经营计划和投资方案； （四）制订公司的利润分配方案和弥补亏损方案； （五）制订公司增加或者减少注册资本以及发行公司债券的方案； （六）制订公司合并、分立、解散或者变更公司形式的方案； （七）决定公司内部管理机构的设置； （八）决定聘任或者解聘公司经理及其报酬事项，并根据经理的提名决定聘任或者解聘公司副经理、财务负责人及其报酬事项； （九）制定公司的基本管理制度； （十）公司章程规定**或者股东会授予**的其他职权。 **公司章程对董事会职权的限制不得对抗善意相对人。**	第四十六条　董事会~~对股东会负责~~，行使下列职权： （一）召集股东会会议，并向股东会报告工作； （二）执行股东会的决议； （三）决定公司的经营计划和投资方案； ~~（四）制订公司的年度财务预算方案、决算方案；~~ （五）制订公司的利润分配方案和弥补亏损方案； （六）制订公司增加或者减少注册资本以及发行公司债券的方案； （七）制订公司合并、分立、解散或者变更公司形式的方案； （八）决定公司内部管理机构的设置； （九）决定聘任或者解聘公司经理及其报酬事项，并根据经理的提名决定聘任或者解聘公司副经理、财务负责人及其报酬事项； （十）制定公司的基本管理制度； （十一）公司章程规定的其他职权。

本条规定的变化主要有：一是删除"董事会对股东会负责"的规定；二是将"制订公司的年度财务预算方案、决算方案"从董事会法定职权中剔除；三是明确除公司章程规定外，股东会也可通过授权方式扩大董事会的职权范围；四是规定公司章程对董事会职权的限制不得对抗善意相对人。

> 董事会的职权可归纳为涉及董事会与股东会实质关系、制订由股东会作出决议的重大事项的方案、公司内部管理三个方面。基于公司可能存在的差异化治理需求，其董事会的功能定位及职权范围也必然有所区别。公司是否设监事会，对于董事会是否在管理职能外需要兼具监督职能会产生较大影响。

第六十八条 【董事会的组成】

修订后	修订前
第六十八条 有限责任公司董事会成员为三人以上，**其成员中可以有公司职工代表。职工人数三百人以上的有限责任公司，除依法设监事会并有公司职工代表的外，其董事会成员中应当有公司职工代表**。董事会中的职工代表由公司职工通过职工代表大会、职工大会或者其他形式民主选举产生。 董事会设董事长一人，可以设副董事长。董事长、副董事长的产生办法由公司章程规定。	第四十四条 有限责任公司~~设~~董事会~~，~~其成员为三人至~~十三人~~，~~但是，本法第五十条另有规定的除外~~。 ~~两个以上的国有企业或者两个以上的其他国有投资主体投资设立的有限责任公司，~~其董事会成员中应当有公司职工代表~~，其他有限责任公司董事会成员中可以有公司职工代表~~。董事会中的职工代表由公司职工通过职工代表大会、职工大会或者其他形式民主选举产生。 董事会设董事长一人，可以设副董事长。董事长、副董事长的产生办法由公司章程规定。

> 本条规定的变化主要有：一是取消董事会成员人数上限的规定；二是董事会成员是否应当有职工代表的权衡标准有所改变，除所有制因素外，还需要考虑职工人数及是否设有公司职工代表的监事会等因素。
>
> 公司可以根据自身情况决定在董事会成员中是否要有公司职工代表。然而，一旦职工人数达到一定规模，公司除了依法保护职工合法权益、组织工会并开展工会活动外，还应当依照本条规定有职工代表作为董事会成员。
>
> 公司设董事会就必须设董事长，但副董事长的设置及人数则由公司根据自身情况决定。

第六十九条 【审计委员会和监事会的选择设置】

修订后	修订前
第六十九条 有限责任公司可以按照公司章程的规定在董事会中设置由董事组成的审计委员会,行使本法规定的监事会的职权,不设监事会或者监事。公司董事会成员中的职工代表可以成为审计委员会成员。	新增条文

　　本条是新增条文,旨在赋予公司在内部监督机构设置方面享有选择权。
　　公司的监督机构规则采取的是"二选一"模式。这主要是基于提升监督质效的考虑,以期避免不同监督机构履行职权时可能存在的冲突。审计委员会既然行使的是监事会的职权,就不能仅负责财务会计监督事宜,还应当对公司事务全面履行监督职责。继而,与监事会中的职工代表规则相对应,公司董事会成员中的职工代表可以成为审计委员会成员。

第七十条 【董事的任期和辞任】

修订后	修订前
第七十条 董事任期由公司章程规定,但每届任期不得超过三年。董事任期届满,连选可以连任。 　　董事任期届满未及时改选,或者董事在任期内**辞任**导致董事会成员低于法定人数的,在改选出的董事就任前,原董事仍应当依照法律、行政法规和公司章程的规定,履行董事职务。 　　董事辞任的,应当以书面形式通知公司,公司收到通知之日辞任生效,但存在前款规定情形的,董事应当继续履行职务。	第四十五条 董事任期由公司章程规定,但每届任期不得超过三年。董事任期届满,连选可以连任。 　　董事任期届满未及时改选,或者董事在任期内**辞职**导致董事会成员低于法定人数的,在改选出的董事就任前,原董事仍应当依照法律、行政法规和公司章程的规定,履行董事职务。

48

> 本条第三款关于董事辞任的规定是新增条文，同时将原来规定中的"辞职"改为"辞任"。
> 设置过长的董事任期，可能不利于公司适时调整董事的职责、薪酬以及人选，故而设置董事每届任期的法定限制也并不旨在阻止董事连任，主要是基于公司治理灵活性的考虑。为了确保公司董事会正常运作，在改选出的董事就任前，原董事应当继续履行董事职务。这也是董事的一项法定义务，是其对公司负有忠实勤勉义务的必然要求。

第七十一条 【董事的解任】

修订后	修订前
第七十一条 股东会可以决议解任董事，决议作出之日解任生效。 无正当理由，在任期届满前解任董事的，该董事可以要求公司予以赔偿。	新增条文

> 本条规定是在司法解释相关规定基础上修改完善而成。
> 董事与公司之间为委任关系。股东会作为公司的权力机构，有权在董事任期届满前随时解任董事。股东会解任董事的，应当依法作出股东会决议。
> 所谓"赔偿"并不意味着组织法意义上的解任违法，而是从行为法角度，董事和公司之间基于薪酬合同甚至劳动合同的订立而存在相关约定，从而董事要求公司予以赔偿也存在请求权基础。

第七十二条 【董事会会议的召集和主持】

修订后	修订前
第七十二条 董事会会议由董事长召集和主持；董事长不能履行职务或者不履行职务的，由副董事长召集和主持；副董事长不能履行职	第四十七条 董事会会议由董事长召集和主持；董事长不能履行职务或者不履行职务的，由副董事长召集和主持；副董事长不能履行职

49

修订后	修订前
务或者不履行职务的，由**过半数的董**事共同推举一名董事召集和主持。	务或者不履行职务的，由半数以上董事共同推举一名董事召集和主持。

> 本条规定将董事在董事长、副董事长不能履行或不履行召集和主持董事会会议时推举一名董事召集和主持的人数比例从"半数以上"改为"过半数"。

第七十三条 【董事会的议事方式和表决程序】

修订后	修订前
第七十三条 董事会的议事方式和表决程序，除本法有规定的外，由公司章程规定。 **董事会会议应当有过半数的董事出席方可举行。董事会作出决议，应当经全体董事的过半数通过。** 董事会决议的表决，应当一人一票。 董事会应当对所议事项的决定作成会议记录，出席会议的董事应当在会议记录上签名。	第四十八条 董事会的议事方式和表决程序，除本法有规定的外，由公司章程规定。 董事会应当对所议事项的决定作成会议记录，出席会议的董事应当在会议记录上签名。 董事会决议的表决，<u>实行</u>一人一票。 第一百一十一条第一款 董事会会议应有过半数的董事出席方可举行。董事会作出决议，必须经全体董事的过半数通过。

> 本条第二款关于董事会会议最低出席人数和表决通过比例的内容是新增条文，是将股份有限公司的相关规定适用于有限责任公司。
> 相较于股份有限公司，有限责任公司虽然公司自治程度更高，但若不设置董事会会议最低出席人数和表决通过比例，可能引发实践中诸多不必要的争议。与股东会决议通常采用资本多数决原则不同，董事会决议更强调董事之间平等、民主的团体决策机制，故而采用一人一票的人头多数决原则。
> 与股东会相关规则类似，董事会也应当将所议事项的决定作成会议记录。会议记录详细记录各董事发表的意见，故其可能成为特定主体承担责任或者免除责任的重要依据。

第七十四条　【经理及其职权】

修订后	修订前
第七十四条　有限责任公司可以设经理,由董事会决定聘任或者解聘。 经理对董事会负责,**根据公司章程的规定或者董事会的授权**行使职权。经理列席董事会会议。	第四十九条　有限责任公司可以设经理,由董事会决定聘任或者解聘。经理对董事会负责,行使下列职权: (一)主持公司的生产经营管理工作,组织实施董事会决议; (二)组织实施公司年度经营计划和投资方案; (三)拟订公司内部管理机构设置方案; (四)拟订公司的基本管理制度; (五)制定公司的具体规章; (六)提请聘任或者解聘公司副经理、财务负责人; (七)决定聘任或者解聘除应由董事会决定聘任或者解聘以外的负责管理人员; (八)董事会授予的其他职权。 公司章程对经理职权另有规定的,从其规定。 经理列席董事会会议。

　　本条规定的变化主要是在维持经理职权"非法定化"的前提下,不再罗列经理职权的具体内容。本条规定明确经理职权除公司章程规定外,也可基于董事会的授权。

　　根据最高人民法院10号指导性案例的裁判立场,司法机关原则上不介入公司内部事务,董事会解聘经理职务的决议所依据的事实是否属实,不属于司法审查范围。

　　此次修订过程中,对于有限责任公司是否必须设经理的问题讨论较多。本条规定最终维持旧法的立场,并未强制有限责任公司必须设经理,以体现对公司自治的尊重。

51

第七十五条 【不设董事会的董事及其职权】

修订后	修订前
第七十五条 规模较小或者股东人数较少的有限责任公司，可以不设董事会，设一名董事，行使本法规定的董事会的职权。该董事可以兼任公司经理。	第五十条 股东人数较少或者规模较小的有限责任公司，可以设一名执行董事，不设董事会。执行董事可以兼任公司经理。执行董事的职权由公司章程规定。
本条规定的变化主要有：一是不设董事会的董事不再称作"执行董事"；二是不设董事会的董事的职权适用本法关于董事会职权的相关规定。相比旧法关于执行董事职权的规定，本条规定淡化了公司章程对于不设董事会的董事职权另作规定的意味。不设董事会的董事同样行使本法第六十七条第二款列示的各项职权。	

第七十六条 【监事会的组成、会议召集和主持】

修订后	修订前
第七十六条 有限责任公司设监事会，本法第六十九条、第八十三条另有规定的除外。 监事会成员为三人以上。监事会成员应当包括股东代表和适当比例的公司职工代表，其中职工代表的比例不得低于三分之一，具体比例由公司章程规定。监事会中的职工代表由公司职工通过职工代表大会、职工大会或者其他形式民主选举产生。 监事会设主席一人，由全体监事过半数选举产生。监事会主席召集和主持监事会会议；监事会主席不能履行职务或者不履行职务的，由	第五十一条 有限责任公司设监事会，其成员不得少于三人。股东人数较少或者规模较小的有限责任公司，可以设一至三名监事，不设监事会。 监事会应当包括股东代表和适当比例的公司职工代表，其中职工代表的比例不得低于三分之一，具体比例由公司章程规定。监事会中的职工代表由公司职工通过职工代表大会、职工大会或者其他形式民主选举产生。 监事会设主席一人，由全体监事过半数选举产生。监事会主席召集和主持监事会会议；监事会主席不能履行职务或者不履行职务的，由

过半数的监事共同推举一名监事召集和主持监事会会议。 董事、高级管理人员不得兼任监事。	半数以上监事共同推举一名监事召集和主持监事会会议。 董事、高级管理人员不得兼任监事。

本条规定的变化主要有：一是将不设监事会只设监事的规定另设为本法第八十三条；二是将监事在监事会主席不能履行或不履行召集和主持监事会会议时推举一名监事召集和主持的人数比例从"半数以上"改为"过半数"。

有限责任公司一旦选择监事会作为公司监督机构，就应在人数、职工比例等方面符合本条规定。同时，基于经营管理和监督的有效制衡，董事、高级管理人员不得兼任监事。

第七十七条 【监事的任期和辞任】

修订后	修订前
第七十七条 监事的任期每届为三年。监事任期届满，连选可以连任。 监事任期届满未及时改选，或者监事在任期内**辞任**导致监事会成员低于法定人数的，在改选出的监事就任前，原监事仍应当依照法律、行政法规和公司章程的规定，履行监事职务。	第五十二条 监事的任期每届为三年。监事任期届满，连选可以连任。 监事任期届满未及时改选，或者监事在任期内辞职导致监事会成员低于法定人数的，在改选出的监事就任前，原监事仍应当依照法律、行政法规和公司章程的规定，履行监事职务。

本条规定将旧法中的"辞职"改为"辞任"，与董事的相关规定相统一。

与董事任期规定不同，监事任期三年一届，为固定任期。当然，连选可以连任的规定与董事的规定相同。

与董事的情形类似，实践中也有监事任期届满但公司未及时改选，或者监事在任期内辞任导致监事会成员低于法定人数的情形出现。为了确保公司监事会正常运作，在改选出的监事就任前，原监事应当继续履行监事职务。这也是监事的一项法定义务，是其对公司负有忠实勤勉义务的必然要求。

53

第七十八条 【监事会的职权】

修订后	修订前
第七十八条 监事会行使下列职权： （一）检查公司财务； （二）对董事、高级管理人员执行职务的行为进行监督，对违反法律、行政法规、公司章程或者股东会决议的董事、高级管理人员提出**解任**的建议； （三）当董事、高级管理人员的行为损害公司的利益时，要求董事、高级管理人员予以纠正； （四）提议召开临时股东会会议，在董事会不履行本法规定的召集和主持股东会会议职责时召集和主持股东会会议； （五）向股东会会议提出提案； （六）依照本法**第一百八十九条**的规定，对董事、高级管理人员提起诉讼； （七）公司章程规定的其他职权。	第五十三条 监事会~~、不设监事会的公司的监事~~行使下列职权： （一）检查公司财务； （二）对董事、高级管理人员执行~~公司~~职务的行为进行监督，对违反法律、行政法规、公司章程或者股东会决议的董事、高级管理人员提出<u>罢免</u>的建议； （三）当董事、高级管理人员的行为损害公司的利益时，要求董事、高级管理人员予以纠正； （四）提议召开临时股东会会议，在董事会不履行本法规定的召集和主持股东会会议职责时召集和主持股东会会议； （五）向股东会会议提出提案； （六）依照本法<u>第一百五十一条</u>的规定，对董事、高级管理人员提起诉讼； （七）公司章程规定的其他职权。

本条规定将旧法中的"罢免"改为"解任"，与本法其他条文相关表述相统一。

监事会的监督职权可分为财务监督和业务监督两大类。本条第一项为财务监督的体现，其余各项主要是业务监督的内容。当然，两类监督并非泾渭分明。例如监事会对董事、高级管理人员执行职务的行为进行监督也往往需要借助财务监督的各项手段。

第七十九条 【监事的质询建议权和监事会的调查权】

修订后	修订前
第七十九条　监事可以列席董事会会议，并对董事会决议事项提出质询或者建议。 　　监事会发现公司经营情况异常，可以进行调查；必要时，可以聘请会计师事务所等协助其工作，费用由公司承担。	第五十四条　监事可以列席董事会会议，并对董事会决议事项提出质询或者建议。 　　监事会~~、不设监事会的公司的~~监事发现公司经营情况异常，可以进行调查；必要时，可以聘请会计师事务所等协助其工作，费用由公司承担。

　　监事会既然有监督董事执行职务并纠正其损害公司利益行为之责，公司法就有必要赋予监事列席董事会会议及提出质询或者建议之权。质询权和建议权是每名监事可以单独行使的职权。

　　对公司经营情况异常的调查及聘请会计师事务所协助工作则需要监事会团体决策、统一行动。

第八十条 【董事、高级管理人员配合监事会行使职权】

修订后	修订前
第八十条　**监事会可以要求董事、高级管理人员提交执行职务的报告。** 　　董事、高级管理人员应当如实向监事会提供有关情况和资料，不得妨碍监事会或者监事行使职权。	第一百五十条第二款　董事、高级管理人员应当如实向监事会或~~者不设监事会的有限责任公司的监~~事提供有关情况和资料，不得妨碍监事会或者监事行使职权。

　　本条第一款是新增条文，旨在进一步减少监事会行使职权的阻力，提升监督质效。

　　监事不直接参与公司经营管理事务，故其履行监督职责通常需要相关人员的配合。

第八十一条 【监事会的议事方式和表决程序】

修订后	修订前
第八十一条 监事会每年度至少召开一次会议，监事可以提议召开临时监事会会议。 监事会的议事方式和表决程序，除本法有规定的外，由公司章程规定。 监事会决议应当经**全体监事的过半数**通过。 **监事会决议的表决，应当一人一票。** 监事会应当对所议事项的决定作成会议记录，出席会议的监事应当在会议记录上签名。	第五十五条 监事会每年度至少召开一次会议，监事可以提议召开临时监事会会议。 监事会的议事方式和表决程序，除本法有规定的外，由公司章程规定。 监事会决议应当经<u>半数以上监事</u>通过。 监事会应当对所议事项的决定作成会议记录，出席会议的监事应当在会议记录上签名。

本条规定的变化主要有：一是将监事会决议的通过比例从原来的"半数以上"改为"过半数"；二是增加监事会决议采一人一票的规定。以上两处修改与董事会的规定相统一。

第八十二条 【监事会行使职权的费用承担】

修订后	修订前
第八十二条 监事会行使职权所必需的费用，由公司承担。	第五十六条 监事会~~不设监事会的公司的监事~~行使职权所必需的费用，由公司承担。

监事会行使职权的目的是维护公司利益。为了确保监事会正常履职，监事会在行使本法规定和公司章程规定的职权时所必需的费用，应当由公司承担。鉴于不设监事会的监事或者董事会下设审计委员会依法行使监事会的职权，故其在行使职权时所必需的费用，也应当由公司承担。

第八十三条 【不设监事会的监事及其职权】

修订后	修订前
第八十三条 规模较小或者股东人数较少的有限责任公司，可以不设监事会，设一名监事，行使本法规定的监事会的职权；经全体股东一致同意，也可以不设监事。	第五十一条第一款 ~~有限责任公司设监事会，其成员不得少于三人。~~股东人数较少或者规模较小的有限责任公司，可以设一至~~三~~名监事，不设监事会。

本条规定的变化主要有：一是规模较小或者股东人数较少的有限责任公司在不设监事会而只设监事的情形下，监事人数从原来的一至二名改为一名；二是该类公司经全体股东一致同意也可以不设监事。

即便在一个既不设监事（会）也不在董事会中设审计委员会的公司，也不意味着公司治理就没有监督机制。若董事和股东高度重合，则高度重合的主体之间为维护自身及公司利益需肩负相互监督职责；若情形相反（极端情形是董事都不是股东），则股东为维护自身及公司利益需要监督董事的履职行为。

此外，在既无审计委员会又无监事会或监事的公司，股东因董事、高级管理人员违法提起股东代表诉讼的，应当如何依照本法第一百八十九条规定履行穷尽内部救济的前置程序，存有争议。倘若在此情形下股东可直接提起代表诉讼，则会减损本条关于不设监事的制度价值。依循前文有关公司治理客观存在监督机制的立场，此时股东应当请求负有监督职责的主体提起诉讼，包括股东会或董事会等。同时，上述机构就是否提起诉讼作出决议时，违法主体应当回避表决。当然，在不设董事会的董事违法而该公司又只有一个股东等特殊情形下，股东直接提起代表诉讼也并无不妥。公司章程可对此作出规定。

第四章 有限责任公司的股权转让

第八十四条 【股权的自愿转让】

修订后	修订前
第八十四条 有限责任公司的股东之间可以相互转让其全部或者部分股权。 股东向股东以外的人转让股权的，应当将股权转让**的数量、价格、支付方式和期限**等事项书面通知其他股东，**其他股东在同等条件下有优先购买权**。股东自接到书面通知之日起三十日**内**未答复的，视为**放弃优先购买权**。两个以上股东行使优先购买权的，协商确定各自的购买比例；协商不成的，按照转让时各自的出资比例行使优先购买权。 公司章程对股权转让另有规定的，从其规定。	第七十一条 有限责任公司的股东之间可以相互转让其全部或者部分股权。 股东向股东以外的人转让股权，应当~~经其他股东过半数同意。股东应就其股权转让事项书面通知其他股东征求同意~~，其他股东自接到书面通知之日起满三十日未答复的，视为~~同意转让。其他股东半数以上不同意转让的，不同意的股东应当购买该转让的股权；不购买的，视为同意转让~~。 ~~经股东同意转让的股权，~~在同等条件下，其他股东有优先购买权。两个以上股东~~主张~~行使优先购买权的，协商确定各自的购买比例；协商不成的，按照转让时各自的出资比例行使优先购买权。 公司章程对股权转让另有规定的，从其规定。

本条规定的变化主要集中在股东向股东以外的人转让股权的部分：一是取消"经其他股东过半数同意"的程序性规定；二是参考司法解释相关规定细化通知其他股东的具体事项；三是参考司法解释相关规定明确股东自接到书面通知之日起三十日内未答复的，视为放弃优先购买权。

股东之间转让股权无须通知其他股东，其他股东也不享有优先购买权。

有限责任公司具有一定的人合性,故而股东向股东以外的人转让股权的,其他股东依法享有优先购买权。书面通知的具体事项,实际上也是判断何为同等条件的要素。转让价格固然重要,但股权转让的数量、支付方式和期限也应列入综合考虑的要素。"等"字更进一步表明在不同的股权转让行为中要考虑的事项可能不尽相同,需结合具体情形综合判断。其他股东优先购买权得到保护的同时,转让人对股权转让效率享有合理的期限利益也应得到尊重。其他股东是否行使优先购买权应当及时答复。

考虑到目前大多数股东在公司设立时都选择以认缴的方式出资,且本条也并未明确指出需以实缴为准,故"按照转让时各自的出资比例"应理解为认缴的出资比例。

本条前两款为默示条款,公司可以根据自身情况在公司章程中对股权转让作出特别规定。

第八十五条 【股权的强制转让】

修订后	修订前
第八十五条 人民法院依照法律规定的强制执行程序转让股东的股权时,应当通知公司及全体股东,其他股东在同等条件下有优先购买权。其他股东自人民法院通知之日起满二十日不行使优先购买权的,视为放弃优先购买权。	第七十二条 人民法院依照法律规定的强制执行程序转让股东的股权时,应当通知公司及全体股东,其他股东在同等条件下有优先购买权。其他股东自人民法院通知之日起满二十日不行使优先购买权的,视为放弃优先购买权。
为确保公司及全体股东知悉人民法院依法强制转让作为被执行人的股东的股权之事宜,人民法院应当及时通知公司及全体股东。与股权的自愿转让类似,股权的强制转让情形下其他股东在同等条件下也有优先购买权。本条明确规定所谓"二十日"是优先购买权的行使期间。	

第八十六条 【股权转让引起的变更股东名册和变更登记】

修订后	修订前
第八十六条 股东转让股权的,应当书面通知公司,请求变更股东名册,需要办理变更登记的,并请求公司向公司登记机关办理变更登记。公司拒绝或者在合理期限内不予答复的,转让人、受让人可以依法向人民法院提起诉讼。 股权转让的,受让人自记载于股东名册时起可以向公司主张行使股东权利。	新增条文

　　本条是新增条文,在吸收司法解释相关规定基础上进一步完善股权转让涉及的程序性规则。

　　为了让公司及时变更股东名册及办理变更登记,股东转让其股权的,应当书面通知公司。公司在收到股东转让其股权的通知后,应当履行相应的程序性义务。除了本条规定的变更股东名册和向公司登记机关办理变更登记,公司还应当依照本法第八十七条的规定及时注销原股东的出资证明书,向新股东签发出资证明书,并相应修改公司章程。

　　依照本法第五十六条第二款的规定,记载于股东名册的股东可以依股东名册主张行使股东权利。故而,股权转让的,受让人自记载于股东名册时起可以向公司主张行使股东权利。但股东名册并非设权文件,不应作为股权变动的效力依据。相反,即便股东名册并未变更相应记载,但其他证据已足以证明受让人为公司股东的,受让人有权向人民法院提起诉讼请求确认股东资格并要求公司变更股东名册。

第八十七条 【公司在股权转让后的义务】

修订后	修订前
第八十七条 依照本法转让股权后,公司应当及时注销原股东的出资证明书,向新股东签发出资证	第七十三条 依照本法第七十一条、第七十三条转让股权后,公司应当注销原股东的出资证明书,向

明书,并相应修改公司章程和股东名册中有关股东及其出资额的记载。对公司章程的该项修改不需再由股东会表决。	新股东签发出资证明书,并相应修改公司章程和股东名册中有关股东及其出资额的记载。对公司章程的该项修改不需再由股东会表决。
承接本法第八十六条的规定,本条进一步明确了公司在股权转让后的程序性义务。股权转让当然引起公司章程有关股东及其出资额的记载的变化,若因公司章程的该项修改而要求公司必须召开股东会会议且作出修改公司章程的决议,既不符合股权转让不直接涉及公司利益且不属于股东会职权范围的规则逻辑,也会给股权转让和公司治理带来不必要的麻烦。	

第八十八条 【转让股权后的出资责任】

修订后	修订前
第八十八条 股东转让已认缴出资但未届出资期限的股权的,由受让人承担缴纳该出资的义务;受让人未按期足额缴纳出资的,转让人对受让人未按期缴纳的出资承担补充责任。 未按照公司章程规定的出资日期缴纳出资或者作为出资的非货币财产的实际价额显著低于所认缴的出资额的股东转让股权的,转让人与受让人在出资不足的范围内承担连带责任;受让人不知道且不应当知道存在上述情形的,由转让人承担责任。	新增条文
本条是新增条文,在吸收司法解释相关规定基础上作进一步完善,并对股权转让的出资责任作出以下区分:一是针对"已认缴出资但未届缴资期限"之尚未有出资瑕疵的情形,股权转让的出资责任采取的是"受让人承担、转让人补充"模式;二是针对"未按照公司章程规定的出资日期缴纳出资或者作为出资的非货币财产的实际价额显著低于所认缴的出资额"之已存在出资瑕疵或出资不实的情形,股权转让的出资责任采取的是"转让人与受让人连带、善意受让人无责"模式。	

第八十九条 【股东股权收购请求权】

修订后	修订前
第八十九条 有下列情形之一的,对股东会该项决议投反对票的股东可以请求公司按照合理的价格收购其股权: (一)公司连续五年不向股东分配利润,而公司该五年连续盈利,并且符合本法规定的分配利润条件; (二)公司合并、分立、转让主要财产; (三)公司章程规定的营业期限届满或者章程规定的其他解散事由出现,股东会通过决议修改章程使公司存续。 自股东会决议作出之日起六十日内,股东与公司不能达成股权收购协议的,股东可以自股东会决议作出之日起九十日内向人民法院提起诉讼。 公司的控股股东滥用股东权利,严重损害公司或者其他股东利益的,其他股东有权请求公司按照合理的价格收购其股权。 公司因本条第一款、第三款规定的情形收购的本公司股权,应当在六个月内依法转让或者注销。	第七十四条 有下列情形之一的,对股东会该项决议投反对票的股东可以请求公司按照合理的价格收购其股权: (一)公司连续五年不向股东分配利润,而公司该五年连续盈利,并且符合本法规定的分配利润条件的; (二)公司合并、分立、转让主要财产的; (三)公司章程规定的营业期限届满或者章程规定的其他解散事由出现,股东会<u>会议</u>通过决议修改章程使公司存续<u>的</u>。 自股东<u>会</u><u>会议</u>决议<u>通过</u>之日起六十日内,股东与公司不能达成股权收购协议的,股东可以自股东<u>会</u><u>会议</u>决议<u>通过</u>之日起九十日内向人民法院提起诉讼。

本条规定的变化主要有:一是规定公司的控股股东滥用股东权利,严重损害公司或者其他股东利益的,其他股东也有权请求公司收购其股权;二是规定公司收购本公司股权应当在六个月内依法转让或者注销。

公司收购本公司的股权通常被称为股权回购,本质上是一种股东取回出资并退出公司的行为,可能会对公司资本维持产生不利影响。法律对于股权回购的情形和程序设置相应限制，实属必要。

有限责任公司的股权回购规则并无类似于股份有限公司之"公司不得收购本公司股份"的规定。本条第一款、第三款是有限责任公司应当收购特定股东股权的强制性规定，但并不意味着这些情形之外的股权回购皆为无效，而应当结合具体案件事实综合判断。根据最高人民法院96号指导性案例的裁判立场，公司章程关于"人走股留"及公司回购的条款不违反公司法的禁止性规定，可认定为有效。

本条第一款的规定在学理上称之为异议股东股权收购请求权，由于实践中常需要通过法定程序对股权价值予以公平评估，故而也称作评估权。所谓"异议"，是指股东对股东会相关决议投了反对票。然而在实践中，并非所有公司重大变动都有股东会决议，那么在无决议或者即便有决议但实质上可能规避法律限制的情形下，股东如何主张股权收购请求权存在困难。这是此次修订增加本条第三款的重要原因。

符合条件的股东应及时行使股权回购请求权，公司持有本公司的股权也需要及时予以转让或注销。

第九十条　【股东资格继承】

修订后	修订前
第九十条　自然人股东死亡后，其合法继承人可以继承股东资格；但是，公司章程另有规定的除外。	第七十五条　自然人股东死亡后，其合法继承人可以继承股东资格；但是，公司章程另有规定的除外。

我国有限责任公司虽具有一定的人合性，但本质上仍属于资合公司。故而在自然人股东死亡后，其合法继承人原则上可以继承股东资格，公司也可以根据自身情况对于股东资格继承事宜另作安排。当然，法律对于这种人合性的维护并非毫无边界。公司若要改变股东资格继承的默示条款，应当在公司章程中明确规定。由此，倘若公司章程事先并无特别规定，一旦继承开始，公司就无法再通过事后的股东会决议或者其他方式阻止继承人继承股东资格。

股东资格与股权并不能完全等同。即便公司章程规定继承人不得继承股东资格，公司也应当在继承开始后向继承人支付与股权财产利益相当的对价。

第五章　股份有限公司的设立和组织机构

第一节　设　立

第九十一条　【设立方式】

修订后	修订前
第九十一条　设立股份有限公司，可以采取发起设立或者募集设立的方式。 　　发起设立，是指由发起人认购**设立公司时**应发行的全部股份而设立公司。 　　募集设立，是指由发起人认购**设立公司时**应发行股份的一部分，其余股份向**特定对象募集**或者向**社会公开募集**而设立公司。	第七十七条　股份有限公司的设立，可以采取发起设立或者募集设立的方式。 　　发起设立，是指由发起人认购公司应发行的全部股份而设立公司。 　　募集设立，是指由发起人认购公司应发行股份的一部分，其余股份向社会公开募集或者向特定对象募集而设立公司。

　　股份有限公司通常具有更显著的资合性，其资本来源不必然局限于发起人或者特定对象的出资，还可以向社会公开募集股份。据此，设立股份有限公司的方式可分为发起设立和募集设立两种类型。除了直接设立股份有限公司外，还存在通过有限责任公司变更为股份有限公司的方式。

第九十二条　【发起人的人数及住所要求】

修订后	修订前
第九十二条　设立股份有限公司，应当有一人以上二百人以下为发起人，其中应当有半数以上的发起人在**中华人民共和国**境内有住所。	第七十八条　设立股份有限公司，应当有二人以上二百人以下为发起人，其中须有半数以上的发起人在中国境内有住所。

> 本条规定除了调整个别表述外,主要变化是将发起人的人数下限从"二人"改为"一人",即发起人可设立一人股份有限公司。
> 本法对发起人的人数下限呈现不断放松管制的趋势。之所以设置二百人的人数上限,立法初衷主要是对非法集资等行为的规制,以及便于监管部门对发起人设立行为的监督。之所以对发起人的住所有要求,除上述监督作用外,还旨在确保有足够数量的发起人在中国境内履行公司设立职责。本条规定对于发起人的资格要求并无民事主体类型、国籍等方面的限制。

第九十三条 【发起人筹办公司的义务及发起人协议】

修订后	修订前
第九十三条 股份有限公司发起人承担公司筹办事务。 发起人应当签订发起人协议,明确各自在公司设立过程中的权利和义务。	第七十九条 股份有限公司发起人承担公司筹办事务。 发起人应当签订发起人协议,明确各自在公司设立过程中的权利和义务。

> 股份有限公司无论是采取发起设立还是募集设立的方式,发起人都应当履行设立职责。为了明确发起人各自在公司设立过程中的权利和义务,发起人应当签订发起人协议,这与有限责任公司设立时的股东签订设立协议之任意性规定有所不同。
> 发起人协议的内容可能并不只是对公司设立过程中各自权利义务的约定,还可能包括其他利益安排。这些安排只要不违反法律、行政法规的强制性规定,应确认其有效。

第九十四条 【公司章程制订】

修订后	修订前
第九十四条 设立股份有限公司,应当由发起人共同制订公司章程。	第七十六条 设立股份有限公司,应当~~具备下列条件:~~ …… ~~(四)~~ 发起人制订公司章程~~,采用募集方式设立的经创立大会通过~~; ……

65

旧法第七十六条明确列举了设立股份有限公司应当具备的各项条件，包括发起人人数、股本总额、股份发行和筹办事项、公司章程、公司名称、组织机构及公司住所等，此次修订未保留该条规定。这些条件实际上在本法相应部分已分别作了规定，本条以及第九十五条正是涉及公司章程的规定。

第九十五条 【公司章程记载事项】

修订后	修订前
第九十五条 股份有限公司章程应当载明下列事项： （一）公司名称和住所； （二）公司经营范围； （三）公司设立方式； （四）公司注册资本、**已发行的股份数和设立时发行的股份数**，面额股的每股金额； （五）**发行类别股的，每一类别股的股份数及其权利和义务**； （六）发起人的姓名或者名称、认购的股份数、出资方式； （七）董事会的组成、职权和议事规则； （八）公司法定代表人**的产生、变更办法**； （九）监事会的组成、职权和议事规则； （十）公司利润分配办法； （十一）公司的解散事由与清算办法； （十二）公司的通知和公告办法； （十三）**股东会**认为需要规定的其他事项。	第八十一条 股份有限公司章程应当载明下列事项： （一）公司名称和住所； （二）公司经营范围； （三）公司设立方式； （四）公司<u>股份总数</u>、<u>每股金额和注册资本</u>； （五）发起人的姓名或者名称、认购的股份数、出资方式<u>和出资时间</u>； （六）董事会的组成、职权和议事规则； （七）公司法定代表人； （八）监事会的组成、职权和议事规则； （九）公司利润分配办法； （十）公司的解散事由与清算办法； （十一）公司的通知和公告办法； （十二）股东<u>大</u>会<u>会议</u>认为需要规定的其他事项。

本条规定的变化主要有：一是明确公司章程载明每股金额的事项仅针对面额股；二是增加与类别股相关的章程记载事项；三是契合股份有限公司注册资本实缴的要求，不再将发起人的出资时间作为章程记载事项；四是明确公司法定代表人的产生、变更办法为章程记载事项。

股份有限公司章程记载事项主要包括公司基本情况、发起人基本情况、公司治理规则、公司重大事项处理等内容。公司章程记载事项可分为绝对必要记载事项、相对必要记载事项和任意记载事项三类。与有限责任公司章程记载事项的规定类似，本条并未区分公司章程记载事项的类型。

第九十六条 【注册资本】

修订后	修订前
第九十六条　股份有限公司**的**注册资本为在公司登记机关登记的**已发行股份**的股本总额。在发起人认购的股份缴足前，不得向他人募集股份。 法律、行政法规以及国务院决定对股份有限公司注册资本最低限额另有规定的，从其规定。	第八十条　股份有限公司~~采取发起设立方式设立的，~~注册资本为在公司登记机关登记的~~全体发起人~~认购的股本总额。在发起人认购的股份缴足前，不得向他人募集股份。 ~~股份有限公司采取募集方式设立的，注册资本为在公司登记机关登记的实收股本总额。~~ 法律、行政法规以及国务院决定对股份有限公司~~注册资本实缴、~~注册资本最低限额另有规定的，从其规定。

本条规定的变化主要有：一是不再区分表述发起设立和募集设立两种情形下的注册资本定义；二是删除法律、行政法规以及国务院决定对股份有限公司注册资本实缴另有规定的表述。

已发行股份的股本总额与公司章程规定的授权股份总额或名义资本总额并不相同。公司章程规定的授权股份总额或名义资本总额，是在授权资本制下授权董事会发行的资本总额，但不一定是实际发行完毕的资本，也不一定是实收资本，它仅表明公司注册资本的最高限额。而在公司登记机关登记的已发行股份的股本总额，是公司已实际向股东发行的股本总额。

第九十七条 【发起人认购股份】

修订后	修订前
第九十七条 以发起设立方式设立股份有限公司的，发起人应当认足公司章程规定**的公司设立时应发行的股份**。 以募集设立方式设立股份有限公司的，发起人认购的股份不得少于**公司章程规定的公司设立时应发行股份总数**的百分之三十五；但是，法律、行政法规另有规定的，从其规定。	第八十三条第一款 以发起设立方式设立股份有限公司的，发起人应当~~书面~~认足公司章程规定其认购的股份，~~并按照公司章程规定缴纳出资。以非货币财产出资的，应当依法办理其财产权的转移手续~~。 第八十四条 以募集设立方式设立股份有限公司的，发起人认购的股份不得少于公司股份总数的百分之三十五；但是，法律、行政法规另有规定的，从其规定。

本条规定的变化主要有：一是将发起设立和募集设立两种情形下的股份认购规定置于同一条文；二是契合授权资本制的实施，明确发起人认购的股份为公司章程规定的公司设立时应发行的股份。至于发起人履行出资义务的规定则统一移至本法第九十八条。

第九十八条 【发起人履行出资义务】

修订后	修订前
第九十八条 **发起人应当在公司成立前按照其认购的股份全额缴纳股款。** 发起人的出资，适用本法**第四十八条、第四十九条第二款**关于有限责任公司股东出资的规定。	第八十二条 发起人的出资方式，适用本法第二十七条的规定。

本条规定的变化主要有：一是单列本条第一款，明确发起人认购的股份采取实缴制；二是增加有限责任公司股东出资的部分规定适用于股份有限公司发起人的出资。

此次修订在股份有限公司部分创设授权资本制。授权资本制和认缴制

68

在功能上都旨在缓解过于严苛的法定资本制可能带来的不利影响，故没有必要在股份有限公司同时适用这两种规则。公司章程不再对发起人的出资日期作出规定，故而发起人履行出资义务具有法定性，而非依公司章程的规定。无论是发起设立还是募集设立，也无论公司是否采取授权资本制，为统一规则的适用，发起人都应当在公司成立前按照其认购的股份足额缴纳股款，公司章程不得对此另作规定。

本法第四十八条是关于股东出资方式的规定，第四十九条第二款是关于不同出资方式应当如何具体履行出资义务的规定。上述规定适用于发起人的出资。

第九十九条 【发起人瑕疵出资的连带责任】

修订后	修订前
第九十九条 发起人不按照**其**认购的股份缴纳股款，或者作为出资的非货币财产的实际价额显著低于所认购的股份的，其他发起人与该发起人在出资不足的范围内承担连带责任。	第九十三条 ~~股份有限公司成立后，~~发起人未按照~~公司章程的~~规**定缴**足出资~~的，应当补缴，~~其他发起人承担连带责任。 ~~股份有限公司成立后，发~~现作为~~设立公司~~出资的非货币财产的实际价额显著低于~~公司章程所定价额~~的，~~应当由交付该出资的发起人补足其差额，~~其他发起人承担连带责任。

本条规定的变化主要有：一是将旧法第九十三条关于瑕疵出资和出资不实的两款规定作合并处理；二是不再赘述瑕疵出资发起人补足差额的规定。

若发起人未依法履行出资义务，则该股东应继续履行出资义务自不待言，而其他发起人承担连带责任的范围也有必要明确。

第一百条 【公开募集股份的招股说明书和认股书】

修订后	修订前
第一百条 发起人向社会公开募集股份,**应当**公告招股说明书,并制作认股书。认股书应当载明本法**第一百五十四条第二款、第三款**所列事项,由认股人填写**认购的股份数**、金额、住所,并签名**或者**盖章。认股人应当按照所认购股份足额缴纳股款。	第八十五条 发起人向社会公开募集股份,**必须**公告招股说明书,并制作认股书。认股书应当载明本法第八十六条所列事项,由认股人填写**认购股数**、金额、住所,并签名、盖章。认股人按照所认购**股数**缴纳股款。

招股说明书是公司或发起人向社会公开募集股份时向社会公众公开的书面说明文件。招股说明书属于《民法典》第四百七十三条规定的要约邀请。

为了便于认股人认购所发行的股份,发起人还应当制作认股书。认股书由于明确记载了认购股份数、金额等内容,实为发起人向认股人发出的要约。认股人填写认股书并签名或者盖章是一种承诺,表明认股人同意认购股份的意思表示,自此认购股份的合同成立,发起人和认股人都应当履行合同义务。

第一百零一条 【公开募集股份的验资】

修订后	修订前
第一百零一条 向社会公开募集股份的股款缴足后,应当经依法设立的验资机构验资并出具证明。	第八十九条第一款 发行股份的股款缴足后,**必须**经依法设立的验资机构验资并出具证明。~~发起人应当自股款缴足之日起三十日内主持召开公司创立大会。创立大会由发起人、认股人组成。~~

本条规定将旧法中关于创立大会的规定统一移至本法第一百零三条关于成立大会的规定。

向社会公开募集的股份涉及面广,为了确保公司资本充实以及向认股人披露公司募集股份的具体情况，验资则是必不可少的法律程序。验资应当由依法设立的验资机构进行，如依法设立的会计师事务所。依法作出的验资报告具有法定证明效力。

第一百零二条 【股东名册】

修订后	修订前
第一百零二条 股份有限公司**应当制作**股东名册**并置备于公司**。股东名册应当记载下列事项： （一）股东的姓名或者名称及住所； （二）**各股东所认购的股份种类及股份数**； （三）**发行纸面形式的股票的，股票的编号**； （四）各股东取得股份的日期。	第一百三十条 公司发行记名股票的，应当置备股东名册，记载下列事项： （一）股东的姓名或者名称及住所； （二）各股东所持股份数； （三）各股东所持股票的编号； （四）各股东取得股份的日期。 ~~发行无记名股票的，公司应当记载其股票数量、编号及发行日期。~~

本条规定的变化主要有：一是因应公司不再发行无记名股票的制度革新，不再根据股票是否记名作相应区分；二是因应类别股的制度革新，明确股东名册需要记载股东认购的股份种类；三是明确只有采用纸面形式的股票才需要记载股票的编号。

股东名册是股份有限公司依法对本公司股东的基本信息、出资情况及股东资格变动事宜予以登记造册的法律文件，置备股东名册是公司的一项法定义务。与有限责任公司的相关规定不同，股份有限公司股东名册并不需要记载股东丧失股份的日期。

第一百零三条 【成立大会的召开】

修订后	修订前
第一百零三条 募集设立股份有限公司的发起人应当自公司设立时应发行股份的股款缴足之日起三	第八十九条第一款 ~~发行股份的股款缴足后，必须经依法设立的验资机构验资并出具证明。~~发起人

71

修订后	修订前
十日内召开公司**成立大会**。发起人应当在**成立大会**召开十五日前将会议日期通知各认股人或者予以公告。**成立大会应当有持有表决权过半数的认股人出席**，方可举行。 **以发起设立方式设立股份有限公司成立大会的召开和表决程序由公司章程或者发起人协议规定。**	应当自股款缴足之日起三十日内~~主~~持召开公司<u>创立</u>大会。~~创立大会由发起人、认股人组成。~~ 　　第九十条第一款　发起人应当<u>在</u>创<u>立大会</u>召开十五日前将会议日期通知各认股人或者予以公告。<u>创立大会应有代表股份总数过半数的</u>~~发起人、~~认股人出席，方可举行。
本条规定的变化主要有：一是将"创立大会"改为"成立大会"；二是将成立大会最低出席比例方面改为"持有表决权过半数的认股人"，即不包括发起人；三是因应类别股的制度革新，持有公司股份的股东并不必然都有表决权，故将出席成立大会的比例要求改为"持有表决权过半数"；四是新增发起设立情形下也同样有召开成立大会的要求，但相比募集设立情形更多体现公司和发起人的意思自治。		

第一百零四条　【成立大会的职权】

修订后	修订前
第一百零四条　公司成立大会行使下列职权： 　　（一）审议发起人关于公司筹办情况的报告； 　　（二）通过公司章程； 　　（三）选举**董事、监事**； 　　（四）对公司的设立费用进行审核； 　　（五）对发起人非货币财产出资的作价进行审核； 　　（六）发生不可抗力或者经营条件发生重大变化直接影响公司设立的，可以作出不设立公司的决议。 　　成立大会对前款所列事项作出	第九十条第二款、第三款　<u>创立大会行使下列职权：</u> 　　（一）审议发起人关于公司筹办情况的报告； 　　（二）通过公司章程； 　　（三）选举<u>董事会成员</u>； 　　~~（四）选举监事会成员；~~ 　　<u>（五）</u>对公司的设立费用进行审核； 　　<u>（六）</u>对发起人<u>用于抵作股款的</u>财产的作价进行审核； 　　<u>（七）</u>发生不可抗力或者经营条件发生重大变化直接影响公司设立的，可以作出不设立公司的决议。

决议，**应当**经出席会议的认股人所持表决权过半数通过。	创立大会对前款所列事项作出决议，**必须**经出席会议的认股人所持表决权过半数通过。

  本条规定将"用于抵作股款的财产"改为"非货币财产出资"，与本法其他条文相关表述相统一。
  结合本法第一百零三条的规定，成立大会作出有效决议有认股人最低出席人数比例和表决通过比例的要求，即应当有持有表决权过半数的认股人出席，并经出席会议的认股人所持表决权过半数通过。

第一百零五条　【股款返还和不得抽回股本】

修订后	修订前
第一百零五条　公司设立时应发行的股份未募足，或者发行股份的股款缴足后，发起人在三十日内未召开**成立大会**的，认股人可以按照所缴股款并加算银行同期存款利息，要求发起人返还。 　　发起人、认股人缴纳股款或者交付**非货币财产**出资后，除未按期募足股份、发起人未按期召开**成立大会**或者**成立大会**决议不设立公司的情形外，不得抽回其股本。	第八十九条第二款　发行的股份超过招股说明书规定的截止期限尚未募足的，或者发行股份的股款缴足后，发起人在三十日内未召开<u>创立大会</u>的，认股人可以按照所缴股款并加算银行同期存款利息，要求发起人返还。 　　第九十一条　发起人、认股人缴纳股款或者交付<u>抵作股款</u>的出资后，除未按期募足股份、发起人未按期召开<u>创立大会</u>或者<u>创立大会</u>决议不设立公司的情形外，不得抽回其股本。

  本条规定将"抵作股款的出资"改为"非货币财产出资"，与本法其他条文相关表述相统一。
  无论是股份未募足或者是未依法召开成立大会，都将导致公司不成立的后果。依照《民法典》第七十五条的规定，法人未成立的，其法律后果由发起人承受。因此，一旦公司未成立，则发起人与认股人基于认股书所形成的合同之目的不能实现，发起人因其违约行为应当承担责任。认股人所缴股款由银行代收和保存，作为银行存款应当计算存款利息，故而发起

人返还认股人所缴股款的同时应当加算银行同期存款利息。

除发生导致公司不成立的情形外，发起人、认股人缴纳股款或者交付非货币财产的出资在公司成立后将计入实收股本，成为公司资产的组成部分。故而，发起人、认股人缴纳股款或者交付非货币财产出资后不得抽回其股本。可见，不得抽回股本的时间起算点是缴付之日，而非公司成立之日，并与公司成立后股东不得抽逃出资的规定相衔接。

第一百零六条 【董事会授权代表申请设立登记】

修订后	修订前
第一百零六条 董事会应当授权代表，于公司成立大会结束后三十日内向公司登记机关申请设立登记。	第九十二条 董事会应于创立大会结束后三十日内，向公司登记机关报送下列文件，申请设立登记： （一）公司登记申请书； （二）创立大会的会议记录； （三）公司章程； （四）验资证明； （五）法定代表人、董事、监事的任职文件及其身份证明； （六）发起人的法人资格证明或者自然人身份证明； （七）公司住所证明。 以募集方式设立股份有限公司公开发行股票的，还应当向公司登记机关报送国务院证券监督管理机构的核准文件。

本条规定的变化主要有：一是删除申请设立登记需要报送文件材料的列示性规定；二是明确申请设立登记应由董事会授权代表为之；三是删除以募集方式设立股份有限公司公开发行股票还需报送相关核准文件的规定。

本条虽表明董事会是履行公司设立职责的机构，但若由全体董事为之，无疑也不利于提高公司设立效率。故而，通过董事会授权代表，由其向公司登记机关提出申请并提交相关材料，同时应当符合公司成立大会结束后三十日内的法定期限要求。

第一百零七条 【股东、董事、监事、高级管理人员的设立责任及资本充实责任】

修订后	修订前
第一百零七条 本法第四十四条、第四十九条第三款、第五十一条、第五十二条、第五十三条的规定，适用于股份有限公司。	新增条文

本法第四十四条是关于有限责任公司设立时的股东之设立责任的规定，第四十九条第三款是关于股东瑕疵出资的赔偿责任的规定，第五十一条是关于董事会催缴出资及负有责任的董事承担赔偿责任的规定，第五十二条是关于未履行出资义务的股东失权及其救济的规定，第五十三条是关于抽逃出资及股东返还抽逃出资和负有责任的董事、监事、高级管理人员承担连带赔偿责任的规定。上述规定适用于股份有限公司。

第一百零八条 【变更公司形式的股本折合及公开发行股份规制】

修订后	修订前
第一百零八条 有限责任公司变更为股份有限公司时，折合的实收股本总额不得高于公司净资产额。有限责任公司变更为股份有限公司，为增加**注册**资本公开发行股份时，应当依法办理。	第九十五条 有限责任公司变更为股份有限公司时，折合的实收股本总额不得高于公司净资产额。有限责任公司变更为股份有限公司，为增加资本公开发行股份时，应当依法办理。

为了确保变更后的股份有限公司之资本充实及保护公司债权人利益，折合的实收股本总额应以公司净资产额为限。

有限责任公司变更为股份有限公司是为了增资公开发行股份的，应当符合本法和证券法以及相关法律法规关于公开发行股份的规定,包括经国务院证券监督管理机构注册、公告招股说明书并制作认股书、与证券公司签订承销协议、与银行签订代收股款协议、验资等法定程序。

第一百零九条 【公司特定文件材料的置备】

修订后	修订前
第一百零九条　股份有限公司应当将公司章程、股东名册、**股东会会议记录**、董事会会议记录、监事会会议记录、财务会计报告、**债券持有人名册**置备于本公司。	第九十六条　股份有限公司应当将公司章程、股东名册、~~公司债券存根~~、股东~~大~~会会议记录、董事会会议记录、监事会会议记录、财务会计报告置备于本公司。

　　本条规定将"公司债券存根"改为"债券持有人名册",与本法其他条文相关表述相统一。
　　本条规定的公司相关文件材料中,公司章程、股东名册、股东会会议记录、财务会计报告为股东查阅权行使的范围;董事会会议记录、监事会会议记录则关系到公司具体事务开展,也是明确相关人员法律责任的重要依据;债券持有人名册则与公司发行公司债券的具体情况息息相关。上述文件材料都有置备于公司的必要性。

第一百一十条 【股东查阅权】

修订后	修订前
第一百一十条　股东有权查阅、**复制**公司章程、股东名册、**股东会**会议记录、董事会会议决议、监事会会议决议、财务会计报告,对公司的经营提出建议或者质询。 　　连续一百八十日以上单独或者合计持有公司百分之三以上股份的股东要求查阅公司的会计账簿、会计凭证的,适用本法第五十七条第	第九十七条　股东有权查阅公司章程、股东名册、~~公司债券存根~~、股东~~大~~会会议记录、董事会会议决议、监事会会议决议、财务会计报告,对公司的经营提出建议或者质询。

二款、第三款、第四款的规定。公司章程对持股比例有较低规定的,从其规定。

股东要求查阅、复制公司全资子公司相关材料的,适用前两款的规定。

上市公司股东查阅、复制相关材料的,应当遵守《中华人民共和国证券法》等法律、行政法规的规定。

本条规定的主要变化在于实现股份有限公司和有限责任公司在股东查阅权方面的规则趋同:一是在查阅之外增加可复制公司相关文件材料的权利;二是可查阅公司会计账簿、会计凭证。

为了实现股份有限公司及其股东的利益平衡,股东查阅会计账簿、会计凭证除应有正当目的外,还有必要设置持股时间和持股比例的限制。目前,大多数股份有限公司也并非公众公司,股东之间、股东与公司之间的关系与有限责任公司的情形并无实质差别,故应允许公司章程可对查阅会计账簿、会计凭证规定低于百分之三的持股比例,甚至不对持股比例作相应要求。不过,上市公司的投资者众多,并涉及社会经济秩序和社会公共利益,与一般的股份有限公司股东行使查阅权方面理应有所区别。上市公司股东查阅、复制相关材料的,应当遵守证券法等法律、行政法规的规定。

在公司渐趋集团化运营的趋势下,股东对公司全资子公司相关材料的查阅权作为股东权利"穿越"行使的重要制度,能更好地体现对股东合法权益的保护。股东要求查阅、复制公司全资子公司相关材料的,应当遵守本条前两款的相关规定。

第二节　股东会

第一百一十一条　【股东会的组成和定位】

修订后	修订前
第一百一十一条　股份有限公司**股东会**由全体股东组成。**股东会**是公司的权力机构，依照本法行使职权。	第九十八条　股份有限公司股东**大**会由全体股东组成。股东**大**会是公司的权力机构，依照本法行使职权。

本条规定较旧法并无实质变化，主要是将"股东大会"改为"股东会"，本法其他条文中的相关表述都作了统一修改。

依循股东平等原则，无论出资多寡，每一位股东理所当然都是股东会的成员，都有资格出席股东会会议，并依照法律和公司章程规定参与公司治理。即便是发行类别股的公司，类别股股东也将组成类别股股东会，并对可能损害类别股股东权利的重大事项享有表决权。

第一百一十二条　【股东会的职权和一人股份有限公司的股东决定】

修订后	修订前
第一百一十二条　本法第五十九条第一款、**第二款**关于有限责任公司股东会职权的规定，适用于股份有限公司**股东会**。 本法第六十条关于只有一个股东的有限责任公司不设股东会的规定，适用于只有一个股东的股份有限公司。	第九十九条　本法第三十七条第一款关于有限责任公司股东会职权的规定，适用于股份有限公司股东大会。

本条规定变化主要是因应一人股份有限公司的制度革新，增加一人股份有限公司的股东决定的相关规定。只有一个股东的公司不设股

78

东会，股东作出本应由股东会决议的事项之决定时，应当采用书面形式，并由股东签名或者盖章后置备于公司。

本法第五十九条第一款是关于具体列示股东会职权的规定，第二款是关于股东会可以授权董事会对发行公司债券作出决议的规定，上述规定适用于股份有限公司股东会。

第一百一十三条 【股东会会议的类型和召开要求】

修订后	修订前
第一百一十三条 **股东会**应当每年召开一次年会。有下列情形之一的，应当在两个月内召开临时**股东会会议**： （一）董事人数不足本法规定人数或者公司章程所定人数的三分之二时； （二）公司未弥补的亏损达**股本总额**三分之一时； （三）单独或者合计持有公司百分之十以上股份的股东请求时； （四）董事会认为必要时； （五）监事会提议召开时； （六）公司章程规定的其他情形。	第一百条 股东**大**会应当每年召开一次年会。有下列情形之一的，应当在两个月内召开临时股东**大会**： （一）董事人数不足本法规定人数或者公司章程所定人数的三分之二时； （二）公司未弥补的亏损达<u>实收股本总额</u>三分之一时； （三）单独或者合计持有公司百分之十以上股份的股东请求时； （四）董事会认为必要时； （五）监事会提议召开时； （六）公司章程规定的其他情形。

本条规定的变化主要有：一是将"临时股东大会"改为"临时股东会会议"；二是将"实收股本总额"改为"股本总额"。

有必要区分作为机构的股东会和作为会议的股东会。股东会会议可分为定期会议和临时会议两种。本条规定与有限责任公司的相关规定存在区别：一是股份有限公司股东会的定期会议为每年召开一次，故常称之为股东会年会；二是对于临时会议，除了一定比例的股东、董事会或者监事会可提议召开外，还有董事人数不足、未弥补亏损达一定比例等应当召开临时会议的法定情形以及公司章程根据公司自身需要规定的其他情形；三是对于召开临时会议的期限有要求，即应当在有上述情形之一的两个月内召开。

第一百一十四条 【股东会会议的召集和主持】

修订后	修订前
第一百一十四条 股东会会议由董事会召集，董事长主持；董事长不能履行职务或者不履行职务的，由副董事长主持；副董事长不能履行职务或者不履行职务的，由<u>过半数</u>的董事共同推举一名董事主持。 董事会不能履行或者不履行召集<u>股东会</u>会议职责的，监事会应当及时召集和主持；监事会不召集和主持的，连续九十日以上单独或者合计持有公司百分之十以上股份的股东可以自行召集和主持。 单独或者合计持有公司百分之十以上股份的股东请求召开临时股东会会议的，董事会、监事会应当在收到请求之日起十日内作出是否召开临时股东会会议的决定，并书面答复股东。	第一百零一条 股东夫会会议由董事会召集，董事长主持；董事长不能履行职务或者不履行职务的，由副董事长主持；副董事长不能履行职务或者不履行职务的，由<u>半数以上</u>董事共同推举一名董事主持。 董事会不能履行或者不履行召集股东夫会会议职责的，监事会应当及时召集和主持；监事会不召集和主持的，连续九十日以上单独或者合计持有公司百分之十以上股份的股东可以自行召集和主持。

　　本条规定的变化主要有：一是将董事在董事长、副董事长不能履行或不履行主持股东会会议时推举一名董事主持的人数比例从"半数以上"改为"过半数"；二是增设第三款关于股东依法请求召开临时股东会会议时董事会、监事会的决定和答复的规定。

　　为了确保股东会会议的顺利召开，会议需要有召集人和主持人。股东会会议由董事会召集，董事长主持。当董事长、副董事长未履职时，则由监事会替之；监事会也未履职时，连续九十日以上单独或者合计持有公司百分之十以上股份的股东可以自行召集和主持。该情形下既包括定期会议也包括临时会议。与有限责任公司相关规定不同之处在于自行召集和主持的股东需要满足持股期限的要求。

　　依照本法第一百一十三条第三项的规定，单独或者合计持有公司百分之十以上股份的股东请求召开临时股东会会议的，应当在两个月内召开。

董事会或者监事会应当依照本条规定履行召集和主持召开临时股东会会议的职责。确有正当理由不应当召开的，董事会或者监事会应当依照本条第三款的规定，在向股东作出的书面答复中详细说明。

第一百一十五条 【股东会会议的通知和股东临时提案权】

修订后	修订前
第一百一十五条　召开股东会会议，应当将会议召开的时间、地点和审议的事项于会议召开二十日前通知各股东；临时**股东会会议应**当于会议召开十五日前通知各股东。 　　单独或者合计持有公司**百分之一**以上股份的股东，可以在**股东会会议**召开十日前提出临时提案并书面提交董事会。**临时提案应当有明确议题和具体决议事项。**董事会应当在收到提案后二日内通知其他股东，并将该临时提案提交**股东会**审议；但临时提案违反法律、行政法规或者公司章程的规定，或者不属于股东会职权范围的除外。公司不得提高提出临时提案股东的持股比例。 　　公开发行股份的公司，应当以公告方式作出前两款规定的通知。 　　**股东会**不得对通知中未列明的事项作出决议。	第一百零二条　召开股东~~大~~会会议，应当将会议召开的时间、地点和审议的事项于会议召开二十日前通知各股东；临时股东~~大~~会应当于会议召开十五日前通知各股东。~~发行无记名股票的，应当于会议召开三十日前公告会议召开的时间、地点和审议事项。~~ 　　单独或者合计持有公司百分之三以上股份的股东，可以在股东大会召开十日前提出临时提案并书面提交董事会；董事会应当在收到提案后二日内通知其他股东，并将该临时提案提交股东~~大~~会审议。临时提案~~的内容~~应当属于股东大会职权范围，并有明确议题和具体决议事项。 　　股东~~大~~会不得对~~前两款~~通知中未列明的事项作出决议。 　　~~无记名股票持有人出席股东大会会议的，应当于会议召开五日前至股东大会闭会时将股票交存于公司。~~

本条规定的变化主要有：一是因应公司不再发行无记名股票的制度革新，删除与之相关的内容；二是降低股东行使临时提案权的持股比例要求，从"百分之三"改为"百分之一"；三是公司不得提高提出临时提案

81

股东的持股比例,若公司降低该比例则并无不可;四是提出公开发行股份的公司应以公告方式通知股东。

与有限责任公司股东会会议通知的规定不同,股份有限公司通知股东召开股东会定期会议和临时会议的时限分别为二十日前和十五日前,且公司章程对此不得另作规定。

此次修订过程中,针对临时提案所涉及的事项范围问题争议较大。本条规定最终原则上维持了旧法的立场,只要不违反法律、行政法规或者公司章程的规定,且属于股东会职权范围的事项,都可依法提出临时提案。

第一百一十六条 【股东表决权和股东会决议通过比例】

修订后	修订前
第一百一十六条 股东出席**股东会会议,所持每一股份有一表决权,类别股股东除外**。公司持有的本公司股份没有表决权。 **股东会**作出决议,应当经出席会议的股东所持表决权过半数通过。 **股东会**作出修改公司章程、增加或者减少注册资本的决议,以及公司合并、分立、解散或者变更公司形式的决议,**应当经出席会议的股东所持表决权的三分之二以上通过**。	第一百零三条 股东出席股东大会会议,所持每一股份有一表决权。~~但是,~~公司持有的本公司股份没有表决权。 股东大会作出决议,<u>必须</u>经出席会议的股东所持表决权过半数通过。~~但是,~~股东大会作出修改公司章程、增加或者减少注册资本的决议,以及公司合并、分立、解散或者变更公司形式的决议,<u>必须</u>经出席会议的股东所持表决权的三分之二以上通过。

本条规定的变化主要有:一是明确类别股股东作为一股一权规则的例外情形;二是将原在同一款的股东会决议通过比例的规定拆分为本条第二款和第三款。

在仅发行普通股的公司,采取一股一权规则。在普通股之外还发行类别股的公司,类别股股东通常只参与与之权益密切相关的事项表决,如包括本法第一百四十四条规定的监事或者审计委员会成员的选举和更换,以及第一百四十六条规定的公司重大事项可能损害类别股股东权利的情形等。

> 无论是一般决议还是特别决议,股东会会议的召开都并未设置最低出席人数比例的要求,而是经出席会议的股东所持表决权过半数或三分之二以上通过。这也是基于确保公司顺利召开股东会会议的考虑。

第一百一十七条 【累积投票制】

修订后	修订前
第一百一十七条 股东会选举董事、监事,可以**按照**公司章程的规定或者**股东会**的决议,实行累积投票制。 本法所称累积投票制,是指**股东会**选举董事或者监事时,每一股份拥有与应选董事或者监事人数相同的表决权,股东拥有的表决权可以集中使用。	第一百零五条 股东~~大~~会选举董事、监事,可以依照公司章程的规定或者股东~~大~~会的决议,实行累积投票制。 本法所称累积投票制,是指股东~~大~~会选举董事或者监事时,每一股份拥有与应选董事或者监事人数相同的表决权,股东拥有的表决权可以集中使用。

> 累积投票制适用于选举董事或者监事的情形,并非强制性规范。公司实行累积投票制的,应当在公司章程中明确规定。
> 累积投票制的意义在于股东可将本应分开使用的表决权集中起来全部投给特定候选人。当然,若公司仅选举或更换一名董事或者监事,累积投票制的功能就无法彰显。

第一百一十八条 【表决权的代理行使】

修订后	修订前
第一百一十八条 股东委托代理人出席**股东会**会议的,**应当明确代理人代理的事项、权限和期限;**代理人应当向公司提交股东授权委托书,并在授权范围内行使表决权。	第一百零六条 股东~~可以~~委托代理人出席股东~~大~~会会议,代理人应当向公司提交股东授权委托书,并在授权范围内行使表决权。

> 本条规定细化了委托书应当载明的事项,包括代理人代理的事项、权限和期限。代理人不要求具备股东资格。

83

第一百一十九条 【股东会会议记录】

修订后	修订前
第一百一十九条 **股东会**应当对所议事项的决定作成会议记录,主持人、出席会议的董事应当在会议记录上签名。会议记录应当与出席股东的签名册及代理出席的委托书一并保存。	第一百零七条 股东大会应当对所议事项的决定作成会议记录,主持人、出席会议的董事应当在会议记录上签名。会议记录应当与出席股东的签名册及代理出席的委托书一并保存。
股东会会议决议和会议记录实为两份不同的法律文件,不应混淆。会议决议主要反映的是所议事项的表决结果,会议记录则是股东会会议召开的全过程反映。与有限责任公司的规定不同,股份有限公司股东会会议记录仅由主持人、出席会议的董事签名,出席会议的股东则另有签名册;会议记录应当与签名册以及代理出席的委托书一并保存。	

第三节 董事会、经理

第一百二十条 【董事会的职权和组成、董事的任期及辞任、解任】

修订后	修订前
第一百二十条 股份有限公司设董事会,**本法第一百二十八条另有规定的除外**。 **本法第六十七条、第六十八条第一款、第七十条、第七十一条的规定,适用于股份有限公司**。	第一百零八条 股份有限公司设董事会,~~其成员为五人至十九人~~。 ~~董事会成员中可以有公司职工代表。董事会中的职工代表由公司职工通过职工代表大会、职工大会或者其他形式民主选举产生。~~ 本法第四十五条关于有限责任公司董事任期的规定,适用于股份有限公司董事。

84

	~~本法第四十六条关于有限责任公司董事会职权的规定，~~适用于股份有限公司董事会。

除规模较小或者股东人数较少的股份有限公司可以不设董事会只设一名董事外，董事会是股份有限公司的必设机构。

本法第六十七条是关于具体列示董事会职权的规定，第六十八条第一款是关于董事会组成的规定，第七十条是关于董事任期和辞任的规定，第七十一条是关于董事解任的规定，上述规定适用于股份有限公司。

第一百二十一条　【审计委员会和监事会的选择设置】

修订后	修订前
第一百二十一条　股份有限公司可以按照公司章程的规定在董事会中设置由董事组成的审计委员会，行使本法规定的监事会的职权，不设监事会或者监事。 审计委员会成员为三名以上，过半数成员不得在公司担任除董事以外的其他职务，且不得与公司存在任何可能影响其独立客观判断的关系。公司董事会成员中的职工代表可以成为审计委员会成员。 审计委员会作出决议，应当经审计委员会成员的过半数通过。 审计委员会决议的表决，应当一人一票。 审计委员会的议事方式和表决程序，除本法有规定的外，由公司章程规定。	新增条文

公司可以按照公司章程的规定在董事会中设置其他委员会。	

本条是新增条文，旨在赋予公司在内部监督机构设置方面享有选择权，是对二十余年来我国公司实践的法律确认。

公司的监督机构规则采取的是"二选一"模式。这主要是基于提升监督质效的考虑，以期避免不同监督机构履行职权时可能存在的冲突。审计委员会既然行使的是监事会的职权，就不能仅负责财务会计监督事宜，还应当对公司事务全面履行监督职责。

与有限责任公司的规定不同，股份有限公司的审计委员会应当满足成员三名以上且过半数成员应具备独立性的要求。同时，审计委员会决议的表决规则与董事会决议的表决规则保持一致，即实行一人一票，并经成员过半数通过。

除审计委员会外，公司还可能根据自身情况及监管部门要求设置战略、提名、薪酬、合规等委员会。

第一百二十二条 【董事长和副董事长的产生办法、董事会会议的召集和主持】

修订后	修订前
第一百二十二条　董事会设董事长一人，可以设副董事长。董事长和副董事长由董事会以全体董事的过半数选举产生。 董事长召集和主持董事会会议，检查董事会决议的实施情况。副董事长协助董事长工作，董事长不能履行职务或者不履行职务的，由副董事长履行职务；副董事长不能履行职务或者不履行职务的，由过半数的董事共同推举一名董事履行职务。	第一百零九条　董事会设董事长一人，可以设副董事长。董事长和副董事长由董事会以全体董事的过半数选举产生。 董事长召集和主持董事会会议，检查董事会决议的实施情况。副董事长协助董事长工作，董事长不能履行职务或者不履行职务的，由副董事长履行职务；副董事长不能履行职务或者不履行职务的，由半数以上董事共同推举一名董事履行职务。

> 本条规定将董事在董事长、副董事长不能履行或不履行召集和主持董事会会议时推举一名董事召集和主持的人数比例从"半数以上"改为"过半数"。
>
> 与有限责任公司的规定不同，股份有限公司董事长和副董事长的选举办法由本法明确规定，即以全体董事的过半数选举产生，而不是由公司章程规定。同时，本条进一步明确董事长除召集和主持董事会会议外，还肩负检查董事会决议实施情况的职责，副董事长则协助董事长工作。

第一百二十三条 【董事会会议的类型和召开要求】

修订后	修订前
第一百二十三条　董事会每年度至少召开两次会议，每次会议应当于会议召开十日前通知全体董事和监事。 代表十分之一以上表决权的股东、三分之一以上董事或者监事会，可以提议召开**临时董事会会议**。董事长应当自接到提议后十日内，召集和主持董事会会议。 董事会召开临时会议，可以另定召集董事会的通知方式和通知时限。	第一百一十条　董事会每年度至少召开两次会议，每次会议应当于会议召开十日前通知全体董事和监事。 代表十分之一以上表决权的股东、三分之一以上董事或者监事会，可以提议召开董事会临时会议。董事长应当自接到提议后十日内，召集和主持董事会会议。 董事会召开临时会议，可以另定召集董事会的通知方式和通知时限。

> 与有限责任公司的规定不同，本条对于股份有限公司董事会会议的类型和召开要求作了明确规定。股份有限公司董事会会议分为定期会议和临时会议。
>
> 与股东会年会不同，董事会每年度应至少召开两次会议，当然时间间隔可以根据公司自身情况确定，这与监事会每六个月至少召开一次会议的要求有别。
>
> 股份有限公司临时董事会会议与有限责任公司临时股东会会议在召开要求方面存在相似之处，皆为代表十分之一以上表决权的股东、三分之一以上的董事或者监事会提议召开时。
>
> 由于监事有列席董事会会议之职权，故董事会会议的召开应当通知监事。

第一百二十四条 【董事会的表决程序和会议记录】

修订后	修订前
第一百二十四条 董事会会议**应当**有过半数的董事出席方可举行。董事会作出决议，**应当经**全体董事的过半数通过。 董事会决议的表决，**应当**一人一票。 董事会应当对所议事项的决定作成会议记录，出席会议的董事应当在会议记录上签名。	第一百一十一条 董事会会议**应**有过半数的董事出席方可举行。董事会作出决议，**必须经**全体董事的过半数通过。 董事会决议的表决，**实行**一人一票。 第一百一十二条第二款 董事会应当对会议所议事项的决定作成会议记录，出席会议的董事应当在会议记录上签名。

与股东会会议的规定不同，董事会会议的召开有最低出席人数的法定要求。但是，董事会决议在计票时应当以全体董事而非出席会议的董事为总数。与股东会决议通常采用资本多数决原则不同，董事会决议更强调董事之间平等、民主的团体决策机制，故而采用一人一票的人头多数决原则。

与有限责任公司的规定类似，股份有限公司董事会也应将所议事项的决定作成会议记录。会议记录详细记录各董事发表的意见，故其可能成为特定主体承担责任或者免除责任的重要依据。

第一百二十五条 【董事出席董事会会议及其决议责任】

修订后	修订前
第一百二十五条 董事会会议，**应当**由董事本人出席；董事因故不能出席，可以书面委托其他董事代为出席，委托书**应当**载明授权范围。 董事应当对董事会的决议承担责任。董事会的决议违反法律、行政法规或者公司章程、**股东会决议**，**给公司**造成严重损失的，参与决议	第一百一十二条第一款 董事会会议，**应当**由董事本人出席；董事因故不能出席，可以书面委托其他董事代为出席，委托书中**应**载明授权范围。 第一百一十二条第三款 董事应当对董事会的决议承担责任。董事会的决议违反法律、行政法规或

的董事对公司负赔偿责任；经证明在表决时曾表明异议并记载于会议记录的，该董事可以免除责任。	者公司章程、股东大会决议，<u>致使公司遭受严重损失的</u>，参与决议的董事对公司负赔偿责任。但经证明在表决时曾表明异议并记载于会议记录的，该董事可以免除责任。

> 本条规定将旧法中关于董事会会议记录的内容移至第一百二十四条。
> 　　与股东表决权代理不要求代理人具备股东资格的规定不同，当董事因故不能出席董事会会议时，该董事委托出席董事会会议的代理人必须具有董事资格。
> 　　董事的决议责任主要体现为对公司损失的赔偿。当然，要求董事承担决议责任的前提是董事违反了对公司的忠实勤勉义务。若董事在表决时曾表明异议并记载于会议记录的，该董事可以免除责任。所谓"异议"，宜作广义理解，即包括投反对票或弃权票。

第一百二十六条　【经理及其职权】

修订后	修订前
第一百二十六条　股份有限公司设经理，由董事会决定聘任或者解聘。 **经理对董事会负责，根据公司章程的规定或者董事会的授权行使职权。经理列席董事会会议。**	第一百一十三条　股份有限公司设经理，由董事会决定聘任或者解聘。 <s>本法第四十九条关于有限责任公司经理职权的规定，适用于股份有限公司经理。</s>

> 与有限责任公司的规定不同，股份有限公司必须设经理。但经理的职权范围仍可由公司根据自身情况通过公司章程规定或董事会授权确定。

第一百二十七条　【董事兼任经理】

修订后	修订前
第一百二十七条　公司董事会可以决定由董事会成员兼任经理。	第一百一十四条　公司董事会可以决定由董事会成员兼任经理。

董事和包括经理在内的高级管理人员从公司治理的角度来看都主要负责公司经营管理。董事会采取团体决策方式，通常不能以董事个人名义参与公司经营管理。董事通过兼任经理或者其他高级管理人员的方式，就可能通过所兼任的高级管理人员身份更具体地参与公司经营管理。

　　当然，是否由董事兼任经理，属于公司内部事务。既然经理由董事会决定聘任或者解聘，那么董事兼任经理应当由董事会决定。

第一百二十八条　【不设董事会的董事及其职权】

修订后	修订前
第一百二十八条　规模较小或者股东人数较少的股份有限公司，可以不设董事会，设一名董事，行使本法规定的董事会的职权。该董事可以兼任公司经理。	第五十条　股东人数较少或者规模较小的有限责任公司，可以设一名执行董事，不设董事会。执行董事可以兼任公司经理。 执行董事的职权由公司章程规定。
本条是新增条文，将有限责任公司的相关规定适用于股份有限公司，以提升公司在董事会设置方面的自治性与灵活性。不设董事会的董事同样行使本法规定的董事会的职权。	

第一百二十九条　【董事、监事、高级管理人员的报酬披露】

修订后	修订前
第一百二十九条　公司应当定期向股东披露董事、监事、高级管理人员从公司获得报酬的情况。	第一百一十六条　公司应当定期向股东披露董事、监事、高级管理人员从公司获得报酬的情况。
董事、监事的报酬由股东会决定，经理、副经理、财务负责人的报酬由董事会决定，其他高级管理人员的报酬本法并未明确规定，实践中多是由经理决定或者由经理提议再由董事会决定。无论是由股东会还是董事会决定，董事、监事、高级管理人员从公司获得的报酬都来自公司资产，若其报酬与其职责及对公司的贡献不成正比，将可能损害公司及股东的利	

> 益。因此，公司定期向股东披露相关人员从公司获得报酬的情况，也是保护股东知情权的应有之义。

第四节　监事会

第一百三十条　【监事会的组成和监事的任期】

修订后	修订前
第一百三十条　股份有限公司设监事会，**本法第一百二十一条第一款、第一百三十三条另有规定的除外。** **监事会成员为三人以上。**监事会**成员**应当包括股东代表和适当比例的公司职工代表，其中职工代表的比例不得低于三分之一，具体比例由公司章程规定。监事会中的职工代表由公司职工通过职工代表大会、职工大会或者其他形式民主选举产生。 监事会设主席一人，可以设副主席。监事会主席和副主席由全体监事过半数选举产生。监事会主席召集和主持监事会会议；监事会主席不能履行职务或者不履行职务的，由监事会副主席召集和主持监事会会议；监事会副主席不能履行职务或者不履行职务的，由**过半数的**监事共同推举一名监事召集和主持监事会会议。 董事、高级管理人员不得兼任监事。	第一百一十七条　股份有限公司设监事会，其成员~~不得少于~~三人。 监事会应当包括股东代表和适当比例的公司职工代表，其中职工代表的比例不得低于三分之一，具体比例由公司章程规定。监事会中的职工代表由公司职工通过职工代表大会、职工大会或者其他形式民主选举产生。 监事会设主席一人，可以设副主席。监事会主席和副主席由全体监事过半数选举产生。监事会主席召集和主持监事会会议；监事会主席不能履行职务或者不履行职务的，由监事会副主席召集和主持监事会会议；监事会副主席不能履行职务或者不履行职务的，由半数以上监事共同推举一名监事召集和主持监事会会议。 董事、高级管理人员不得兼任监事。 本法第五十二条关于有限责任公司监事任期的规定，适用于股份有限公司监事。

91

	本法**第七十七条**关于有限责任公司监事任期的规定，适用于股份有限公司监事。

本条规定的变化主要有：一是契合公司内部监督机构选择设置的制度革新，明确不设监事会的情形；二是将监事在监事会主席、监事会副主席不能履行或不履行召集和主持监事会会议时推举一名监事召集和主持的人数比例从"半数以上"改为"过半数"。

股份有限公司一旦选择监事会作为公司监督机构，应当在人数、职工比例等方面符合本条规定。同时，基于经营管理和监督的有效制衡，董事、高级管理人员不得兼任监事。

与有限责任公司的规定相同，监事的任期每届为三年。监事任期届满，连选可以连任。

第一百三十一条 【监事会的职权及其行使职权的费用承担】

修订后	修订前
第一百三十一条 本法**第七十八条至第八十条**的规定，适用于股份有限公司监事会。 监事会行使职权所必需的费用，由公司承担。	第一百一十八条 本法**第五十三条、第五十四条**关于~~有限责任公司监事会职权~~的规定，适用于股份有限公司监事会。 监事会行使职权所必需的费用，由公司承担。

本条规定在表述上并无实质变化，但结合本法第七十八至第八十条关于有限责任公司监事会职权的规定来看，股份有限公司监事会的职权也得以相应强化。

本法第七十八条是关于具体列示监事会职权的规定，第七十九条是关于监事的质询建议权和监事会的调查权的规定，第八十条是关于董事、高级管理人员配合监事会行使职权的规定，上述规定适用于股份有限公司监事会。

与有限责任公司的规定相同，监事会行使职权的目的是维护公司利益。为了确保监事会正常履职，监事会在行使本法规定和公司章程规定的职权时所必需的费用，应当由公司承担。鉴于不设监事会的监事或者董事

> 会下设审计委员会依法行使监事会的职权,故其在行使职权时所必需的费用,也应当由公司承担。

第一百三十二条 【监事会会议类型、表决程序和会议记录】

修订后	修订前
第一百三十二条 监事会每六个月至少召开一次会议。监事可以提议召开临时监事会会议。 监事会的议事方式和表决程序,除本法有规定的外,由公司章程规定。 监事会决议应当经**全体监事的过半数**通过。 **监事会决议的表决,应当一人一票。** 监事会应当对所议事项的决定作成会议记录,出席会议的监事应当在会议记录上签名。	第一百一十九条 监事会每六个月至少召开一次会议。监事可以提议召开临时监事会会议。 监事会的议事方式和表决程序,除本法有规定的外,由公司章程规定。 监事会决议应当经<u>半数以上监</u>事通过。 监事会应当对所议事项的决定作成会议记录,出席会议的监事应当在会议记录上签名。

> 本条规定的变化主要有:一是将监事会决议的通过比例从原来的"半数以上"改为"过半数";二是增加监事会决议采一人一票的规定。以上两处修改与董事会的规定相统一。
> 与有限责任公司监事会每年度至少召开一次会议的规定不同,股份有限公司监事会召开会议的时间间隔更短,每六个月至少召开一次会议。

第一百三十三条 【不设监事会的监事及其职权】

修订后	修订前
第一百三十三条 规模较小或者股东人数较少的股份有限公司,可以不设监事会,设一名监事,行使本法规定的监事会的职权。	第五十一条第一款 ~~有限责任公司设监事会,其成员不得少于三人。~~ <u>股东人数较少</u>或者<u>规模较小</u>的有限责任公司,可以设一至~~三~~名监事,不设监事会。

93

> 本条是新增条文，将有限责任公司的相关规定适用于股份有限公司，以提升公司在监事会设置方面的自治性与灵活性。不设监事会的监事同样行使本法规定的监事会的职权。
>
> 与有限责任公司的规定不同，股份有限公司若不在董事会中设置审计委员会且不设监事会，则仍需设一名监事。

第五节 上市公司组织结构的特别规定

第一百三十四条 【上市公司的定义】

修订后	修订前
第一百三十四条 本法所称上市公司，是指其股票在证券交易所上市交易的股份有限公司。	第一百二十条 本法所称上市公司，是指其股票在证券交易所上市交易的股份有限公司。
上市公司是股份有限公司，其向社会发行股份，股票在证券交易所公开竞价交易。有限责任公司若试图上市，就必须首先依照本法第一百零八条的规定变更为股份有限公司。股份发行是股票上市交易的前提，上市交易是充分实现股份发行目的的手段。 公司法作为典型的组织法，对于上市公司的特别规定也集中在组织结构方面。关于上市公司的其他规定主要体现在证券法及其相关法规、规章等中。	

第一百三十五条 【股东会特别决议事项】

修订后	修订前
第一百三十五条 上市公司在一年内购买、出售重大资产或者向**他人提供担保的金额**超过公司资产总额百分之三十的，应当由**股东会**作出决议，并经出席会议的股东所持表决权的三分之二以上通过。	第一百二十一条 上市公司在一年内购买、出售重大资产或者<u>担保金额</u>超过公司资产总额百分之三十的，应当由股东大会作出决议，并经出席会议的股东所持表决权的三分之二以上通过。

本条规定将"担保金额"改为"向他人提供担保的金额",表述更严谨规范。依照本法第十五条的规定,本法主要是对公司为他人提供担保设置了相应限制,而不涉及公司为自己提供担保的情形。本条在表述上予以统一。

本法第一百一十六条第三款关于股东会特别决议事项的规定同样适用于作为股份有限公司的上市公司。考虑到上市公司的特殊性,本条在上述特别决议事项基础上增加了两种同样需要股东会作出特别决议的情形。

第一百三十六条 【独立董事和章程特别记载事项】

修订后	修订前
第一百三十六条 上市公司设独立董事,具体管理办法由**国务院证券监督管理机构**规定。 **上市公司的公司章程除载明本法第九十五条规定的事项外,还应当依照法律、行政法规的规定载明董事会专门委员会的组成、职权以及董事、监事、高级管理人员薪酬考核机制等事项。**	第一百二十二条 上市公司设独立董事,具体办法由<u>国务院</u>规定。

本条规定进一步明确制定上市公司独立董事具体管理办法的部门为国务院证券监督管理机构;同时新增第二款,对上市公司章程应当记载的特别事项作了规定。

中国证监会于 2023 年 8 月公布的《上市公司独立董事管理办法》主要内容如下:一是明确独立董事的定义、职责定位及其在董事会成员中的比例要求;二是明确独立董事的独立性要求、任职资格及选任制度;三是明确独立董事的职责及履职方式。此外,该办法还对独立董事的履职保障、监督管理与法律责任等作了规定。

上市公司通常需要更规范的公司治理,其章程应当载明董事会专门委员会的组成、职权及董事、监事、高级管理人员薪酬考核机制等事项。中国证监会公布的《上市公司章程指引》也涉及相关内容。

第一百三十七条 【董事会审计委员会的职权】

修订后	修订前
第一百三十七条　上市公司在董事会中设置审计委员会的，董事会对下列事项作出决议前应当经审计委员会全体成员过半数通过： （一）聘用、解聘承办公司审计业务的会计师事务所； （二）聘任、解聘财务负责人； （三）披露财务会计报告； （四）国务院证券监督管理机构规定的其他事项。	新增条文

　　本条是新增条文，主要吸收了中国证监会发布的《上市公司独立董事管理办法》第二十六条的相关内容。
　　上市公司董事会审计委员会负责审核公司财务信息及其披露、监督及评估内外部审计工作和内部控制。上市公司董事会对于涉及财务会计方面之重大事项作出决议前，应当经审计委员会全体成员过半数通过。

第一百三十八条 【董事会秘书及其职责】

修订后	修订前
第一百三十八条　上市公司设董事会秘书，负责公司**股东会**和董事会会议的筹备、文件保管以及公司股东资料的管理，办理信息披露事务等事宜。	第一百二十三条　上市公司设董事会秘书，负责公司股东大会和董事会会议的筹备、文件保管以及公司股东资料的管理，办理信息披露事务等事宜。

　　依照本法第二百六十五条的规定，上市公司董事会秘书是公司的高级管理人员。从本条规定来看，上市公司董事会秘书的职责可归结为会议筹备、资料管理和信息披露三个方面。可见，上市公司董事会秘书虽不直接参与公司决策，但在维持公司内部正常运营、维护公司形象及保障投资者合法权益方面都起到非常重要的作用。

第一百三十九条　【有关联关系的董事回避表决】

修订后	修订前
第一百三十九条　上市公司董事与董事会会议决议事项所涉及的企业**或者个人**有关联关系的，**该董事应当及时向董事会书面报告。有关联关系的董事**不得对该项决议行使表决权，也不得代理其他董事行使表决权。该董事会会议由过半数的无关联关系董事出席即可举行，董事会会议所作决议须经无关联关系董事过半数通过。出席董事会**会议**的无关联关系董事人数不足三人的，**应当**将该事项提交上市公司**股东会**审议。	第一百二十四条　上市公司董事与董事会会议决议事项所涉及的企业有关联关系的，不得对该项决议行使表决权，也不得代理其他董事行使表决权。该董事会会议由过半数的无关联关系董事出席即可举行，董事会会议所作决议须经无关联关系董事过半数通过。出席董事会的无关联关系董事人数不足三人的，应将该事项提交上市公司股东大会审议。

> 本条规定的变化主要有：一是扩大关联关系的范围，除所涉及的企业外，还包括相关个人；二是建立有关联关系的董事向董事会书面报告制度。
> 　　基于对关联交易可能损害公司利益的考虑，上市公司有关联关系的董事在向董事会及时作出书面报告的同时应当回避表决。根据决议的一般原理，在计算出席人数表决比例时，回避表决的董事都应当从总数中剔除。因此，该董事会决议采取无关联关系董事过半数出席及全体无关联关系董事过半数通过的方式。若出席董事会的无关联关系董事人数不足三人，则无法形成有效的董事会决议，从而应将该事项提交股东会审议。

第一百四十条　【披露股东和实际控制人的信息及禁止股票代持】

修订后	修订前
第一百四十条　上市公司应当依法披露股东、实际控制人的信息，相关信息应当真实、准确、完整。 　　禁止违反法律、行政法规的规定代持上市公司股票。	新增条文

本条是新增条文，是对上市公司监管经验的法律确认。

持有一定比例股份的股东乃至控股股东、实际控制人对公司治理具有重要的影响。上市公司对于股东、实际控制人的相关信息应当通过年度报告、中期报告、临时报告等真实、准确、完整披露。同时，上市公司的股东、实际控制人发生相关重大事件时，应当主动告知上市公司董事会，并配合上市公司履行信息披露义务。

禁止代持上市公司股票是信息披露制度的必然要求。依照《证券法》第七十八条的规定，信息披露义务人披露的信息，应当真实、准确、完整，简明清晰，通俗易懂，不得有虚假记载、误导性陈述或者重大遗漏。因此，上市公司股票若仅由披露的股东代持，而实际出资人却未被依法披露，则影响所披露信息的真实性、准确性和完整性，对于上市公司监管及投资者保护都可能带来不利后果。

第一百四十一条 【禁止相互持股】

修订后	修订前
第一百四十一条 上市公司控股子公司不得取得该上市公司的股份。 上市公司控股子公司因公司合并、质权行使等原因持有上市公司股份的，不得行使所持股份对应的表决权，并应当及时处分相关上市公司股份。	新增条文

本条是新增条文，是对上市公司监管经验的法律确认。

两个公司之间相互持有对方公司的股份，这一持股关系学理上称为相互持股或者交叉持股。上市公司与其控股子公司之间相互持股可能导致公司资本空虚、内部人控制、掩盖真实股权结构等诸多弊病，故应予禁止。但同时，上市公司控股子公司因公司合并、质权行使等原因持有上市公司股份的情形不能完全避免。为了尽可能消除不可避免的相互持股关系带来的负面影响，对其表决权行使应有限制，并及时消除相互持股的状态。

第六章　股份有限公司的股份发行和转让

第一节　股份发行

第一百四十二条　【面额股和无面额股】

修订后	修订前
第一百四十二条　公司的资本划分为股份。公司的全部股份，根据公司章程的规定择一采用面额股或者无面额股。采用面额股的，每一股的金额相等。 公司可以根据公司章程的规定将已发行的面额股全部转换为无面额股或者将无面额股全部转换为面额股。 采用无面额股的，应当将发行股份所得股款的二分之一以上计入注册资本。	第一百二十五条第一款　股份有限公司的资本划分为股份，每一股的金额相等。

本条规定增加无面额股的相关内容。

与有限责任公司股东缴纳出资额的规定不同，股份有限公司的资本划分为股份，股东以认购股份并缴纳股款的方式履行出资义务，继而享有股东权利。以是否注明金额为标准，股份可分为面额股和无面额股。不过，公司只能在面额股和无面额股之间择一采用，故两类股份按照公司章程的规定转换时，必须全部转换。

由于无面额股并未记载票面金额，会给公司资本的确定带来一定的影响。为此，本条第三款规定，采用无面额股的公司应当将发行股份所得股款的二分之一以上计入注册资本。继而，依照本法第二百一十三条的规定，未计入注册资本的金额列入资本公积金。

第一百四十三条 【股份发行的原则】

修订后	修订前
第一百四十三条 股份的发行，实行公平、公正的原则，同类别的每一股份应当具有同等权利。 同次发行的同类别股份，每股的发行条件和价格应当相同；认购人所认购的股份，每股应当支付相同价额。	第一百二十六条 股份的发行，实行公平、公正的原则，同种类的每一股份应当具有同等权利。 同次发行的同种类股票，每股的发行条件和价格应当相同；任何单位或者个人所认购的股份，每股应当支付相同价额。

本条规定针对个别表述作出调整。需要注意的是，认购人不同于认股人，而应包括发起人和认股人两者。

本条规定确立了股份发行的公平公正原则，同股同权为其具体表现。所谓同股同权，主要是指以下两方面内容：一是权利同等。同类别的每一股份具有同等权利，即便是不同次发行的同类别股份，也需要遵守该规则。二是对价相当。同次发行的同类别股份之每股发行条件和价格相同，在履行缴纳股款义务时，每股支付价额相同。当然，不同次发行的同类别股份，或者同次发行的不同类别股份，皆不在此限。

第一百四十四条 【类别股的种类】

修订后	修订前
第一百四十四条 公司可以按照公司章程的规定发行下列与普通股权利不同的类别股： （一）优先或者劣后分配利润或者剩余财产的股份； （二）每一股的表决权数多于或者少于普通股的股份； （三）转让须经公司同意等转让受限的股份； （四）国务院规定的其他类别股。	第一百三十一条 国务院可以对公司发行本法规定以外的其他种类的股份，另行作出规定。

修订后	修订前
公开发行股份的公司不得发行前款第二项、第三项规定的类别股；公开发行前已发行的除外。 公司发行本条第一款第二项规定的类别股的，对于监事或者审计委员会成员的选举和更换，类别股与普通股每一股的表决权数相同。	

旧法仅规定国务院可以对公司发行本法规定以外的其他种类的股份另行作出规定，此次修订明确规定公司可以发行的与普通股权利不同的类别股之种类。

本条第一款列示的类别股包括：一是优先股或劣后股，即对利润分配权或剩余财产分配权作出调整而区分的股份；二是超级表决权股或劣等表决权股，即对表决权作出调整而区分的股份；三是转让受限股，这意味着股份有限公司也可如同有限责任公司那样通过公司章程的规定设置股份转让的限制。其中，公开发行股份的公司只能发行第一种类别股，即优先股或劣后股，除非公开发行前就已发行特殊表决权股或转让受限股的可继续保留。

为确保类别股股东通过公司监督机构行使监督权利，即便在发行超级表决权股或劣等表决权股的公司，对于监事或者审计委员会成员的选举和更换，类别股与普通股每一股的表决权数也相同。

第一百四十五条 【发行类别股的公司章程记载事项】

修订后	修订前
第一百四十五条 发行类别股的公司，应当在公司章程中载明以下事项： （一）类别股分配利润或者剩余财产的顺序； （二）类别股的表决权数； （三）类别股的转让限制； （四）保护中小股东权益的措施； （五）股东会认为需要规定的其他事项。	新增条文

本条是新增条文，是类别股制度革新的重要内容。

类别股股东可能在财产利益分配、表决权行使、转让股份的条件等方面与普通股股东有较大差异，对此公司章程应当予以载明，以便股东查阅和知悉相关事项。

虽然从市场交易的角度来看，类别股股东与公司是自愿达成认股合意，对于相关权利的限制通常以其他方面的利益补偿为对价。但基于信息不对称等可能引发的市场失灵，公司章程也有必要明确保护中小股东权益的具体措施，以避免类别股发行违背股东实质平等理念。

第一百四十六条 【类别股股东会决议】

修订后	修订前
第一百四十六条 发行类别股的公司，有本法第一百一十六条第三款规定的事项等可能影响类别股股东权利的，除应当依照第一百一十六条第三款的规定经股东会决议外，还应当经出席类别股股东会议的股东所持表决权的三分之二以上通过。 公司章程可以对需经类别股东会议决议的其他事项作出规定。	新增条文

本条是新增条文，为类别股制度革新的重要内容。

分类表决是类别股制度的重要内容。本条第一款规定的是应当分类表决的法定情形。对于修改公司章程，增加或者减少注册资本，以及公司合并、分立、解散或者变更公司形式之重大事项，本法第一百一十六条第三款已规定应当经股东会特别决议。这些重大事项可能从根本上改变了类别股股东认购类别股股份的条件，故而类别股股东会议还需要对此作出特别决议。

本条第二款则进一步规定发行类别股的公司可以根据自身情况在公司章程中规定需要经类别股股东会决议的其他事项。

第一百四十七条　【股份的形式和记名股票】

修订后	修订前
第一百四十七条　公司的股份采取股票的形式。股票是公司签发的证明股东所持股份的凭证。 　　公司发行的股票，应当为记名股票。	第一百二十五条第二款　公司的股份采取股票的形式。股票是公司签发的证明股东所持股份的凭证。 　　第一百二十九条　公司发行的股票，可以为记名股票，~~也可以为无记名股票~~。 　　~~公司向发起人、法人发行的股票，应当为记名股票，并应当记载该发起人、法人的名称或者姓名，不得另立户名或者以代表人姓名记载~~。

　　本条规定在旧法第一百二十五条第二款、第一百二十九条第一款规定基础上整合、修改而成，其变化主要是因应公司不再发行无记名股票的制度革新，公司发行的股票都应当为记名股票。
　　股份是划分公司资本的抽象计量单位，股票是股份的具体存在形式。股票既是股东认购公司股份的凭证，也是具有流通性的有价证券。
　　此次修订的一项重要内容就是股票和债券都应当记名。记名股票是指股票上记载股东的姓名或者名称的股票，因此在权利归属方面具有特定性。

第一百四十八条　【面额股股票的发行价格】

修订后	修订前
第一百四十八条　**面额股股票的**发行价格可以按票面金额，也可以超过票面金额，但不得低于票面金额。	第一百二十七条　股票发行价格可以按票面金额，也可以超过票面金额，但不得低于票面金额。

　　本条规定契合无面额股制度革新需要，明确股票发行价格的规定只适用于面额股股票。
　　以面额股股票的发行价格等于、超过或者低于票面价格之不同情形为标准，可将其依次称作平价发行、溢价发行和折价发行。面额股股票可以平价发行或溢价发行，但不得折价发行，折价发行将导致实收股本总额低

103

于票面金额总额,不符合资本充实原则的基本要求。此外,依照本法第二百一十三条的规定,溢价发行所得溢价款列入资本公积金。

第一百四十九条 【股票的形式】

修订后	修订前
第一百四十九条 股票采用纸面形式或者国务院证券监督管理机构规定的其他形式。 股票采用纸面形式的,应当载明下列主要事项: (一)公司名称; (二)公司成立日期或者股票发行的时间; (三)股票种类、票面金额及代表的股份数,发行无面额股的,股票代表的股份数。 股票采用纸面形式的,还应当载明股票的编号,由法定代表人签名,公司盖章。 发起人股票采用纸面形式的,应当标明发起人股票字样。	第一百二十八条 股票采用纸面形式或者国务院证券监督管理机构规定的其他形式。 股票应当载明下列主要事项: (一)公司名称; (二)公司成立日期; (三)股票种类、票面金额及代表的股份数; (四)股票的编号。 股票由法定代表人签名,公司盖章。 发起人的股票,应当标明发起人股票字样。

本条规定的变化主要有:一是明确关于股票记载事项的规定只适用于采取纸面形式的股票;二是股票记载事项增加股票发行的时间以及无面额股股票代表的股份数等内容。

股票无纸化已是证券市场发展的大势所趋。不过,众多非公众公司不可能仅依赖电子形式表明股东持有股份的情况,采用纸面形式的股票仍是这些公司的重要模式选择。此次修订保留并进一步完善了采用纸面形式的股票之相关规则。

第一百五十条 【股票交付时间】

修订后	修订前
第一百五十条 股份有限公司成立后,即向股东正式交付股票。公司成立前不得向股东交付股票。	第一百三十二条 股份有限公司成立后,即向股东正式交付股票。公司成立前不得向股东交付股票。

股票交付时间为公司成立后。在取得法人主体资格前,既然公司尚未成立,则划分资本的股份及作为股份形式的股票皆不存在。依照本法第三十三条的规定,公司营业执照签发日期为公司成立日期。

第一百五十一条 【公司发行新股的股东会决议】

修订后	修订前
第一百五十一条 公司发行新股,**股东会**应当对下列事项作出决议: (一)新股种类及数额; (二)新股发行价格; (三)新股发行的起止日期; (四)向原有股东发行新股的种类及数额; **(五)发行无面额股的,新股发行所得股款计入注册资本的金额。** 公司发行新股,可以根据公司经营情况和财务状况,确定其作价方案。	第一百三十三条 公司发行新股,股东大会应当对下列事项作出决议: (一)新股种类及数额; (二)新股发行价格; (三)新股发行的起止日期; (四)向原有股东发行新股的种类及数额。 第一百三十五条 公司发行新股,可以根据公司经营情况和财务状况,确定其作价方案。

本条规定在旧法第一百三十三条、第一百三十五条规定基础上整合、修改而成,其变化主要是契合无面额股制度革新需要,增加在发行无面额股的情形下应当对新股发行所得股款计入注册资本的金额作出决议的内容。

依照本法第一百一十六条的规定,公司为增加注册资本发行新股,应当经出席会议的股东所持表决权的三分之二以上通过。

第一百五十二条 【授权董事会决定发行股份及其限制】

修订后	修订前
第一百五十二条　公司章程或者股东会可以授权董事会在三年内决定发行不超过已发行股份百分之五十的股份。但以非货币财产作价出资的，应当经股东会决议。 董事会依照前款规定决定发行股份导致公司注册资本、已发行股份数发生变化的，对公司章程该项记载事项的修改不需再由股东会表决。	新增条文

　　本条是新增条文，为股份有限公司授权资本制改革的重要内容。

　　此次修订确立了股份有限公司授权资本制。授权资本制的功能在于，通过董事会更灵活的决策以适时满足公司融资需求。当然，为了防止董事会滥发股份可能带来的不利后果，公司章程或者股东会在授权董事会发行股份的同时有必要在发行期限、发行比例乃至出资方式等方面作出限制。

　　继而，既然公司章程或者股东会已经授权董事会决定股份发行事宜，那么由于发行股份导致公司章程相关记载事项需要修改的，就不需再由股东会表决。

第一百五十三条 【董事会决定发行新股的决议通过比例】

修订后	修订前
第一百五十三条　公司章程或者股东会授权董事会决定发行新股的，董事会决议应当经全体董事三分之二以上通过。	新增条文

　　本条是新增条文，为股份有限公司授权资本制改革的重要内容。

　　董事会决定发行新股属于涉及公司利益的重大事项，本条将对于该事项的决议设置为特别决议，即应当经全体董事三分之二以上通过。

第一百五十四条 【公开募集股份的注册和公告招股说明书】

修订后	修订前
第一百五十四条　公司**向社会公开募集股份，应当**经国务院证券监督管理机构**注册**，公告招股说明书。 　　招股说明书应当附有公司章程，并载明下列事项： 　　（一）**发行的股份总数**； 　　（二）**面额股**的票面金额和发行价格**或者无面额股的发行价格**； 　　（三）募集资金的用途； 　　（四）认股人的权利和义务； 　　（五）**股份种类及其权利和义务**； 　　（六）本次募股的起止~~日~~期~~限~~及逾期未募足时认股人可以撤回所认股份的说明。 　　**公司设立时发行股份的，还应当载明发起人认购的股份数。**	第一百三十四条第一款　公司经国务院证券监督管理机构~~核准~~~~会开发行新股时~~，~~必须~~公告~~新股~~招股说明书~~和财务会计报告，并制作认股书~~。 　　第八十六条　招股说明书应当附有~~发起人制订的~~公司章程，并载明下列事项： 　　（一）~~发起人认购的股份数~~； 　　（二）~~每股~~的票面金额和发行价格； 　　~~（三）无记名股票的发行总数~~； 　　（四）募集资金的用途； 　　（五）认股人的权利~~、~~义务； 　　（六）本次募股的起止期限及逾期未募足时认股人可以撤回所认股份的说明。

　　本条规定在旧法第八十六条、第一百三十四条第一款规定基础上整合、修改而成，其变化主要是将"核准"改为"注册"，并增加无面额股的相关内容，以契合注册制改革、无面额股制度革新的需要。此外，旧法第八十六条原在关于股份有限公司设立的规定中，此次修订统一移至股份有限公司发行的部分，故而需要删除或替换与公司设立有关的诸如发起人等表述。本法第一百五十五条、第一百五十六条也作了类似处理。

　　股票发行注册制是指法律不限定股票发行的实质条件，只要依规定申报及公开有关资料且主管机关在一定期间内未提出异议，则发行人可发行股票的制度。依照《证券法》第九条的规定，公开发行证券，必须符合法律、行政法规规定的条件，并依法报经国务院证券监督管理机构或者国务院授权的部门注册。

　　招股说明书是公司或发起人向社会公开募集股份时向社会公众公开的书面说明文件。招股说明书属于《民法典》第四百七十三条规定的要约邀请。

第一百五十五条 【证券承销】

修订后	修订前
第一百五十五条 公司向社会公开募集股份，应当由依法设立的证券公司承销，签订承销协议。	第八十七条 <u>发起人</u>向社会公开募集股份，应当由依法设立的证券公司承销，签订承销协议。 第一百三十四条第二款 ~~本法第八十七条、第八十八条的规定通用于公司公开发行新股。~~

> 公司不能直接向社会公开募集股份，而需要依照法律、行政法规的规定由证券公司承销。
> 依照《证券法》第二十六条的规定，证券承销业务采取代销或者包销方式。证券代销是指证券公司代发行人发售证券，在承销期结束时，将未售出的证券全部退还给发行人的承销方式。证券包销是指证券公司将发行人的证券按照协议全部购入或者在承销期结束时将售后剩余证券全部自行购入的承销方式。

第一百五十六条 【银行代收股款】

修订后	修订前
第一百五十六条 公司向社会公开募集股份，应当同银行签订代收股款协议。 代收股款的银行应当按照协议代收和保存股款，向缴纳股款的认股人出具收款单据，并负有向有关部门出具收款证明的义务。 公司发行**股份**募足股款后，**应予公告。**	第八十八条 <u>发起人</u>向社会公开募集股份，应当同银行签订代收股款协议。 代收股款的银行应当按照协议代收和保存股款，向缴纳股款的认股人出具收款单据，并负有向有关部门出具收款证明的义务。 第一百三十四条第二款 ~~本法第八十七条、第八十八条的规定通用于公司公开发行新股。~~ 第一百三十六条 公司发行新股募足股款后，~~必须向公司登记机关办理变更登记，~~并公告。

> 公司向社会公开募集股份虽由证券公司承销,但证券公司除收取承销保荐费用外,不能保存认股人所缴纳的股款,故而公司还应当同银行签订代收股款协议。
>
> 银行代收的股款应当保存于募集资金专项账户,并向缴纳股款的认股人出具收款单据作为认股人缴纳股款的凭证。此外,因应有关部门对股份发行监管的需要,银行还应当向有关部门出具收款证明。

第二节　股份转让

第一百五十七条　【股份转让自由及其例外】

修订后	修订前
第一百五十七条　股份有限公司的股东持有的股份可以向其他股东转让,也可以向股东以外的人转让;公司章程对股份转让有限制的,其转让按照公司章程的规定进行。	第一百三十七条　股东持有的股份可以<u>依法</u>转让。
本条规定的变化主要有:一是将股份转让细化为向其他股东转让和向股东以外的人转让两种情形,从而在表述上与有限责任公司的规定相统一;二是契合股份有限公司可发行转让须经公司同意等转让受限的股份之制度革新需要,增加相应内容。 与有限责任公司的规定不同,股份转让自由是股份有限公司的一项原则性规定。	

第一百五十八条　【股份转让的方式】

修订后	修订前
第一百五十八条　股东转让其股份,应当在依法设立的证券交易场所进行或者按照国务院规定的其他方式进行。	第一百三十八条　股东转让其股份,应当在依法设立的证券交易场所进行或者按照国务院规定的其他方式进行。

109

证券交易场所是为证券提供转让流通服务的法定市场。依照《证券法》第三十七条的规定，公开发行的证券，应当在依法设立的证券交易所上市交易或者在国务院批准的其他全国性证券交易场所交易。非公开发行的证券，可以在证券交易所、国务院批准的其他全国性证券交易场所、按照国务院规定设立的区域性股权市场转让。

第一百五十九条 【股票转让的方式】

修订后	修订前
第一百五十九条　**股票的转让**，由股东以背书方式或者法律、行政法规规定的其他方式**进行**；转让后由公司将受让人的姓名或者名称及住所记载于股东名册。 　　**股东会会议**召开前二十日内或者公司决定分配股利的基准日前五日内，不得**变更股东名册**。法律、**行政法规或者国务院证券监督管理机构**对上市公司股东名册变更另有规定的，从其规定。	第一百三十九条　~~记名~~股票，由股东以背书方式或者法律、行政法规规定的其他方式转让；转让后由公司将受让人的姓名或者名称及住所记载于股东名册。 　　股东~~大~~会召开前二十日内或公司决定分配股利的基准日前五日内，不得~~进行前款规定的~~股东名册的变更~~登记~~。~~但是，~~法律对上市公司股东名册变更~~登记~~另有规定的，从其规定。 　　~~第一百四十条　无记名股票的转让，由股东将该股票交付给受让人后即发生转让的效力。~~

　　本条规定的变化主要是因应公司不再发行无记名股票的制度革新，将原来关于记名股票和无记名股票之不同转让方式的条款予以统一规定。

　　采用纸面形式的股票以背书方式转让。以其他方式转让主要针对股票无纸化的实践革新。上市公司股票的转让通常由股东委托证券交易代理机构代为办理，通过电子系统买进或卖出。

　　非公众公司在股票转让后将受让人的姓名或者名称及住所记载于股东名册；上市公司和非上市公众公司则依据证券登记结算机构提供的凭证建立和变更股东名册。为了确保股东会召开和公司分配股利的顺利进行，本条第二款设置了变更股东名册的时间限制。

第一百六十条　【股份转让的限制】

修订后	修订前
第一百六十条　公司公开发行股份前已发行的股份，自公司股票在证券交易所上市交易之日起一年内不得转让。**法律、行政法规或者国务院证券监督管理机构对上市公司的股东、实际控制人转让其所持有的本公司股份另有规定的，从其规定。** 公司董事、监事、高级管理人员应当向公司申报所持有的本公司的股份及其变动情况，在**就任时确定的**任职期间每年转让的股份不得超过其所持有本公司股份总数的百分之二十五；所持本公司股份自公司股票上市交易之日起一年内不得转让。上述人员离职后半年内，不得转让其所持有的本公司股份。公司章程可以对公司董事、监事、高级管理人员转让其所持有的本公司股份作出其他限制性规定。 **股份在法律、行政法规规定的限制转让期限内出质的，质权人不得在限制转让期限内行使质权。**	第一百四十一条　~~发起人持有的本公司股份，自公司成立之日起一年内不得转让。~~公司公开发行股份前已发行的股份，自公司股票在证券交易所上市交易之日起一年内不得转让。 公司董事、监事、高级管理人员应当向公司申报所持有的本公司的股份及其变动情况，在任职期间每年转让的股份不得超过其所持有本公司股份总数的百分之二十五；所持本公司股份自公司股票上市交易之日起一年内不得转让。上述人员离职后半年内，不得转让其所持有的本公司股份。公司章程可以对公司董事、监事、高级管理人员转让其所持有的本公司股份作出其他限制性规定。

本条规定的变化主要有：一是不再限制发起人自公司成立之日起一年内转让持有的本公司股份；二是明确法律、行政法规或者国务院证券监督管理机构对上市公司的股东、实际控制人转让其所持有的本公司股份可另作规定；三是增加质权人不得在限制转让期限内行使质权的规定。

大多数股份有限公司实际上并不以上市交易为目的，故而在非公众公司中禁止发起人自公司成立之日起一年内不得转让的确不妥。本条第一款仅对上市交易的股票予以必要限制。

公司董事、监事、高级管理人员的持股情况对公司治理稳健性产生影响。本条第二款对相关人员任职期间和离职后一定期限内的股份转让设置相应限制。公司章程可以根据实际需要作出其他限制性规定。

本条第三款规定是为了防止通过行使质权而转让股票的方式，规避转让限制的机会主义行为。

第一百六十一条 【异议股东股份回购请求权】

修订后	修订前
第一百六十一条 有下列情形之一的，对股东会该项决议投反对票的股东可以请求公司按照合理的价格收购其股份，**公开发行股份的公司除外**： （一）公司连续五年不向股东分配利润，而公司该五年连续盈利，并且符合本法规定的分配利润条件； （二）公司转让主要财产； （三）公司章程规定的营业期限届满或者章程规定的其他解散事由出现，股东会通过决议修改章程使公司存续。 自股东会决议**作出**之日起六十日内，股东与公司不能达成**股份**收购协议的，股东可以自股东会决议**作出**之日起九十日内向人民法院提起诉讼。 **公司因本条第一款规定的情形收购的本公司股份，应当在六个月内依法转让或者注销。**	第七十四条 有下列情形之一的，对股东会该项决议投反对票的股东可以请求公司按照合理的价格收购其股权： （一）公司连续五年不向股东分配利润，而公司该五年连续盈利，并且符合本法规定的分配利润条件~~的~~； （二）公司~~合并、分立、~~转让主要财产~~的~~； （三）公司章程规定的营业期限届满或者章程规定的其他解散事由出现，股东会会~~议~~通过决议修改章程使公司存续~~的~~。 自股东会~~会议~~决议**通过**之日起六十日内，股东与公司不能达成**股权**收购协议的，股东可以自股东~~会会议~~决议**通过**之日起九十日内向人民法院提起诉讼。

本条是新增条文，旨在将有限责任公司的相关规定适用于股份有限公司。不过，与本法第八十九条的规定不同，本条规定并未将公司的控股股东滥用股东权利作为股东请求回购股权的情形。

112

关于公司合并、分立情形下异议股东股份回购请求权的规定置于本法第一百六十二条第一款第四项。本条不适用于公开发行股份的公司，这与本法第一百六十二条第一款第四项规定的情形不同。

第一百六十二条 【公司不得收购本公司股份及其例外】

修订后	修订前
第一百六十二条　公司不得收购本公司股份。但是，有下列情形之一的除外： （一）减少公司注册资本； （二）与持有本公司股份的其他公司合并； （三）将股份用于员工持股计划或者股权激励； （四）股东因对**股东会**作出的公司合并、分立决议持异议，要求公司收购其股份； （五）将股份用于转换公司发行的可转换为股票的公司债券； （六）上市公司为维护公司价值及股东权益所必需。 公司因前款第一项、第二项规定的情形收购本公司股份的，应当**经股东会**决议；公司因前款第三项、第五项、第六项规定的情形收购本公司股份的，可以**按照**公司章程或者**股东会**的授权，经三分之二以上董事出席的董事会会议决议。 公司依照本条第一款规定收购本公司股份后，属于第一项情形的，应当自收购之日起十日内注销；属于第二项、第四项情形的，应当在	第一百四十二条　公司不得收购本公司股份。但是，有下列情形之一的除外： （一）减少公司注册资本； （二）与持有本公司股份的其他公司合并； （三）将股份用于员工持股计划或者股权激励； （四）股东因对股东~~大~~会作出的公司合并、分立决议持异议，要求公司收购其股份； （五）将股份用于转换~~上市~~公司发行的可转换为股票的公司债券； （六）上市公司为维护公司价值及股东权益所必需。 公司因前款第～一～项、第～二～项规定的情形收购本公司股份的，应当经股东大会决议；公司因前款第～三～项、第～五～项、第～六～项规定的情形收购本公司股份的，可以依照公司章程~~的规定~~或者股东~~大~~会的授权，经三分之二以上董事出席的董事会会议决议。 公司依照本条第一款规定收购本公司股份后，属于第～一～项情形的，应当自收购之日起十日内注

113

六个月内转让或者注销；属于第三项、第五项、第六项情形的，公司合计持有的本公司股份数不得超过本公司已发行**股份总数**的百分之十，并应当在三年内转让或者注销。

上市公司收购本公司股份的，应当依照《中华人民共和国证券法》的规定履行信息披露义务。上市公司因本条第一款第三项、第五项、第六项规定的情形收购本公司股份的，应当通过公开的集中交易方式进行。

公司不得接受本公司的**股份**作为**质权**的标的。

销；属于第〈二〉项、第〈四〉项情形的，应当在六个月内转让或者注销；属于第〈三〉项、第〈五〉项、第〈六〉项情形的，公司合计持有的本公司股份数不得超过本公司已发行股份总额的百分之十，并应当在三年内转让或者注销。

上市公司收购本公司股份的，应当依照《中华人民共和国证券法》的规定履行信息披露义务。上市公司因本条第一款第〈三〉项、第〈五〉项、第〈六〉项规定的情形收购本公司股份的，应当通过公开的集中交易方式进行。

公司不得接受本公司的**股票**作为**质押权**的标的。

与有限责任公司的规定不同，股份有限公司以不得收购本公司股份为原则。因此，股份有限公司只有在本条以及第一百六十一条规定的情形下，才能进行股份回购。股份回购给股份有限公司尤其是上市公司带来的影响主要在于不利于公司资本维持、有违股东平等理念以及强化内部人员对公司不当控制等方面。当然，股份回购也是资本市场的一项基础性制度安排，在特定情形下可能有减少资本冗余、维持股本结构及公司控制权、调适公司股价等作用。

对于股份有限公司可以收购本公司股份的各项例外情形，本条设置了回购比例上限、相应的决议要求与股份回购之后的处理等规则。其中，本条第一款第三项、第五项、第六项为2018年公司法修正时新增或者调整的情形，公司章程或股东会可以授权董事会对以上三项情形作出决议，并将处理相应股份的期限调整为三年内，以应对股份回购情形范围过窄、难以适应稳定股价之需、实施程序过于复杂、公司持有本公司股份期限过短等问题。同时，为了防止上市公司滥用股份回购制度，本条第四款明确信息披露义务及采取公开的集中交易方式等内容。

与本法第一百六十条第三款的规定类似，本条第五款规定同样是为了防止通过设定质权方式规避法律的机会主义行为。

第一百六十三条　【禁止财务资助及其例外】

修订后	修订前
第一百六十三条　公司不得为他人取得本公司或者其母公司的股份提供赠与、借款、担保以及其他财务资助，公司实施员工持股计划的除外。 为公司利益，经股东会决议，或者董事会按照公司章程或者股东会的授权作出决议，公司可以为他人取得本公司或者其母公司的股份提供财务资助，但财务资助的累计总额不得超过已发行股本总额的百分之十。董事会作出决议应当经全体董事的三分之二以上通过。 违反前两款规定，给公司造成损失的，负有责任的董事、监事、高级管理人员应当承担赔偿责任。	新增条文

　　本条是新增条文，旨在确立禁止财务资助制度。

　　在此之前，涉及证券监管的诸多规定已体现对财务资助行为的禁止。公司为他人取得本公司或者其母公司股份提供财务资助的行为，从效果来看与股份回购类似，都可能导致公司资本空虚。财务资助的本质是公司对于接受资助方这一潜在股东的定向分配，从而对于其他股东以及公司债权人都可能产生不利影响。若接受资助方为该公司的控股股东、实际控制人、董事、监事、高级管理人员，则问题更为严重。当然，为了维护公司利益，也可能存在禁止财务资助的豁免情形。

　　与股份回购采取的立法模式类似，本条规定对财务资助原则禁止、例外允许，并设置财务资助的比例上限、相应的决议要求等规则。本条适用难点在于何为"公司利益"。依照本条第三款的规定，有必要结合本法关于董事、监事、高级管理人员负有忠实义务和勤勉义务的相关规定予以判断。在认定相关主体是否违反勤勉义务时还有必要考虑引入商业判断规则。

115

第一百六十四条 【股票被盗、遗失或者灭失的救济】

修订后	修订前
第一百六十四条 股票被盗、遗失或者灭失，股东可以依照《中华人民共和国民事诉讼法》规定的公示催告程序，请求人民法院宣告该股票失效。人民法院宣告该股票失效后，股东可以向公司申请补发股票。	第一百四十三条 ~~记名~~股票被盗、遗失或者灭失，股东可以依照《中华人民共和国民事诉讼法》规定的公示催告程序，请求人民法院宣告该股票失效。人民法院宣告该股票失效后，股东可以向公司申请补发股票。

  本条规定的变化主要是因应公司不再发行无记名股票的制度革新，无需特别指出适用对象是记名股票，故而删除"记名"二字。
  依照《民事诉讼法》第二百二十九条的规定，按照规定可以背书转让的票据持有人，因票据被盗、遗失或者灭失，可以向票据支付地的基层人民法院申请公示催告。实践中，采用纸面形式的股票可能涉及本条规定的权利救济方式。

第一百六十五条 【上市公司的股票上市交易】

修订后	修订前
第一百六十五条 上市公司的股票，依照有关法律、行政法规及证券交易所交易规则上市交易。	第一百四十四条 上市公司的股票，依照有关法律、行政法规及证券交易所交易规则上市交易。

  本条是对上市公司股票交易的原则性规定。证券法以及相关的行政法规、部门规章、交易所规则对于上市公司股票上市交易有大量更具体的规定，且因应证券市场交易和监管需要，相关规定的修改较为频繁。

第一百六十六条 【上市公司信息披露】

修订后	修订前
第一百六十六条 上市公司**应当**依照法律、行政法规的规定**披露相关信息。**	第一百四十五条 上市公司必须依照法律、行政法规的规定，公开其财务状况、经营情况及重大诉讼，在每会计年度内半年公布一次财务会计报告。

  信息披露是证券发行和交易的关键制度，并不局限于旧法第一百四十五条规定的披露范围。本条采用概括性规定的方式，对上市公司信息披露作出原则性规定。

第一百六十七条 【股东资格继承】

修订后	修订前
第一百六十七条 自然人股东死亡后，其合法继承人可以继承股东资格；但是，**股份转让受限的股份有限公司的章程**另有规定的除外。	第七十五条 自然人股东死亡后，其合法继承人可以继承股东资格；但是，公司章程另有规定的除外。

  本条旨在将有限责任公司的相关规定适用于股份有限公司。
  股份有限公司有相较于有限责任公司更鲜明的资合性，以股份转让自由为原则，因此，当股份有限公司自然人股东死亡后，其合法继承人继承股东资格是股份转让自由原则的应然延伸。当然，为了减少不必要的争议，并因应股份有限公司可发行转让受限的股份之制度革新需要，在股份有限公司部分设置相关规定，实属必要。

第七章 国家出资公司组织机构的特别规定

第一百六十八条 【国家出资公司组织机构法律适用及其范围】

修订后	修订前
第一百六十八条 国家出资公司的组织机构，适用**本章**规定；**本章**没有规定的，适用**本法其他**规定。 本法所称国家出资公司，是指国家出资的国有独资公司、国有资本控股公司，包括国家出资的有限责任公司、股份有限公司。	第六十四条 国有独资公司的设立和组织机构，适用**本节**规定；本节没有规定的，适用**本章**第一节、第二节的规定。 本法所称国有独资公司，是指国家单独出资、由国务院或者地方人民政府授权本级人民政府国有资产监督管理机构履行出资人职责的有限责任公司。
此次修订在旧法关于"国有独资公司的特别规定"一节基础上予以完善，增加第七章"国家出资公司组织机构的特别规定"。因仅就组织机构予以规定，不涉及设立事宜，故本条第一款删除"设立"二字。 与旧法第六十四条第二款关于国有独资公司定义的规定不同，本条第二款实际上并未明确国家出资公司的定义，而是框定其范围，即国家出资公司包括国有独资公司和国有资本控股公司，而不包括国有资本参股公司。	

第一百六十九条 【履行出资人职责的机构】

修订后	修订前
第一百六十九条 国家出资公司，由国务院或者地方人民政府分别代表国家依法履行出资人职责，享有出资人权益。国务院或者地方人	新增条文

修订后	修订前
民政府可以授权国有资产监督管理机构或者其他部门、机构代表本级人民政府对国家出资公司履行出资人职责。 代表本级人民政府履行出资人职责的机构、部门,以下统称为履行出资人职责的机构。	

本条是新增条文,主要吸收了《企业国有资产法》第四条、第十一条的相关内容。

履行出资人职责的机构代表本级人民政府对国家出资公司依法享有资产收益、参与重大决策和选择管理者等出资人权利。履行出资人职责的机构应当依照法律、行政法规以及公司章程履行出资人职责,保障出资人权益,防止国有资产损失;同时,履行出资人职责的机构应当维护公司作为市场主体依法享有的权利,除依法履行出资人职责外,不得干预公司经营活动。

第一百七十条 【国家出资公司中的党组织】

修订后	修订前
第一百七十条 国家出资公司中中国共产党的组织,按照中国共产党章程的规定发挥领导作用,研究讨论公司重大经营管理事项,支持公司的组织机构依法行使职权。	新增条文

本条是新增条文,以进一步明确党组织在国家出资公司中发挥把方向、管大局、促落实的领导作用,也是完善中国特色现代企业制度的重要内容。

第一百七十一条 【国有独资公司章程制定】

修订后	修订前
第一百七十一条 国有独资公司章程由**履行出资人职责的机构**制定。	第六十五条 国有独资公司章程由国有资产监督管理机构制定，或者由董事会制订报国有资产监督管理机构批准。

> 本条规定的变化主要是删除了国有独资公司章程由董事会制订报国有资产监督管理机构批准的情形。结合本法第一百七十二条的规定，公司章程的制定和修改，是履行出资人职责的机构的法定职权，不得授权公司董事会行使。这也与本法关于股东制定和修改公司章程的相关规定契合。

第一百七十二条 【履行出资人职责的机构行使股东会职权及其授权】

修订后	修订前
第一百七十二条 国有独资公司不设股东会，由**履行出资人职责的机构**行使股东会职权。**履行出资人职责的机构**可以授权公司董事会行使股东会的部分职权，但公司章程的制定和修改，公司的合并、分立、解散、**申请破产**，增加或者减少注册资本，**分配利润**，应当由**履行出资人职责的机构**决定。	第六十六条 国有独资公司不设股东会，由国有资产监督管理机构行使股东会职权。国有资产监督管理机构可以授权公司董事会行使股东会的部分职权，决定公司的重大事项，但公司的合并、分立、解散、增加或者减少注册资本和发行公司债券，必须由国有资产监督管理机构决定，其中，重要的国有独资公司合并、分立、解散、申请破产的，应当由国有资产监督管理机构审核后，报本级人民政府批准。 前款所称重要的国有独资公司，按照国务院的规定确定。

本条规定的变化主要是增加或者删除应当由履行出资人职责的机构决定而不能授权董事会决定的事项，增加的事项包括公司章程的制定和修改、申请破产、分配利润等，删除的事项是发行公司债券。

　　国有独资公司属于本法规定的只有一个股东的有限责任公司或者股份有限公司，本条关于国有独资公司不设股东会的规定也与本法第六十条、第一百一十二条的规定契合。

　　国有独资公司经营活动应当由董事会、经理层具体开展，履行出资人职责的机构原则上不干预，且为了提升公司运营效率，履行出资人职责的机构还可以授权公司董事会行使股东会的部分职权。同时，本条也明确列示了不得授权的职权范围。

第一百七十三条　【国有独资公司董事会的职权和组成及董事长、副董事长的指定】

修订后	修订前
第一百七十三条　国有独资公司**的**董事会依照本法规定行使职权。 　　**国有独资公司的**董事会成员**中，应当过半数为外部董事，并**应当有公司职工代表。 　　董事会成员由**履行出资人职责的机构**委派；但是，董事会成员中的职工代表由公司职工代表大会选举产生。 　　董事会设董事长一人，可以设副董事长。董事长、副董事长**由履行出资人职责的机构**从董事会成员中指定。	第六十七条　国有独资公司设董事会~~,~~依照本法第~~四十六条、第六十六条~~的规定行使职权。~~董事每届任期不得超过三年。~~董事会成员中应当有公司职工代表。 　　董事会成员由国有资产监督管理机构委派；但是，董事会成员中的职工代表由公司职工代表大会选举产生。 　　董事会设董事长一人，可以设副董事长。董事长、副董事长由国有资产监督管理机构从董事会成员中指定。

　　本条规定的变化主要有：一是删除董事每届任期不得超过三年的规定；二是引入外部董事的概念。

在董事会的职权方面，国有独资公司董事会除行使本法规定的职权外，还依照本法第一百七十二条的规定行使履行出资人职责的机构授权的部分职权。

在董事会的组成方面，国有独资公司的董事分为外部董事和内部董事。外部董事的规则实践早在国务院国资委于2004年公布的《关于国有独资公司董事会建设的指导意见（试行）》中即有所体现。本条对于上述实践予以确认。此外，国有独资公司董事会成员中应当有职工代表，与职工人数是否达到三百人以上无关，从而与本法关于董事会成员中职工代表的一般规定有别。至于履行出资人职责的机构对职工代表以外的董事的"委派"以及董事长、副董事长的"指定"，与只有一个股东的公司之股东决定在效果方面并无二致。

第一百七十四条 【国有独资公司经理的聘任及解聘】

修订后	修订前
第一百七十四条 国有独资公司的经理由董事会聘任或者解聘。**经履行出资人职责的机构同意**，董事会成员可以兼任经理。	第六十八条 国有独资公司设经理，由董事会聘任或者解聘。经理依照本法第四十九条规定行使职权。 经国有资产监督管理机构同意，董事会成员可以兼任经理。

本条规定的变化主要是删除经理职权的相关规定。

本条关于国有独资公司经理由董事会聘任或者解聘的规定与本法与之相关的一般规定相同。但与股份有限公司的规定不同，董事会成员兼任经理应当经履行出资人职责的机构同意，而非由董事会决定。

结合本法第一百六十八条关于"本章没有规定的，适用本法其他规定"的规定，国有独资公司的经理适用本法关于经理职权的一般规定，即根据公司章程的规定或者董事会的授权行使职权。

第一百七十五条 【国有独资公司董事、高级管理人员的兼职限制】

修订后	修订前
第一百七十五条　国有独资公司的董事、高级管理人员，未经**履行出资人职责的机构**同意，不得在其他有限责任公司、股份有限公司或者其他经济组织兼职。	第六十九条　国有独资公司的~~董事长、副董事长~~、董事、高级管理人员，未经国有资产监督管理机构同意，不得在其他有限责任公司、股份有限公司或者其他经济组织兼职。

> 董事长、副董事长都是董事会成员，确无单列的必要。
> 国有独资公司的董事和高级管理人员作为经营管理者，承担着国有资产保值增值的重要任务，原则上应当专人专职。确因特殊缘由需要在其他经济组织兼职的，应当经履行出资人职责的机构同意。

第一百七十六条 【国有独资公司审计委员会和监事会的选择设置】

修订后	修订前
第一百七十六条　国有独资公司**在董事会中设置由董事组成的审计委员会行使本法规定的监事会职权的，不设监事会或者监事。**	第七十条　国有独资公司~~监事会成员不得少于五人，其中职工代表的比例不得低于三分之一，具体比例由公司章程规定。~~ ~~监事会成员由国有资产监督管理机构委派；但是，监事会成员中的职工代表由公司职工代表大会选举产生。监事会主席由国有资产监督管理机构从监事会成员中指定。~~ ~~监事会行使本法第五十三条第（一）项至第（三）项规定的职权和国务院规定的其他职权。~~

123

> 本条是新增条文。
>
> 本条规定最终确立了董事会审计委员会和监事会的选择设置模式。与之相应的机构成员组成和任职资格、会议召集和主持、议事方式和表决程序等适用本法的相关规定。

第一百七十七条 【合规管理】

修订后	修订前
第一百七十七条 国家出资公司应当依法建立健全内部监督管理和风险控制制度，加强内部合规管理。	新增条文

> 本条是新增条文，以因应国有企业合规管理体系建设的需要。
>
> 国务院国资委于2022年公布《中央企业合规管理办法》，以指导企业建立健全合规管理制度，并从组织和职责、制度建设、运行机制、合规文化、信息化建设、监督问责等多个层面展开。当然，合规管理并不仅是中央企业的任务，各类国家出资公司都存在合规管理的必要性。国家出资公司应当结合实际建立健全合规管理、法务管理、内部控制、风险管理等协同运作机制，加强统筹协调，避免交叉重复，提高管理效能。

第八章　公司董事、监事、高级管理人员的资格和义务

第一百七十八条　【消极资格】

修订后	修订前
第一百七十八条　有下列情形之一的，不得担任公司的董事、监事、高级管理人员： （一）无民事行为能力或者限制民事行为能力； （二）因贪污、贿赂、侵占财产、挪用财产或者破坏社会主义市场经济秩序，被判处刑罚，或者因犯罪被剥夺政治权利，执行期满未逾五年，**被宣告缓刑的，自缓刑考验期满之日起未逾二年**； （三）担任破产清算的公司、企业的董事或者厂长、经理，对该公司、企业的破产负有个人责任的，自该公司、企业破产清算完结之日起未逾三年； （四）担任因违法被吊销营业执照、责令关闭的公司、企业的法定代表人，并负有个人责任的，自该公司、企业被吊销营业执照、**责令关闭**之日起未逾三年； （五）个人**因**所负数额较大债务到期未清偿**被人民法院列为失信被执行人**；	第一百四十六条　有下列情形之一的，不得担任公司的董事、监事、高级管理人员： （一）无民事行为能力或者限制民事行为能力； （二）因贪污、贿赂、侵占财产、挪用财产或者破坏社会主义市场经济秩序，被判处刑罚，~~执行期满未逾五年~~，或者因犯罪被剥夺政治权利，执行期满未逾五年； （三）担任破产清算的公司、企业的董事或者厂长、经理，对该公司、企业的破产负有个人责任的，自该公司、企业破产清算完结之日起未逾三年； （四）担任因违法被吊销营业执照、责令关闭的公司、企业的法定代表人，并负有个人责任的，自该公司、企业被吊销营业执照之日起未逾三年； （五）个人所负数额较大的债务到期未清偿。 ~~公司~~违反前款规定选举、委派董事、监事或者聘任高级管理人员

违反前款规定选举、委派董事、监事或者聘任高级管理人员的，该选举、委派或者聘任无效。 董事、监事、高级管理人员在任职期间出现本条第一款所列情形的，公司应当解除其职务。	的，该选举、委派或者聘任无效。 董事、监事、高级管理人员在任职期间出现本条第一款所列情形的，公司应当解除其职务。

  本条规定的变化主要有：一是在第一款第二项中增加经济犯罪被宣告缓刑的，自缓刑考验期满之日起未逾二年的情形；二是将第一款第五项改为个人因所负数额较大债务到期未清偿被人民法院列为失信被执行人，以避免因何为数额较大的债务引起争议。

  理论上，对于担任公司的董事、监事、高级管理人员应当具备特定资格条件的要求，可称为任职的积极资格；相反，对于因存在特定情形而不能担任公司的董事、监事、高级管理人员的要求，则可称为任职的消极资格。本法仅规定了关于消极资格的内容，并未涉及积极资格的具体规定。不同的公司对其董事、监事、高级管理人员所应具备的资格条件可能存在较大差异，主要由公司根据自身情况决定。

第一百七十九条　【守法合章义务】

修订后	修订前
第一百七十九条　董事、监事、高级管理人员应当遵守法律、行政法规和公司章程。	第一百四十七条第一款　董事、监事、高级管理人员应当遵守法律、行政法规和公司章程，~~对公司负有忠实义务和勤勉义务~~。

  本条规定的变化主要是拆分旧法第一百四十七条第一款关于董事、监事、高级管理人员的守法合章义务和忠实勤勉义务的原则性规定。经拆分后，本条是关于守法合章义务的规定，本法第一百八十条是关于忠实义务和勤勉义务的规定。

  遵守法律、行政法规是任何单位和个人都应当履行的义务。依照本法第五条的规定，公司章程对公司、股东、董事、监事、高级管理人员具有约束力。故而，遵守公司章程也是董事、监事、高级管理人员的义务。

第一百八十条 【忠实义务和勤勉义务的一般规定】

修订后	修订前
第一百八十条 董事、监事、高级管理人员对公司负有忠实义务,应当采取措施避免自身利益与公司利益冲突,不得利用职权牟取不正当利益。 董事、监事、高级管理人员对公司负有勤勉义务,执行职务应当为公司的最大利益尽到管理者通常应有的合理注意。 公司的控股股东、实际控制人不担任公司董事但实际执行公司事务的,适用前两款规定。	第一百四十七条第一款 董事、监事、高级管理人员应当~~遵守法律、行政法规和公司章程~~,对公司负有忠实义务~~和勤勉义务~~。

本条关于忠实勤勉义务的规定有较大改动。

一方面,本条对忠实义务和勤勉义务分别作出内涵界定。此前,公司法对于何为忠实勤勉义务缺乏必要的阐释。尤其是关于勤勉义务的规定,不同的公司对于董事、监事、高级管理人员如何履职才能达到勤勉的标准并不统一,难以示例如同违反忠实义务那样的具体情形,若再无相应的内涵界定,将给司法实践造成相当大的规则适用困难。依照本条第一款、第二款的规定,违反忠实义务的关键在于利益冲突;违反勤勉义务的关键在于管理者未尽合理注意。

另一方面,本条第三款确立了事实董事规则,旨在强化控股股东、实际控制人的法律责任。事实董事是指虽不是公司董事,但对外宣称其为董事或有董事资格的表象并实质行使董事职责的主体。实践中,不担任公司董事的控股股东、实际控制人实际执行公司事务的,同样对公司负有忠实义务和勤勉义务。该款与本法第一百九十二条关于影子董事的规定构成我国公司法上的实质董事制度。

第一百八十一条 【违反忠实义务的行为】

修订后	修订前
第一百八十一条 董事、监事、高级管理人员不得有下列行为： （一）侵占公司财产、挪用公司资金； （二）将公司资金以其个人名义或者以其他个人名义开立账户存储； （三）利用职权贿赂或者收受其他非法收入； （四）接受他人与公司交易的佣金归为己有； （五）擅自披露公司秘密； （六）违反对公司忠实义务的其他行为。	第一百四十七条第二款 董事、监事、高级管理人员不得利用职权收受贿赂或者其他非法收入，不得侵占公司的财产。 第一百四十八条第一款 董事、高级管理人员不得有下列行为： （一）挪用公司资金； （二）将公司资金以其个人名义或者以其他个人名义开立账户存储； ~~（三）违反公司章程的规定，未经股东会、股东大会或者董事会同意，将公司资金借贷给他人或者以公司财产为他人提供担保；~~ ~~（四）违反公司章程的规定或者未经股东会、股东大会同意，与本公司订立合同或者进行交易；~~ ~~（五）未经股东会或者股东大会同意，利用职务便利为自己或者他人谋取属于公司的商业机会，自营或者为他人经营与所任职公司同类的业务；~~ （六）接受他人与公司交易的佣金归为己有； （七）擅自披露公司秘密； （八）违反对公司忠实义务的其他行为。

此次修订对于旧法关于违反忠实义务的具体规定作了较大调整。旧法将绝对禁止的行为与未经内部决策程序才构成义务违反的行为置于同一条文，从立法逻辑来看的确有需要改进的空间。

本条规定以旧法第一百四十八条第一款中绝对禁止的行为的相关规定

为基础并结合旧法第一百四十七条第二款的规定作了系统性完善。同时，相比旧法第一百四十八条第一款的规定，本条以及本法第一百八十二条至第一百八十四条都明确规定了监事也可能成为违反忠实义务的主体。

董事、监事、高级管理人员只要有本条规定的各项行为之一者，即构成忠实义务的违反。公司章程规定、股东会或董事会决议都无法改变相关行为的违法性。至于本条第六项兜底条款的适用，则主要依照本法第一百八十条第一款关于忠实义务的定义判断，关键点仍在于利益冲突的识别。

第一百八十二条　【自我交易和关联交易】

修订后	修订前
第一百八十二条　董事、监事、高级管理人员，**直接或者间接**与本公司订立合同或者进行交易，**应当就与订立合同或者进行交易有关的事项向董事会或者股东会报告，并按照公司章程的规定经董事会或者股东会决议通过。** **董事、监事、高级管理人员的近亲属，董事、监事、高级管理人员或者其近亲属直接或者间接控制的企业，以及与董事、监事、高级管理人员有其他关联关系的关联人，与公司订立合同或者进行交易，适用前款规定。**	第一百四十八条第一款　董事、高级管理人员~~不得有下列行为：~~ …… （四）<u>违反公司章程的规定或者未经股东会</u>~~、股东大会~~<u>同意</u>，与本公司订立合同或者进行交易<u>；</u> ……

本条规定以旧法第一百四十八条第一款第四项为基础作了较大修改。一是规制对象从董事、监事、高级管理人员的自我交易扩张至与董事、监事、高级管理人员有关联关系的关联人之关联交易；二是明确交易方式和控制方式都涵盖直接和间接两种情形，从而在扩张规制对象基础上还进一步扩张了行为模式；三是明确合法的自我交易或关联交易应当满足事先报告和机构决议的条件。至于是经董事会还是股东会决议通过，由公司章程规定。

第一百八十三条 【利用公司商业机会】

修订后	修订前
第一百八十三条　董事、监事、高级管理人员，不得利用职务便利为自己或者他人谋取属于公司的商业机会。但是，有下列情形之一的除外： （一）向董事会或者股东会报告，并按照公司章程的规定经董事会或者股东会决议通过； （二）根据法律、行政法规或者公司章程的规定，公司不能利用该商业机会。	第一百四十八条第一款　董事、高级管理人员不得有下列行为： …… （五）未经股东会或者股东大会同意，利用职务便利为自己或者他人谋取属于公司的商业机会，自营或者为他人经营与所任职公司同类的业务； ……
本条规定以旧法第一百四十八条第一款第五项为基础作了较大修改。一是进一步拆分了利用公司商业机会和经营同类业务两种情形，本条仅规定了前者，后者则置于本法第一百八十四条；二是明确不得利用公司商业机会是原则性规定，同时也规定了例外允许的两种情形。 　　本条第一项例外允许情形应当满足事先报告和机构决议的条件，至于是经董事会还是股东会决议通过，由公司章程规定；第二项例外允许情形则需以法律、行政法规或者公司章程规定为前提。	

第一百八十四条 【竞业限制】

修订后	修订前
第一百八十四条　董事、监事、高级管理人员未向董事会或者股东会报告，并按照公司章程的规定经董事会或者股东会议决议通过，不得自营或者为他人经营与其任职公司同类的业务。	第一百四十八条第一款　董事、高级管理人员不得有下列行为： …… （五）未经股东会或者股东大会同意，利用职务便利为自己或者他人谋取属于公司的商业机会，自营或者为他人经营与所任职公司同类的业务； ……

本条规定以旧法第一百四十八条第一款第五项为基础作了较大修改。一是进一步拆分利用公司商业机会和经营同类业务两种情形，本条仅规定后者，前者则置于本法第一百八十三条；二是明确合法的经营同类业务应当满足事先报告和机构决议的条件。至于是经董事会还是股东会决议通过，由公司章程规定。

第一百八十五条 【关联董事回避表决】

修订后	修订前
第一百八十五条 董事会对本法第一百八十二条至第一百八十四条规定的事项决议时，关联董事不得参与表决，其表决权不计入表决权总数。出席董事会会议的无关联关系董事人数不足三人的，应当将该事项提交股东会审议。	新增条文

本条是新增条文，旨在确立涉及利益冲突事项决议的关联董事回避制度。旧法仅在第一百二十四条规定上市公司涉及关联交易的董事会决议之关联董事回避规则，本条规定适用于各类公司。

董事会对涉及自我交易或关联交易、利用公司商业机会和经营同类业务等事项作出决议的，根据决议的一般原理，在计算出席人数表决比例时，回避表决的董事都应当从总数中剔除。若出席董事会的无关联关系董事人数不足三人，则无法形成有效的董事会决议，从而应将该事项提交股东会审议。

第一百八十六条 【归入权】

修订后	修订前
第一百八十六条 董事、监事、高级管理人员违反本法第一百八十一条至第一百八十四条规定所得的收入应当归公司所有。	第一百四十八条第二款 董事、高级管理人员违反前款规定所得的收入应当归公司所有。

本条规定的变化主要是将监事也列入公司主张归入权的对象,这与本法关于违反忠实义务的各项规定都已将监事列为行为主体相对应。

董事、监事、高级管理人员作为公司治理的核心参与者,基于自身的经营管理职权或监督职权都可能有为利益冲突交易之便利,从而违反忠实义务。无论是侵占公司财产等绝对禁止的行为,还是违规自我交易或关联交易、篡夺公司商业机会或者非法经营同类业务等行为,行为人都可能非法获得本属于公司的利益,故其违法所得收入应当归公司所有。

除了违法所得收入归公司所有外,董事、监事、高级管理人员执行职务还给公司造成其他损失的,应当依照本法第一百八十八条的规定承担赔偿责任。

第一百八十七条 【列席股东会会议并接受股东质询】

修订后	修订前
第一百八十七条 股东会要求董事、监事、高级管理人员列席会议的,董事、监事、高级管理人员应当列席并接受股东的质询。	第一百五十条第一款 股东会或者股东大会要求董事、高级管理人员列席会议的,董事、监事、高级管理人员应当列席并接受股东的质询。

为确保股东会更科学理性地行使职权,并体现股东会作为公司权力机构的法律地位,股东可以要求董事、监事、高级管理人员列席会议并接受股东质询,以便充分而全面地了解公司经营管理状况,作出符合公司实际需要的决策。

第一百八十八条 【执行职务给公司造成损失的赔偿责任】

修订后	修订前
第一百八十八条 董事、监事、高级管理人员执行职务违反法律、行政法规或者公司章程的规定,给公司造成损失的,应当承担赔偿责任。	第一百四十九条 董事、监事、高级管理人员执行公司职务时违反法律、行政法规或者公司章程的规定,给公司造成损失的,应当承担赔偿责任。

132

董事、监事、高级管理人员依照本法及相关法律法规或公司章程的规定享有经营管理权或监督权，同时也对公司负有忠实义务和勤勉义务。董事、监事、高级管理人员是公司治理的核心参与者，也更容易存在损害公司利益的机会主义行为。

在判断董事、监事、高级管理人员是否应当承担本条规定的赔偿责任时，需考虑以下要素：一是结果，即公司遭受损失的事实；二是行为，即执行职务存在违反法律法规或公司章程的情形；三是因果关系，即相关主体的行为导致了公司遭受损失的结果；四是主观过错，即相关主体是否存在故意或过失。基于相关主体的过错大小，需要承担的赔偿责任也可能有所区别。

第一百八十九条 【股东代表诉讼】

修订后	修订前
第一百八十九条 董事、高级管理人员有**前条**规定的情形的，有限责任公司的股东、股份有限公司连续一百八十日以上单独或者合计持有公司百分之一以上股份的股东，可以书面请求监事会向人民法院提起诉讼；监事有**前条**规定的情形的，前述股东可以书面请求董事会向人民法院提起诉讼。 监事会或者董事会收到前款规定的股东书面请求后拒绝提起诉讼，或者自收到请求之日起三十日内未提起诉讼，或者情况紧急、不立即提起诉讼将会使公司利益受到难以弥补的损害的，前款规定的股东有权为公司利益以自己的名义直接向人民法院提起诉讼。 他人侵犯公司合法权益，给公司造成损失的，本条第一款规定的	第一百五十一条 董事、高级管理人员有<u>本法第一百四十九条</u>规定的情形的，有限责任公司的股东、股份有限公司连续一百八十日以上单独或者合计持有公司百分之一以上股份的股东，可以书面请求监事会<s>或者不设监事会的有限责任公司的监事</s>向人民法院提起诉讼；监事有<u>本法第一百四十九条</u>规定的情形的，前述股东可以书面请求董事会<s>或者不设董事会的有限责任公司的执行董事</s>向人民法院提起诉讼。 监事会<s>、不设监事会的有限责任公司的监事，</s>或者董事会<s>、执行董事</s>收到前款规定的股东书面请求后拒绝提起诉讼，或者自收到请求之日起三十日内未提起诉讼，或者情况紧急、不立即提起诉讼将会使公司利益受到难以弥补的损害的，前

133

| 股东可以依照前两款的规定向人民法院提起诉讼。 | 款规定的股东有权为子公司的利益以自己的名义直接向人民法院提起诉讼。 |
| 公司全资子公司的董事、监事、高级管理人员有前条规定情形，或者他人侵犯公司全资子公司合法权益造成损失的，有限责任公司的股东、股份有限公司连续一百八十日以上单独或者合计持有公司百分之一以上股份的股东，可以依照前三款规定书面请求全资子公司的监事会、董事会向人民法院提起诉讼或者以自己的名义直接向人民法院提起诉讼。 | 他人侵犯公司合法权益，给公司造成损失的，本条第一款规定的股东可以依照前两款的规定向人民法院提起诉讼。 |

本条规定的变化主要是增设双重代表诉讼制度。

股东代表诉讼，是指当董事、监事、高级管理人员或其他主体实施了某种损害公司利益的行为，而作为权利主体的公司又怠于提起追究行为人责任的诉讼时，股东可以依法为公司利益以自己的名义对行为人提起的诉讼。依照本条规定，提起代表诉讼的股东在有限责任公司与股份有限公司之间存在资格要件差异，但原则上都应当符合交叉请求的前置程序要求。因他人侵犯公司合法权益而提起代表诉讼，通常认为股东应先书面请求董事会起诉。

依照本法的相关规定，不设监事会的监事以及董事会下设审计委员会行使本法规定的监事会职权，故而本条关于监事会的规定也同样适用于上述两类主体。同理，不设董事会的董事也适用本条关于董事会的规定。

在公司渐趋集团化运营的趋势下，双重代表诉讼作为股东权利"穿越"行使的重要制度，能更好地体现对股东合法权益的保护。股东对公司全资子公司的董事、监事、高级管理人员或他人提起代表诉讼的，同样应当遵守本条前三款的相关规定。

第一百九十条 【股东直接诉讼】

修订后	修订前
第一百九十条 董事、高级管理人员违反法律、行政法规或者公司章程的规定，损害股东利益的，股东可以向人民法院提起诉讼。	第一百五十二条 董事、高级管理人员违反法律、行政法规或者公司章程的规定，损害股东利益的，股东可以向人民法院提起诉讼。

与本法第一百八十九条重在保护公司利益的规定不同，本条规定以保护股东利益为目的。在本条规定情形下，股东作为受害人，是与公司有直接利害关系的主体，为《民事诉讼法》第一百二十二条规定的适格原告。董事、高级管理人员违反法律、行政法规或者公司章程的规定损害股东利益的，股东有权为了自己的利益直接向人民法院提起诉讼。

第一百九十一条 【执行职务给他人造成损害的赔偿责任】

修订后	修订前
第一百九十一条 董事、高级管理人员执行职务，给他人造成损害的，公司应当承担赔偿责任；董事、高级管理人员存在故意或者重大过失的，也应当承担赔偿责任。	新增条文

本条是新增条文，旨在确立公司及其董事、高级管理人员给他人造成损害的赔偿责任制度。

本条首先明确公司应当承担董事、高级管理人员执行职务造成他人损害的赔偿责任。依照《民法典》第一千一百九十一条第一款的规定，用人单位的工作人员因执行工作任务造成他人损害的，由用人单位承担侵权责任。用人单位承担侵权责任后，可以向有故意或者重大过失的工作人员追偿。但考虑到董事、高级管理人员在公司治理中并非一般的工作人员，他们更容易利用其职权并通过公司行为损害他人合法权益。继而，本法第二十一条关于公司人格否认的规定仅适用于股东，对于不是股东的董事、高级管理人员而言，本条规定其存在故意或者重大过失导致他人损害应当承担赔偿责任，实属必要。

135

第一百九十二条 【影子董事、影子高级管理人员】

修订后	修订前
第一百九十二条　公司的控股股东、实际控制人指示董事、高级管理人员从事损害公司或者股东利益的行为的，与该董事、高级管理人员承担连带责任。	新增条文

　　本条是新增条文，旨在强化控股股东、实际控制人的法律责任。
　　影子董事是指虽然不是董事但凭借其对公司的影响能够指示公司董事从事相关行为的人。与此类似的情形还有本条规定的影子高级管理人员。在此情形下，担任董事或高级管理人员的主体实际上只是控股股东、实际控制人的傀儡。控股股东、实际控制人应当就其损害公司或股东利益的指示行为承担责任。
　　本条规定的影子董事与本法第一百八十条第三款关于事实董事的规定构成我国公司法上的实质董事制度。

第一百九十三条 【董事责任保险】

修订后	修订前
第一百九十三条　公司可以在董事任职期间为董事因执行公司职务承担的赔偿责任投保责任保险。 　　公司为董事投保责任保险或者续保后，董事会应当向股东会报告责任保险的投保金额、承保范围及保险费率等内容。	新增条文

　　本条是新增条文，旨在构建董事责任保险制度。
　　董事责任保险是以董事对公司及第三人承担民事赔偿责任为保险标的的一种职业责任保险。依照本条规定，投保人是公司，被保险人是董事。当董事在履行职务时，存在因不当履职行为损害公司及其股东利益而遭受索赔的风险时，由所承保的保险公司依法承担赔偿责任。通常情况下，只有违反勤勉义务所造成的损失才可能被纳入承保范围,且仅涉及民事赔偿。实践中,该责任保险的被保险人并不局限于董事,也包括监事、高级管理人员,故其全称为董事、监事及高管责任保险(简称 D&O 保险)。

由于公司是投保人,需要由公司支付保险费,故而公司在投保或续保后,董事会有义务向股东会报告相关情况。

第九章 公司债券

第一百九十四条 【公司债券的定义、发行和交易的一般规定】

修订后	修订前
第一百九十四条 本法所称公司债券，是指公司发行的约定**按期**还本付息的有价证券。 **公司债券可以公开发行，也可以非公开发行。** 公司债券的**发行和交易**应当符合《中华人民共和国证券法》**等法律、行政法规**的规定。	第一百五十三条 本法所称公司债券，是指公司<s>依照法定程序</s>发行、约定<s>在一定期限</s>还本付息的有价证券。 公司发行公司债券应当符合《中华人民共和国证券法》规定<s>的发行条件</s>。

本条规定的变化主要是对接证券法的相关规定：一是明确公开发行和非公开发行两种公司债券发行方式；二是将公司债券的交易也纳入本条调整范围。

依照《证券法》第九条关于公开发行证券的规定，公开发行债券主要包括向不特定对象发行债券或者向特定对象（不包括依法实施员工持股计划的员工人数）发行债券累计超过二百人的情形。非公开发行债券应当向专业投资者发行，不得采用广告、公开劝诱和变相公开方式，每次发行对象不得超过二百人。

第一百九十五条 【公司债券募集办法的公告及记载事项】

修订后	修订前
第一百九十五条 **公开**发行公司债券，**应当经国务院证券监督管理机构注册，**公告公司债券募集办法。公司债券募集办法应当载明下	第一百五十四条 发行公司债券<s>的申请</s>经国务院授权的部门核准后，<s>应当</s>公告公司债券募集办法。公司债券募集办法<s>中</s>应当载明

列主要事项：	下列主要事项：
（一）公司名称；	（一）公司名称；
（二）债券募集资金的用途；	（二）债券募集资金的用途；
（三）债券总额和债券的票面金额；	（三）债券总额和债券的票面金额；
（四）债券利率的确定方式；	（四）债券利率的确定方式；
（五）还本付息的期限和方式；	（五）还本付息的期限和方式；
（六）债券担保情况；	（六）债券担保情况；
（七）债券的发行价格、发行的起止日期；	（七）债券的发行价格、发行的起止日期；
（八）公司净资产额；	（八）公司净资产额；
（九）已发行的尚未到期的公司债券总额；	（九）已发行的尚未到期的公司债券总额；
（十）公司债券的承销机构。	（十）公司债券的承销机构。

  本条规定的变化主要是将"核准"改为"注册"，以契合注册制改革的需要。

  债券发行注册制是指法律不限定债券发行的实质条件，只要依规定申报及公开有关资料且主管机关在一定期间内未提出异议，则发行人可发行债券的制度。依照《证券法》第九条的规定，公开发行证券，必须符合法律、行政法规规定的条件，并依法报经国务院证券监督管理机构或者国务院授权的部门注册。

  公司债券募集办法是公司债券发行最重要的文件之一，记载了包括债券的发行价格、利率确定方式、还本付息的期限和方式以及资金用途等重要信息，属于《民法典》第四百七十三条规定的要约邀请。

第一百九十六条 【以纸面形式发行的公司债券的记载事项】

修订后	修订前
第一百九十六条　公司以**纸面形式**发行公司债券的，**应当**在债券上载明公司名称、债券票面金额、利率、偿还期限等事项，并由法定代表人签名，公司盖章。	第一百五十五条　公司以<u>实物券方式</u>发行公司债券的，<u>必须</u>在债券上载明公司名称、债券票面金额、利率、偿还期限等事项，并由法定代表人签名，公司盖章。

> 本条规定将原来规定中的"实物券方式"改为"纸面形式",与本法关于采用纸面形式的股票的相关表述相统一。
>
> 公司债券是公司向债券持有人签发的债务凭证。因此,以纸面形式发行的公司债券应当在债券上载明相关事项,并由法定代表人签名及加盖公司印章。公司债券上所记载事项应当与公司债券募集办法、公司债券持有人名册的相关记载一致。

第一百九十七条 【记名债券】

修订后	修订前
第一百九十七条 公司债券应当为记名债券。	第一百五十六条 公司债券~~,~~可以为记名债券~~,也可以为无记名债券~~。

> 本条规定因应公司不再发行无记名债券的制度革新,公司债券都应当为记名债券。
>
> 此次修订的一项重要内容就是股票和债券都应当记名。记名债券是指债券上记载债券持有人的姓名或者名称的债券,因此在权利归属方面具有特定性。与股票的规定类似,以纸面形式发行的公司债券也存在被盗、遗失或者灭失的可能,上述情形下债券持有人同样可依公示催告程序进行权利救济。

第一百九十八条 【债券持有人名册】

修订后	修订前
第一百九十八条 公司发行公司债券应当置备公司债券**持有人名册**。 发行公司债券的,应当在公司**债券持有人名册**上载明下列事项: (一)债券持有人的姓名或者名称及住所; (二)债券持有人取得债券的日期及债券的编号;	第一百五十七条 公司发行公司债券应当置备公司债券**存根簿**。 发行~~记名~~公司债券的,应当在公司债券**存根簿**上载明下列事项: (一)债券持有人的姓名或者名称及住所; (二)债券持有人取得债券的日期及债券的编号;

（三）债券总额，债券的票面金额、利率、还本付息的期限和方式； （四）债券的发行日期。	（三）债券总额，债券的票面金额、利率、还本付息的期限和方式； （四）债券的发行日期。 ~~发行无记名公司债券的，应当在公司债券存根簿上载明债券总额、利率、偿还期限和方式、发行日期及债券的编号。~~

  本条规定的变化主要有：一是将"债券存根簿"改为"债券持有人名册"，本法其他条文中的相关表述都作了统一修改；二是因应公司不再发行无记名债券的制度革新，删除与之相关的内容。
  债券持有人名册是依法记载债券持有人及债券相关事项的名册，是债券持有人向公司主张债券持有人权利的重要依据。

第一百九十九条　【公司债券的登记结算】

修订后	修订前
第一百九十九条　公司债券的登记结算机构应当建立债券登记、存管、付息、兑付等相关制度。	第一百五十八条　~~记名~~公司债券的登记结算机构应当建立债券登记、存管、付息、兑付等相关制度。

  本条规定因应公司不再发行无记名债券的制度革新，删除与之相关的内容。
  按照《公司债券发行与交易管理办法》第七十六条的规定，发行公司债券并在证券交易场所交易或转让的，应当由中国证券登记结算有限责任公司依法集中统一办理登记结算业务。非公开发行公司债券并在证券公司柜台转让的，可以由中国证券登记结算有限责任公司或者其他依法从事证券登记、结算业务的机构办理。

第二百条　【公司债券转让自由及其合法性】

修订后	修订前
第二百条　公司债券可以转让，转让价格由转让人与受让人约定。	第一百五十九条　公司债券可以转让，转让价格由转让人与受让

| 公司债券的转让应当符合法律、行政法规的规定。 | 人约定。
公司债券在证券交易所上市交易的，按照证券交易所的交易规则转让。 |

公司债券是有价证券，具有流通性，故而可以依法转让。随着市场环境的变化，债券的票面金额或发行价格都可能无法反映公司债券转让时的实际价值。因此，转让价格由转让人与受让人约定，并不以债券的票面金额或发行价格为准。

公开发行的公司债券，应当在证券交易场所交易，并符合证券交易场所规定的上市、挂牌条件。非公开发行公司债券，可以申请在证券交易场所、证券公司柜台转让。

第二百零一条　【公司债券转让的方式】

修订后	修订前
第二百零一条　公司债券由债券持有人以背书方式或者法律、行政法规规定的其他方式转让；转让后由公司将受让人的姓名或者名称及住所记载于公司债券持有人名册。	第一百六十条　记名公司债券，由债券持有人以背书方式或者法律、行政法规规定的其他方式转让；转让后由公司将受让人的姓名或者名称及住所记载于公司债券存根簿。 无记名公司债券的转让，由债券持有人将该债券交付给受让人后即发生转让的效力。

本条规定的变化主要是因应公司不再发行无记名债券的制度革新，将旧法关于记名债券和无记名债券之不同转让方式的条款予以统一规定。

以纸面形式发行的公司债券以背书方式转让。所谓以其他方式转让主要是针对债券无纸化的革新需要。公开发行的公司债券，应当在证券交易场所交易，并符合证券交易场所规定的上市、挂牌条件。非公开发行公司债券，可以申请在证券交易场所、证券公司柜台转让。

公司债券转让后由公司将受让人的姓名或者名称及住所记载于债券持有人名册；发行公司债券并在证券交易场所交易或转让或者非公开发行公司债券并在证券公司柜台转让的，则依据证券登记结算机构定期推送或由公司申请查询的信息，建立和变更债券持有人名册。

第二百零二条 【可转换为股票的公司债券的发行】

修订后	修订前
第二百零二条　股份有限公司经股东会决议，或者经公司章程、股东会授权由董事会决议，可以发行可转换为股票的公司债券，并规定具体的转换办法。上市公司发行可转换为股票的公司债券，应当经国务院证券监督管理机构注册。 发行可转换为股票的公司债券，应当在债券上标明可转换公司债券字样，并在公司债券持有人名册上载明可转换公司债券的数额。	第一百六十一条　上市公司经股东大会决议可以发行可转换为股票的公司债券，并在公司债券募集办法中规定具体的转换办法。上市公司发行可转换为股票的公司债券，应当报国务院证券监督管理机构核准。 发行可转换为股票的公司债券，应当在债券上标明可转换公司债券字样，并在公司债券存根簿上载明可转换公司债券的数额。
本条规定的变化主要有：一是将发行可转换为股票的公司债券的主体从"上市公司"改为"股份有限公司"，上市公司、股票公开转让的非上市公众公司股东都可以发行可转换为股票的公司债券；二是将"核准"改为"注册"，以契合注册制改革的需要。 可转换为股票的公司债券，常简称为可转换债券。可转换债券与普通债券不同，债券持有人依据约定条件可在一定期间内将该债券转换为公司的股票。可转换债券对于公司筹资进展及资本状况、债券持有人与股东之间的关系都会产生重要影响。公司发行可转换债券应当在债券上及债券持有人名册记载方面有所体现。	

第二百零三条 【可转换为股票的公司债券的转换】

修订后	修订前
第二百零三条　发行可转换为股票的公司债券的，公司应当按照其转换办法向债券持有人换发股票，但债券持有人对转换股票或者不换股票有选择权。法律、行政法规另有规定的除外。	第一百六十二条　发行可转换为股票的公司债券的，公司应当按照其转换办法向债券持有人换发股票，但债券持有人对转换股票或者不换股票有选择权。

公司依照本法第二百零二条规定发行可转换债券的，公司负有按照转换办法换发股票的义务，但对于是否将债券转换为股票，债券持有人原则上有选择权。此次修订增加"法律、行政法规另有规定的除外"的内容，以对债券持有人转换股票选择权作出相应限制提供法律依据。

第二百零四条 【债券持有人会议及其决议】

修订后	修订前
第二百零四条 公开发行公司债券的，应当为同期债券持有人设立债券持有人会议，并在债券募集办法中对债券持有人会议的召集程序、会议规则和其他重要事项作出规定。债券持有人会议可以对与债券持有人有利害关系的事项作出决议。 除公司债券募集办法另有约定外，债券持有人会议决议对同期全体债券持有人发生效力。	新增条文
本条是新增条文，旨在明确公开发行公司债券涉及的公司治理规范。 公开发行债券的同期债券持有人组成债券持有人会议，债券募集办法应当明确债券持有人会议的召集程序、会议规则和其他重要事项。债券持有人会议按照规定及会议规则的程序要求所形成的决议对同期全体债券持有人有约束力，债券持有人会议规则另有约定的除外。	

第二百零五条 【债券受托管理人的聘请及其负责事项】

修订后	修订前
第二百零五条 公开发行公司债券的，发行人应当为债券持有人聘请债券受托管理人，由其为债券持有人办理受领清偿、债权保全、与债券相关的诉讼以及参与债务人破产程序等事项。	新增条文

本条是新增条文，与本法第二百零六条的规定构成债券受托管理人基本制度。

债券受托管理人规则是债券持有人权益保护制度的重要内容。公开发行公司债的公司应当为债券持有人聘请债券受托管理人，并订立债券受托管理协议。在债券存续期限内，由债券受托管理人按照规定或协议的约定维护债券持有人的利益。

债券受托管理人由本次发行的承销机构或其他经中国证监会认可的机构担任。

第二百零六条 【债券受托管理人的职责及责任承担】

修订后	修订前
第二百零六条 债券受托管理人应当勤勉尽责，公正履行受托管理职责，不得损害债券持有人利益。 受托管理人与债券持有人存在利益冲突可能损害债券持有人利益的，债券持有人会议可以决议变更债券受托管理人。 债券受托管理人违反法律、行政法规或者债券持有人会议决议，损害债券持有人利益的，应当承担赔偿责任。	新增条文

本条是新增条文。

债券受托管理人基于本法及其他相关规定、债券受托管理协议的内容，对债券持有人负有忠实勤勉义务，履行受托管理职责；损害债券持有人利益的应当承担赔偿责任。

发行公司债的公司对于债券受托管理人在履行受托管理职责时可能存在的利益冲突情形及相关风险防范、解决机制应当履行充分披露义务。债券受托管理人虽由公司聘请，但债券持有人会议对于存在利益冲突可能损害债券持有人利益的可以决议变更债券受托管理人。

第十章 公司财务、会计

第二百零七条 【依法建立财务、会计制度】

修订后	修订前
第二百零七条 公司应当依照法律、行政法规和国务院财政部门的规定建立本公司的财务、会计制度。	第一百六十三条 公司应当依照法律、行政法规和国务院财政部门的规定建立本公司的财务、会计制度。

依照本法第三条的规定，公司是企业法人，有独立的法人财产，享有法人财产权。为了确保公司法人的独立地位，尤其是区分公司财产和股东财产，彰显公司对其独立的法人财产享有法人财产权，依法建立本公司的财务、会计制度就非常必要。财务与会计密不可分，财务制度是包括公司资产管理、营收分配、成本计算、审计监督等在内的一整套规则体系，需要通过会计记账、会计核算等会计制度体现。

第二百零八条 【财务会计报告的编制】

修订后	修订前
第二百零八条 公司应当在每一会计年度终了时编制财务会计报告，并依法经会计师事务所审计。 财务会计报告应当依照法律、行政法规和国务院财政部门的规定制作。	第一百六十四条 公司应当在每一会计年度终了时编制财务会计报告，并依法经会计师事务所审计。 财务会计报告应当依照法律、行政法规和国务院财政部门的规定制作。

财务会计报告是公司对外披露的反映公司某一特定日期财务状况和某一会计期间经营成果和现金流量的文件材料，包括会计报表及其附注和其他应当在财务会计报告中披露的相关信息和资料。其中，会计报表至少应当包括资产负债表、利润表、现金流量表、所有者权益（或股东权益）变

动表等。

公司应当依法制作财务会计报表。实践中，财务会计报告有年度、半年度、季度、月度等报告类型。依照本条规定，公司必须依法编制年度财务会计报告并经会计师事务所审计。

第二百零九条　【财务会计报告的公布】

修订后	修订前
第二百零九条　有限责任公司应当**按照**公司章程规定的期限将财务会计报告送交各股东。 股份有限公司的财务会计报告应当在召开股东会年会的二十日前置备于本公司，供股东查阅；公开发行**股份**的股份有限公司**应当**公告其财务会计报告。	第一百六十五条　有限责任公司应当依照公司章程规定的期限将财务会计报告送交各股东。 股份有限公司的财务会计报告应当在召开股东大会年会的二十日前置备于本公司，供股东查阅；公开发行股票的股份有限公司必须公告其财务会计报告。

财务会计报告属于股东查阅权的查阅范围。有限责任公司和股份有限公司在向股东公布财务会计报告的方式上存在区别。一般认为，有限责任公司股东人数相对较少、人合性更高，公司应当将财务会计报告直接送交各股东；股份有限公司（尤其是上市公司）因为股东人数多，财务会计报告的公布采取召开股东会年会的二十日前置备于公司供股东查阅的方式；公开发行股份的公司则应当采取公告方式。

第二百一十条　【公司利润分配】

修订后	修订前
第二百一十条　公司分配当年税后利润时，应当提取利润的百分之十列入公司法定公积金。公司法定公积金累计额为公司注册资本的百分之五十以上的，可以不再提取。	第一百六十六条　公司分配当年税后利润时，应当提取利润的百分之十列入公司法定公积金。公司法定公积金累计额为公司注册资本的百分之五十以上的，可以不再提取。

| 公司的法定公积金不足以弥补以前年度亏损的，在依照前款规定提取法定公积金之前，应当先用当年利润弥补亏损。

公司从税后利润中提取法定公积金后，经股东会决议，还可以从税后利润中提取任意公积金。

公司弥补亏损和提取公积金后所余税后利润，有限责任公司**按照股东实缴的出资比例分配利润，全体股东约定不按出资比例分配利润的除外**；股份有限公司按照股东所持有的股份比例分配**利润**，公司章程**另有**规定的除外。

公司持有的本公司股份不得分配利润。 | 公司的法定公积金不足以弥补以前年度亏损的，在依照前款规定提取法定公积金之前，应当先用当年利润弥补亏损。

公司从税后利润中提取法定公积金后，经股东会~~或者股东大会~~决议，还可以从税后利润中提取任意公积金。

公司弥补亏损和提取公积金后所余税后利润，有限责任公司依照本法第三十四条的规定分配；股份有限公司按照股东持有的股份比例分配，~~但股份有限公司章程规定不按持股比例分配的除外~~。

~~股东会、股东大会或者董事会违反前款规定，在公司弥补亏损和提取法定公积金之前向股东分配利润的，股东必须将违反规定分配的利润退还公司。~~

公司持有的本公司股份不得分配利润。

第三十四条 股东按照实缴的出资比例分取红利；~~公司新增资本时，股东有权优先按照实缴的出资比例认缴出资~~。但是，全体股东约定不按照出资比例分取红利或者~~不按照出资比例优先认缴出资~~的除外。 |

本条规定的变化主要是将旧法第一百六十六条第五款关于违法分配利润的规定单列为本法第二百一十一条。

公积金是基于公司资金储备需要，从公司税后利润中提取或者依照法律规定由资本及与资本有关的资产项目所产生的积累资金，包括盈余公积金和资本公积金。公积金计入所有者权益。本条规定的法定公积金和任意公积金为盈余公积金。其中，法定公积金有提取比例要求。

分配利润将减少公司资产,对公司债权人利益可能带来实质影响,故而,本条不仅没有将分配利润作为公司的法定义务,还明确规定公司税后利润在用于分配前应当履行弥补亏损和提取公积金的法定程序,并在本法第二百一十一条进一步规定了违法分配利润的后果及责任。此外,与本法第一百一十六条关于公司持有的本公司股份没有表决权的规定类似,公司持有的本公司股份不得分配利润。

有限责任公司和股份有限公司的利润分配方式原则上都是按照实缴的出资比例或持股比例分配,但在改变原则性规定方面两类公司的规则存在差异。

第二百一十一条 【违法分配利润的后果及责任】

修订后	修订前
第二百一十一条 公司违反**本法**规定向股东分配利润的,股东应当将违反规定分配的利润退还公司;**给公司造成损失的,股东及负有责任的董事、监事、高级管理人员应当承担赔偿责任。**	第一百六十六条第五款 股东会~~、股东大会~~或者**董事会**违反前款规定~~,在公司弥补亏损和提取法定公积金之前~~向股东分配利润的,股东**必须**将违反规定分配的利润退还公司~~。~~

本条规定的变化主要是增加了违法分配利润给公司造成损失时股东及负有责任的董事、监事、高级管理人员承担赔偿责任的规定。

违法分配利润是对公司资产的侵蚀行为,将损害公司及其债权人利益,故而股东应当将违法分配的利润退还公司,并对公司遭受的损失承担赔偿责任;对于公司违法分配利润负有责任的董事、监事、高级管理人员也应当承担赔偿责任。

第二百一十二条 【利润分配的完成期限】

修订后	修订前
第二百一十二条 股东会作出分配利润的决议的,董事会应当在股东会决议作出之日起六个月内进行分配。	新增条文

本条是新增条文，是在吸收司法解释相关规定基础上的制度革新。

从会计视角来看，股东会作出分配利润的决议后，待分配利润则从所有者权益部分扣除并相应列入负债中的应付股利。既然是公司的一项负债，则公司应当在股东会分配利润决议通过后尽快完成利润分配以减少公司负债、实现股东合法权益。本条明确规定完成分配利润是董事会的职权，属于执行股东会决议的内容。董事会应当在股东会决议作出之日起六个月内进行分配，该期限为法定期限，公司章程或者股东会决议不得规定超过六个月的期限。

第二百一十三条 【资本公积金的来源】

修订后	修订前
第二百一十三条 公司以超过股票票面金额的发行价格发行股份所得的溢价款、**发行无面额股所得股款未计入注册资本的金额**以及国务院财政部门规定列入资本公积金的其他**项目**，应当列为公司资本公积金。	第一百六十七条 ~~股份有限~~公司以超过股票票面金额的发行价格发行股份所得的溢价款以及国务院财政部门规定列入资本公积金的其他收入，应当列为公司资本公积金。

本条规定的变化主要是契合无面额股制度革新的需要，扩大资本公积金的项目范围。

资本公积金是因法律规定由资本及与资本有关的资产项目所产生的应作为资本储备的项目，一般是公司在筹资过程中发生的或由于特殊会计事项引起的所有者权益的变动。实践中，资本公积金的外延并非一成不变，随着公司经营活动的多元化以及资本运作方式的复杂化，可能会产生更多应当列入资本公积金的项目。

第二百一十四条 【公积金的用途】

修订后	修订前
第二百一十四条 公司的公积金用于弥补公司的亏损、扩大公司生产经营或者转为增加公司**注册**资本。	第一百六十八条 公司的公积金用于弥补公司的亏损、扩大公司生产经营或者转为增加公司资本。

修订后	修订前
公积金弥补公司亏损，应当先使用任意公积金和法定公积金；仍不能弥补的，可以按照规定使用资本公积金。 法定公积金转为**增加注册**资本时，所留存的该项公积金不得少于转增前公司注册资本的百分之二十五。	~~但是，资本公积金不得用于弥补公司的亏损。~~ 法定公积金转为资本时，所留存的该项公积金不得少于转增前公司注册资本的百分之二十五。

本条规定的变化是增加资本公积金有条件地用于弥补亏损的规定。

公积金的用途可归纳为弥补亏损、扩大经营和转增资本三个方面。本条第二款、第三款对上述用途作了必要的限制：一是不同类型的公积金在用于弥补亏损时应使用次序；二是法定公积金转增资本应按比例留存。

1993年公司法允许资本公积金用于弥补亏损，2005年公司法修订时则转为禁止。此次修订采取折中策略。就会计处理而言，所有者权益各部分都有吸收损失的功能。确立先以盈余公积金弥补亏损的规则，能有效规避法律风险。

第二百一十五条 【会计师事务所的聘用及解聘】

修订后	修订前
第二百一十五条　公司聘用、解聘承办公司审计业务的会计师事务所，**按照**公司章程的规定，由股东会、**董事会或者监事会**决定。 公司股东会、**董事会或者监事会**就解聘会计师事务所进行表决时，应当允许会计师事务所陈述意见。	第一百六十九条　公司聘用、解聘承办公司审计业务的会计师事务所，<u>依照</u>公司章程的规定，由股东会、~~股东大会~~<u>或者董事会</u>决定。 公司股东会、~~股东大会~~<u>或者董事</u>会就解聘会计师事务所进行表决时，应当允许会计师事务所陈述意见。

本条规定的变化主要是将监事会也列入可以决定聘用、解聘会计师事务所的机构。监事会作为公司监督机构，负责业务监督和财务监督，由其决定会计师事务所的聘用及解聘也可能契合部分公司的实际需要。依照本条规定，股东会、董事会或者监事会都可能有权决定承办公司审计业务的会计师事务所的聘用和解聘，公司根据自身情况作出选择并记载于公司章

程。此外，依照本法第一百三十七条的规定，上市公司在董事会中设置审计委员会的，董事会对聘用、解聘承办公司审计业务的会计师事务所之事项作出决议前应当经审计委员会全体成员过半数通过。

为了确保会计师事务所独立、客观、公正地承办审计业务，也便于作决定的机构更全面地了解情况，相关机构就解聘会计师事务所进行表决时，应当允许会计师事务所陈述意见。

第二百一十六条 【会计资料的提供】

修订后	修订前
第二百一十六条 公司应当向聘用的会计师事务所提供真实、完整的会计凭证、会计账簿、财务会计报告及其他会计资料，不得拒绝、隐匿、谎报。	第一百七十条 公司应当向聘用的会计师事务所提供真实、完整的会计凭证、会计账簿、财务会计报告及其他会计资料，不得拒绝、隐匿、谎报。

公司聘用的会计师事务所负责公司审计等业务，需要以真实、完整的会计资料为依据，公司有提供会计资料的义务。

第二百一十七条 【禁止另立账簿或账户】

修订后	修订前
第二百一十七条 公司除法定的会计账簿外，不得另立会计账簿。 对公司**资金**，不得以任何个人名义开立账户存储。	第一百七十一条 公司除法定的会计账簿外，不得另立会计账簿。 对公司资产，不得以任何个人名义开立账户存储。

本条规定将原来规定中的"资产"改为"资金"。只有公司资金才有开立账户存储的可能。对公司资金以外的资产则可能存在非法转移、隐匿等损害行为。

公司应当依照本法和会计法等法律法规的规定，设置会计账簿，并保证其真实、完整。因此，公司发生的各项经济业务事项应当在依法设置的会计账簿上统一登记、核算，不得违反法律和国家统一的会计制度的规定私设会计账簿登记、核算。同时，公司资金只能存入公司在银行开设的账户。

另立账簿和私开账户不仅存在不当利益输送，继而损害公司及其股东、债权人利益的风险，还会严重破坏财务会计制度及市场经济秩序，应予禁止。

第十一章 公司合并、分立、增资、减资

第二百一十八条 【公司合并方式】

修订后	修订前
第二百一十八条 公司合并可以采取吸收合并或者新设合并。 一个公司吸收其他公司为吸收合并，被吸收的公司解散。两个以上公司合并设立一个新的公司为新设合并，合并各方解散。	第一百七十二条 公司合并可以采取吸收合并或者新设合并。 一个公司吸收其他公司为吸收合并，被吸收的公司解散。两个以上公司合并设立一个新的公司为新设合并，合并各方解散。

本条规定明确公司合并的两种方式及其含义。简言之，吸收合并可理解为 A+B=A 或 B，新设合并可理解为 A+B=C。依照本法相关规定，因合并而解散的公司应当办理注销公司登记，但无须清算。

第二百一十九条 【简易合并】

修订后	修订前
第二百一十九条 公司与其持股百分之九十以上的公司合并，被合并的公司不需经股东会决议，但应当通知其他股东，其他股东有权请求公司按照合理的价格收购其股权或者股份。 公司合并支付的价款不超过本公司净资产百分之十的，可以不经股东会决议；但是，公司章程另有规定的除外。 公司依照前两款规定合并不经股东会决议的，应当经董事会决议。	新增条文

本条是新增条文,旨在确立简易合并规则。

依照本法第六十六条、第一百一十六条的原则性规定,公司合并属于公司重大事项,应当经股东会特别决议通过。本条规定对上述原则性规定设置两种例外情形:一是母子公司之间的简易合并,当公司与其持股百分之九十以上的公司合并时,持股不足百分之十的其他股东无法通过行使表决权阻碍合并,且这些股东将可能成为合并后存续的公司(母公司)的股东,赋予这些股东股权或股份收购请求权足以保护其合法权益。二是小规模的简易合并,即公司与被合并的公司在净资产规模方面存在巨大差异,合并对存续的公司影响轻微,原则上也可不经股东会决议。

简易合并情形下虽然可以不经股东会决议,但为了处理合并各项事宜,提升合并效率并切实维护利益相关者的合法权益,仍有经董事会决议之必要。此外,本条第一款中的合并后存续的公司以及第二款中的被合并的公司,仍需经股东会决议。

第二百二十条 【公司合并程序】

修订后	修订前
第二百二十条 公司合并,应当由合并各方签订合并协议,并编制资产负债表及财产清单。公司应当自作出合并决议之日起十日内通知债权人,并于三十日内在报纸上**或者国家企业信用信息公示系统**公告。债权人自接到通知之日起三十日内,未接到通知的自公告之日起四十五日内,可以要求公司清偿债务或者提供相应的担保。	第一百七十三条 公司合并,应当由合并各方签订合并协议,并编制资产负债表及财产清单。公司应当自作出合并决议之日起十日内通知债权人,并于三十日内在报纸上公告。债权人自接到通知书之日起三十日内,未接到通知书的自公告之日起四十五日内,可以要求公司清偿债务或者提供相应的担保。

公司合并可能实质改变合并各方的偿债能力,对合并各方的债权人产生重大影响,应当在切实保障债权人合法权益的前提下实施合并:一是编制资产负债表及财产清单;二是依法通知和公告债权人;三是赋予债权人要求公司清偿债务或提供相应担保的权利。

第二百二十一条 【公司合并的债权债务承继】

修订后	修订前
第二百二十一条 公司合并时,合并各方的债权、债务,应当由合并后存续的公司或者新设的公司承继。	第一百七十四条 公司合并时,合并各方的债权、债务,应当由合并后存续的公司或者新设的公司承继。
无论是吸收合并还是新设合并,都将导致部分公司解散。解散本应经过清算程序方可申请注销公司登记,但由于本条明确规定合并后存续的公司或者新设的公司承继合并各方的债权债务,故而因合并而解散的公司无须清算。本条及本法第二百二十条关于保障债权人合法权益的各项规则,都旨在实现公司与其债权人之间的利益平衡。	

第二百二十二条 【公司分立程序】

修订后	修订前
第二百二十二条 公司分立,其财产作相应的分割。 公司分立,应当编制资产负债表及财产清单。公司应当自作出分立决议之日起十日内通知债权人,并于三十日内在报纸上**或者国家企业信用信息公示系统**公告。	第一百七十五条 公司分立,其财产作相应的分割。 公司分立,应当编制资产负债表及财产清单。公司应当自作出分立决议之日起十日内通知债权人,并于三十日内在报纸上公告。
理论上,公司分立与公司合并类似,可分为派生分立和新设分立。简言之,派生分立可理解为 A=A+B,新设分立可理解为 A=B+C。依照本法相关规定,因分立而解散的公司应当办理注销公司登记,但无须清算。 公司分立对债权人产生较大影响,应当在切实保障债权人合法权益的前提下实施合并:一是编制资产负债表及财产清单;二是依法通知和公告债权人。至于是否应当赋予债权人如同公司合并情形下要求公司清偿债务或提供相应担保的权利,此次修订过程中争议较大。基于公司分立前的债务原则上由分立后的公司承担连带责任,并且债权人可事先与公司达成清偿协议的制度安排,本条并未赋予债权人在公司分立情形下享有上述相关权利。	

第二百二十三条　【公司分立的债务承担】

修订后	修订前
第二百二十三条　公司分立前的债务由分立后的公司承担连带责任。但是，公司在分立前与债权人就债务清偿达成的书面协议另有约定的除外。	第一百七十六条　公司分立前的债务由分立后的公司承担连带责任。但是，公司在分立前与债权人就债务清偿达成的书面协议另有约定的除外。

> 公司分立与公司合并不同，虽然公司法律关系中的权利义务有所调整，但公司法律关系中的债权人并没有发生变化。在公司分立前，债权人可与公司就债务清偿达成书面协议，确保公司分立不影响债权实现。若公司分立前未达成清偿协议，则适用分立后的公司对公司分立前的债务承担连带责任的规定。

第二百二十四条　【公司减资程序】

修订后	修订前
第二百二十四条　公司减少注册资本，**应当编制资产负债表及财产清单。** 公司应当自**股东会**作出减少注册资本决议之日起十日内通知债权人，并于三十日内在报纸上**或者国家企业信用信息公示系统**公告。债权人自接到通知之日起三十日内，未接到通知的自公告之日起四十五日内，有权要求公司清偿债务或者提供相应的担保。 **公司减少注册资本，应当按照股东出资或者持有股份的比例相应减少出资额或者股份，法律另有规定、有限责任公司全体股东另有约**	第一百七十七条　公司需要减少注册资本时，必须编制资产负债表及财产清单。 公司应当自作出减少注册资本决议之日起十日内通知债权人，并于三十日内在报纸上公告。债权人自接到通知书之日起三十日内，未接到通知书的自公告之日起四十五日内，有权要求公司清偿债务或者提供相应的担保。

157

| 定或者股份有限公司章程另有规定的除外。 | |

本条规定的变化主要是增加按出资或持股比例减资及其例外的规定。

公司减资实质减少的是公司资产或减免股东出资，可能降低公司的偿债能力，对债权人产生重大影响，应当在切实保障债权人合法权益的前提下实施合并：一是编制资产负债表及财产清单；二是依法通知和公告债权人；三是赋予债权人要求公司清偿债务或提供相应担保的权利。

本条第三款明确规定公司减资应当以各股东同比例减资为原则。减资以及减资后的资金退还或出资减免利益分配问题实际上是两层法律关系。减资属于公司事务，需经股东会特别决议程序。减资先是减少所有者权益中的实收资本（或实收股本），继而引起资产的减少，这一层法律关系仅是公司利益问题，不涉及股东利益；至于减资后的资金退还或出资减免应当如何分配，则是股东之间的问题。股东之间可就减资后的分配事宜达成合意，即本条第三款除外规定所称"有限责任公司全体股东另有约定或者股份有限公司章程另有规定"，否则，减资后的利益分配应以出资或持股比例分配为原则。法律对此也可另作规定。

第二百二十五条 【简易减资】

修订后	修订前
第二百二十五条　公司依照本法第二百一十四条第二款的规定弥补亏损后，仍有亏损的，可以减少注册资本弥补亏损。减少注册资本弥补亏损的，公司不得向股东分配，也不得免除股东缴纳出资或者股款的义务。 依照前款规定减少注册资本的，不适用前条第二款的规定，但应当自股东会作出减少注册资本决议之日起三十日内在报纸上或者国家企业信用信息公示系统公告。	新增条文

公司依照前两款的规定减少注册资本后,在法定公积金和任意公积金累计额达到公司注册资本百分之五十前,不得分配利润。	

本条是新增条文,旨在确立简易减资规则。

依照本法第二百二十四条第二款的原则性规定,减资情形下债权人有要求公司清偿债务或提供相应担保的权利。减资将导致资金退还或出资减免,其实质是股东获得分配,基于公司债权人利益应当先于股东利益得以实现的逻辑,有必要强化对债权人的保护。但是在为了弥补亏损而减资的情形下,股东并未实际获得公司分配,公司持有的资产及其偿债能力也并未因此发生实质性变化,此时若依减资的一般规定赋予债权人相关权利,对于处于亏损状态的公司而言,既无助于公司债权人的债权实现,也可能会更进一步恶化公司的财务状况,这对公司及其利益相关者都不是妥当的处置策略。故而,此次修订增设简易减资规则。

不过,简易减资仍应履行相应的公告程序。同时,经简易减资程序后,公司向股东分配利润还应当遵守本条第三款的相关限制。

第二百二十六条 【违法减资的后果及责任】

修订后	修订前
第二百二十六条 违反本法规定减少注册资本的,股东应当退还其收到的资金,减免股东出资的应当恢复原状;给公司造成损失的,股东及负有责任的董事、监事、高级管理人员应当承担赔偿责任。	新增条文

本条是新增条文。

从结果来看,违法减资与违法分配利润都是股东从公司不当获利,故而股东应当退还收到的资金或恢复减免的出资,并对公司遭受的损失承担赔偿责任;对于公司违法减资负有责任的董事、监事、高级管理人员也应当承担赔偿责任。

第二百二十七条　【增资时股东的优先认缴（购）权】

修订后	修订前
第二百二十七条　有限责任公司增加注册资本时，股东在同等条件下有权优先按照实缴的出资比例认缴出资。但是，全体股东约定不按照出资比例优先认缴出资的除外。 股份有限公司为增加注册资本发行新股时，股东不享有优先认购权，公司章程另有规定或者股东会决议决定股东享有优先认购权的除外。	第三十四条　~~股东按照实缴的出资比例分取红利；~~公司新增资本时，股东有权优先按照实缴的出资比例认缴出资。但是，全体股东约定~~不按照出资比例分取红利或者~~不按照出资比例优先认缴出资的除外。
本条规定的变化主要是增加股份有限公司股东在增资时原则上不享有优先认购权的规定。 　　有限责任公司与股份有限公司在人合性程度上存在区别。故而，在公司增资时，有限责任公司股东以享有优先认缴权为原则，全体股东另有约定为例外；股份有限公司股东则以不享有优先认购权为原则，公司章程另有规定或者股东会决议为例外。	

第二百二十八条　【增资时缴资或购股适用设立时的相关规定】

修订后	修订前
第二百二十八条　有限责任公司增加注册资本时，股东认缴新增资本的出资，依照本法设立有限责任公司缴纳出资的有关规定执行。 股份有限公司为增加注册资本发行新股时，股东认购新股，依照本法设立股份有限公司缴纳股款的有关规定执行。	第一百七十八条　有限责任公司增加注册资本时，股东认缴新增资本的出资，依照本法设立有限责任公司缴纳出资的有关规定执行。 股份有限公司为增加注册资本发行新股时，股东认购新股，依照本法设立股份有限公司缴纳股款的有关规定执行。

> 公司增资时同样涉及股东认缴新增资本的出资或认购新股事宜，其应当依照本法设立公司时缴纳出资或股款的有关规定执行。倘若设立时和增资时缴纳出资或股款的规则有别，则容易滋生机会主义行为。

第十二章　公司解散和清算

第二百二十九条　【公司解散事由及其公示】

修订后	修订前
第二百二十九条　公司因下列原因解散： （一）公司章程规定的营业期限届满或者公司章程规定的其他解散事由出现； （二）股东会决议解散； （三）因公司合并或者分立需要解散； （四）依法被吊销营业执照、责令关闭或者被撤销； （五）人民法院依照本法第二百三十一条的规定予以解散。 **公司出现前款规定的解散事由，应当在十日内将解散事由通过国家企业信用信息公示系统予以公示。**	第一百八十条　公司因下列原因解散： （一）公司章程规定的营业期限届满或者公司章程规定的其他解散事由出现； （二）股东会<u>或者股东大会</u>决议解散； （三）因公司合并或者分立需要解散； （四）依法被吊销营业执照、责令关闭或者被撤销； （五）人民法院依照本法<u>第一百八十二条</u>的规定予以解散。
本条规定的变化主要是增加公司在相关解散事由出现十日内履行信息公示义务的规定。 　　公司解散基于事由的不同可分为自行解散和强制解散。其中，强制解散又可分为行政解散和司法解散。本条第一款第一项至第三项的规定为自行解散，第四项为行政解散，第五项为司法解散。	

第二百三十条 【公司出现特定解散事由的存续程序】

修订后	修订前
第二百三十条 公司有**前条第一款第一项、第二项情形,且尚未向股东分配财产的**,可以通过修改公司章程**或者经股东会决议**而存续。 依照前款规定修改公司章程**或者经股东会决议**,有限责任公司须经持有三分之二以上表决权的股东通过,股份有限公司须经出席**股东会**会议的股东所持表决权的三分之二以上通过。	第一百八十一条 公司有~~本法第一百八十条第(一)~~项情形的,可以通过修改公司章程而存续。 依照前款规定修改公司章程,有限责任公司须经持有三分之二以上表决权的股东通过,股份有限公司须经出席股东~~大~~会会议的股东所持表决权的三分之二以上通过。

　　本条规定的变化主要是增加公司出现特定事由时可通过相应决策程序而存续的情形,同时明确公司存续除了内部决策程序外,还应当以尚未向股东分配财产为前提。

　　本法第二百二十九条第一款第二项是公司因股东会决议而解散。实践中,从股东会作出解散决议到决议的实施需要一定的时间,只要股东会再次通过关于公司存续或者与之相关的修改公司章程的决议,并符合未向股东分配财产的要求,则公司仍可存续。上述决议内容属于公司重大事项,应当经股东会特别决议通过。

第二百三十一条 【司法解散】

修订后	修订前
第二百三十一条 公司经营管理发生严重困难,继续存续会使股东利益受到重大损失,通过其他途径不能解决的,持有公司**百分之十以上表决权**的股东,可以请求人民法院解散公司。	第一百八十二条 公司经营管理发生严重困难,继续存续会使股东利益受到重大损失,通过其他途径不能解决的,持有公司~~全部股东~~表决权百分之十以上的股东,可以请求人民法院解散公司。

股东请求司法解散公司应当符合持股比例和穷尽解决途径的基本要求。继而,人民法院是否应当解散公司,关键在于判断何为"公司经营管理发生严重困难"。结合最高人民法院8号指导性案例的裁判立场,对此之判断应从公司组织机构的运行状态予以综合分析。若内部管理机制长期失灵,已陷入僵局,即便公司处于盈利状态,也可认定公司经营管理发生严重困难。

第二百三十二条 【公司自行清算】

修订后	修订前
第二百三十二条 公司因本法第二百二十九条第一款第一项、第二项、第四项、第五项规定而解散的,应当清算。董事为公司清算义务人,应当在解散事由出现之日起十五日内组成清算组进行清算。 清算组由董事组成,但是公司章程另有规定或者股东会决议另选他人的除外。 清算义务人未及时履行清算义务,给公司或者债权人造成损失的,应当承担赔偿责任。	第一百八十三条 公司因本法~~第一百八十条~~第 ~~(一)~~ 项、第 ~~(二)~~ 项、第 ~~(四)~~ 项、第 ~~(五)~~ 项规定而解散的,应当在解散事由出现之日起十五日内成立清算组~~,~~开始清算。~~有限责任公司的清算组由股东组成,股份有限公司的清算组由董事或者股东大会确定的人员组成。逾期不成立清算组进行清算的,债权人可以申请人民法院指定有关人员组成清算组进行清算。人民法院应当受理该申请,并及时组织清算组进行清算。~~

本条规定的变化主要有:一是将旧法第一百八十三条的规定拆解为本条和第二百三十三条,对于公司自行清算和法院指定清算予以分别规定;二是明确董事为公司清算义务人,且清算组原则上由董事组成,但也可按照公司章程规定或股东会决议另选他人。

本法第二百二十九条第一款第三项为因公司合并或者分立需要解散,由于合并或分立后的公司要承担合并或分立前的公司的债务,故而无须清算。

此次修订明确董事是公司清算义务人,若未及时履行清算义务给公司或者债权人造成损失,应当承担赔偿责任。这一制度革新有助于促进公司尽快履行清算程序。

第二百三十三条 【法院指定清算】

修订后	修订前
第二百三十三条 公司**依照前条第一款的规定**应当清算，逾期不成立清算组进行清算**或者成立清算组后不清算**的，利害关系人可以申请人民法院指定有关人员组成清算组进行清算。人民法院应当受理该申请，并及时组织清算组进行清算。 **公司因本法第二百二十九条第一款第四项的规定而解散的，作出吊销营业执照、责令关闭或者撤销决定的部门或者公司登记机关，可以申请人民法院指定有关人员组成清算组进行清算。**	第一百八十三条 公司~~因本法第一百八十条第（一）项、第（三）项、第（四）项、第（五）项规定而解散的~~，应当~~在解散事由出现之日起十五日内成立清算组，开始清算。有限责任公司的清算组由股东组成，股份有限公司的清算组由董事或者股东大会确定的人员组成。~~逾期不成立清算组进行清算的，<u>债权人</u>可以申请人民法院指定有关人员组成清算组进行清算。人民法院应当受理该申请，并及时组织清算组进行清算。

本条规定的变化主要有：一是与本法第二百三十二条公司自行清算的规定分列为两个条文；二是将申请人民法院指定清算的主体从"债权人"扩张至"利害关系人"，同时本条增加第二款关于因行政解散而申请人民法院指定清算的规定。

第二百三十四条 【清算组的职权】

修订后	修订前
第二百三十四条 清算组在清算期间行使下列职权： （一）清理公司财产，分别编制资产负债表和财产清单； （二）通知、公告债权人； （三）处理与清算有关的公司未了结的业务； （四）清缴所欠税款以及清算过	第一百八十四条 清算组在清算期间行使下列职权： （一）清理公司财产，分别编制资产负债表和财产清单； （二）通知、公告债权人； （三）处理与清算有关的公司未了结的业务； （四）清缴所欠税款以及清算过

165

程中产生的税款； （五）清理债权、债务； （六）**分配公司清偿债务后的剩余财产**； （七）代表公司参与民事诉讼活动。	程中产生的税款； （五）清理债权、债务； （六）处理公司清偿债务后的剩余财产； （七）代表公司参与民事诉讼活动。

清算组是在公司清算期间负责清算事务的执行机构。在公司清算期间，公司内部机构无法继续履行职权，而由清算组接管清算事务。当然，在公司清算期间，公司虽然存续，但不得开展与清算无关的经营活动，清算组的职权也应当有所限制。

第二百三十五条 【债权申报】

修订后	修订前
第二百三十五条 清算组应当自成立之日起十日内通知债权人，并于六十日内在报纸上**或者国家企业信用信息公示系统**公告。债权人应当自接到通知之日起三十日内，未接到通知的自公告之日起四十五日内，向清算组申报其债权。 债权人申报债权，应当说明债权的有关事项，并提供证明材料。清算组应当对债权进行登记。 在申报债权期间，清算组不得对债权人进行清偿。	第一百八十五条 清算组应当自成立之日起十日内通知债权人，并于六十日内在报纸上公告。债权人应当自接到通知书之日起三十日内，未接到通知书的自公告之日起四十五日内，向清算组申报其债权。 债权人申报债权，应当说明债权的有关事项，并提供证明材料。清算组应当对债权进行登记。 在申报债权期间，清算组不得对债权人进行清偿。

为了让公司债权人了解公司清算事宜并申报债权，清算组应当及时履行通知和公告债权人的义务。对于债权人所申报债权予以审查并做好登记工作是清算组的一项重要任务。为了确保债权人的公平分配，清算组在申报债权期间不得对债权人进行清偿。

第二百三十六条 【制订清算方案和处分公司财产】

修订后	修订前
第二百三十六条 清算组在清理公司财产、编制资产负债表和财产清单后,应当**制订**清算方案,并报股东会或者人民法院确认。 公司财产在分别支付清算费用、职工的工资、社会保险费用和法定补偿金,缴纳所欠税款,清偿公司债务后的剩余财产,有限责任公司按照股东的出资比例分配,股份有限公司按照股东持有的股份比例分配。 清算期间,公司存续,但不得开展与清算无关的经营活动。公司财产在未依照前款规定清偿前,不得分配给股东。	第一百八十六条 清算组在清理公司财产、编制资产负债表和财产清单后,应当<u>制定</u>清算方案,并报股东会、~~股东大会~~或者人民法院确认。 公司财产在分别支付清算费用、职工的工资、社会保险费用和法定补偿金,缴纳所欠税款,清偿公司债务后的剩余财产,有限责任公司按照股东的出资比例分配,股份有限公司按照股东持有的股份比例分配。 清算期间,公司存续,但不得开展与清算无关的经营活动。公司财产在未依照前款规定清偿前,不得分配给股东。
本条规定将原来规定中的"制定"改为"制订",原因在于清算组并不能最终决定清算方案。公司自行清算的,清算方案报股东会确认;人民法院指定清算的,清算方案报人民法院确认。 清算期间,公司虽然仍具有法人主体资格,但是因为解散而不得开展与清算无关的经营活动。股东分配公司剩余财产前,应当先行清偿公司全部债务。	

第二百三十七条 【破产清算的申请】

修订后	修订前
第二百三十七条 清算组在清理公司财产、编制资产负债表和财产清单后,发现公司财产不足清偿	第一百八十七条 清算组在清理公司财产、编制资产负债表和财产清单后,发现公司财产不足清偿

债务的，应当依法向人民法院申请<u>破产清算</u>。 　　<u>人民法院受理破产申请后，清算组应当将清算事务移交给人民法院指定的破产管理人</u>。	债务的，应当依法向人民法院申请<u>宣告破产</u>。 　　<u>公司经人民法院裁定宣告破产后，清算组应当将清算事务移交给人民法院</u>。

　　本法规定的公司清算程序以公司资产足以清偿全部债务为前提，一旦公司出现财产不足清偿债务的情形，则应转为破产清算程序，由清算组依法向人民法院申请破产清算。

　　破产清算适用企业破产的法律规定。依照《企业破产法》第十三条的规定，人民法院裁定受理破产申请的，应当同时指定管理人。故而，清算组此时应当将清算事务移交给管理人。

第二百三十八条　【清算组成员的忠实义务和勤勉义务】

修订后	修订前
第二百三十八条　清算组成员履行清算职责，**负有忠实义务和勤勉义务**。 　　清算组成员**怠于履行清算职责，给公司造成损失的，应当承担赔偿责任；因**故意或者重大过失给债权人造成损失的，应当承担赔偿责任。	第一百八十九条　清算组成员<u>应当忠于职守</u>，<u>依法履行清算义务</u>。 　　<s>清算组成员不得利用职权收受贿赂或者其他非法收入，不得侵占公司财产。</s> 　　清算组成员因故意或者重大过失给<s>公司或者</s>债权人造成损失的，应当承担赔偿责任。

　　公司清算期间，董事会、监事会、经理层都不再履行相应职权，清算组是公司的业务执行机构。清算组成员在履行清算职责时，为维护公司利益，负有与公司董事、监事、高级管理人员相当的信义义务，即忠实义务和勤勉义务。此次修订对于清算组成员的上述义务予以明确。继而，清算组成员的失职行为造成公司或其债权人损失的，应当承担赔偿责任。

第二百三十九条 【制作清算报告和申请注销登记】

修订后	修订前
第二百三十九条 公司清算结束后,清算组应当制作清算报告,报股东会或者人民法院确认,并报送公司登记机关,申请注销公司登记。	第一百八十八条 公司清算结束后,清算组应当制作清算报告,报股东会~~、股东大会~~或者人民法院确认,并报送公司登记机关,申请注销公司登记~~,公告公司终止~~。
公司经过清算,相关债权债务事宜处理完毕,如有剩余财产也已依法分配给股东的,公司清算程序终结。清算组在公司清算结束后,还需要完成制作清算报告并报股东会或者人民法院确认,并报送公司登记机关申请注销公司登记,清算组的任务才最终完成。 经公司登记机关注销公司登记,公司终止。公司的法人资格自此消灭。	

第二百四十条 【简易注销】

修订后	修订前
第二百四十条 公司在存续期间未产生债务,或者已清偿全部债务的,经全体股东承诺,可以按照规定通过简易程序注销公司登记。 通过简易程序注销公司登记,应当通过国家企业信用信息公示系统予以公告,公告期限不少于二十日。公告期限届满后,未有异议的,公司可以在二十日内向公司登记机关申请注销公司登记。 公司通过简易程序注销公司登记,股东对本条第一款规定的内容承诺不实的,应当对注销登记前的债务承担连带责任。	新增条文

本条是新增条文，吸收了《市场主体登记管理条例》第三十三条的相关内容确立简易注销规则。

依照本法第二百三十九条的规定，除因合并、分立需要解散的请求外，申请注销公司登记应当以完成公司清算为前提。公司清算程序比较复杂，同时需要耗费相应的时间和成本。为了进一步简化市场主体退出机制，切实降低制度性交易成本，此次修订确立了简易注销制度。简易注销应当符合无尚存债务及全体股东承诺的条件，并履行公告义务。而一旦存在承诺不实的情形，则股东应当承担相关债务的连带责任，不再享有有限责任的保护。

第二百四十一条 【强制注销】

修订后	修订前
第二百四十一条 公司被吊销营业执照、责令关闭或者被撤销，满三年未向公司登记机关申请注销公司登记的，公司登记机关可以通过国家企业信用信息公示系统予以公告，公告期限不少于六十日。公告期限届满后，未有异议的，公司登记机关可以注销公司登记。 依照前款规定注销公司登记的，原公司股东、清算义务人的责任不受影响。	新增条文

本条是新增条文，旨在确立公司登记机关依职权注销公司登记的规定，即所谓强制注销制度。

针对实践中存在的"僵尸企业"，强制注销制度具有净化市场环境的积极作用。依照本章的相关规定，公司被吊销营业执照、责令关闭或者被撤销的，应当清算。但公司未自行清算，又无利害关系人申请人民法院指定清算的，就可能产生"僵尸企业"的问题。对此，本条规定公司登记机关在履行相应公告职责后，可以注销公司登记。当然，强制注销并不免除原公司股东、清算义务人的责任。

第二百四十二条 【破产清算的法律适用】

修订后	修订前
第二百四十二条 公司被依法宣告破产的,依照有关企业破产的法律实施破产清算。	第一百九十条 公司被依法宣告破产的,依照有关企业破产的法律实施破产清算。

本法规定的公司清算程序与因具备破产原因而被人民法院依法宣告破产的清算程序在法律适用及具体流程方面有较大差别。破产清算应当依照企业破产法的相关规定实施。

第十三章　外国公司的分支机构

第二百四十三条　【外国公司的定义】

修订后	修订前
第二百四十三条　本法所称外国公司，是指依照外国法律在**中华人民共和国**境外设立的公司。	第一百九十一条　本法所称外国公司是指依照外国法律在中国境外设立的公司。

> 按公司的注册国籍划分，公司可分为外国公司和本国公司。所谓跨国公司通常也需要在某一国家设立，继而在多个国家和地区开展业务。若依照外商投资法的规定，全部或者部分由外国投资者投资，依照中国法律在中国境内经登记注册设立的公司，也属于本国公司。
> 本法所称外国公司，主要是指在中国境内设立分支机构的外国公司，故而本章调整对象主要是外国公司的分支机构。

第二百四十四条　【外国公司设立分支机构的程序】

修订后	修订前
第二百四十四条　外国公司在**中华人民共和国**境内设立分支机构，**应当**向中国主管机关提出申请，并提交其公司章程、所属国的公司登记证书等有关文件，经批准后，向公司登记机关依法办理登记，领取营业执照。 外国公司分支机构的审批办法由国务院另行规定。	第一百九十二条　外国公司在中国境内设立分支机构，必须向中国主管机关提出申请，并提交其公司章程、所属国的公司登记证书等有关文件，经批准后，向公司登记机关依法办理登记，领取营业执照。 外国公司分支机构的审批办法由国务院另行规定。

> 依照本法第十三条的规定，公司可以设立分公司。所谓外国公司的分支机构就是外国公司在中国境内设立的分公司。外国公司设立分支机构应当履行事前审批程序，经批准后才能向分支机构所在地的公司登记机关申

请设立登记。作为市场主体,外国公司的分支机构依法办理登记后,由公司登记机关向其签发营业执照。

第二百四十五条 【外国公司设立分支机构的条件】

修订后	修订前
第二百四十五条 外国公司在**中华人民共和国**境内设立分支机构,**应当在中华人民共和国**境内指定负责该分支机构的代表人或者代理人,并向该分支机构拨付与其所从事的经营活动相适应的资金。 对外国公司分支机构的经营资金需要规定最低限额的,由国务院另行规定。	第一百九十三条 外国公司在中国境内设立分支机构,<u>必须在中国</u>境内指定负责该分支机构的代表人或者代理人,并向该分支机构拨付与其所从事的经营活动相适应的资金。 对外国公司分支机构的经营资金需要规定最低限额的,由国务院另行规定。

为了确保外国公司的分支机构正常开展营业,需要有相应的人员和资金支持。

一方面,外国公司指定的代表人或者代理人是其分支机构的事务执行人,可以在外国公司对该分支机构授权范围内从事民事活动。当然,外国公司对该分支机构的代表人或者代理人的职权限制不得对抗善意相对人,外国公司也应当依照本法第二百四十七条的规定对其分支机构在中国境内进行经营活动承担民事责任。

另一方面,外国公司应当向其分支机构拨付相应的经营资金。当然,经营资金的拨付只是为了确保该分支机构正常开展营业,并不意味着外国公司仅以其向该分支机构拨付的经营资金为限承担责任。

第二百四十六条 【名称及公司章程置备】

修订后	修订前
第二百四十六条 外国公司的分支机构应当在其名称中标明该外国公司的国籍及责任形式。	第一百九十四条 外国公司的分支机构应当在其名称中标明该外国公司的国籍及责任形式。

外国公司的分支机构应当在本机构中置备该外国公司章程。	外国公司的分支机构应当在本机构中置备该外国公司章程。

外国法律对于公司类型的划分可能与本法的规定有别，故而外国公司并不局限于有限责任公司和股份有限公司，还可能包括无限公司、两合公司等存在无限责任股东的公司类型。为了让利害关系人了解与外国公司发生争议时确定准据法等事宜，以保障交易安全和维护市场秩序，有必要在分支机构的名称中标明该外国公司的国籍及责任形式。

将外国公司的公司章程置备于分支机构，以便我国有关部门依法履行对该分支机构的监督和管理职责。

第二百四十七条 【法律地位】

修订后	修订前
第二百四十七条　外国公司在**中华人民共和国**境内设立的分支机构不具有中国法人资格。 外国公司对其分支机构在**中华人民共和国**境内进行经营活动承担民事责任。	第一百九十五条　外国公司在中国境内设立的分支机构不具有中国法人资格。 外国公司对其分支机构在中国境内进行经营活动承担民事责任。

依照本法第十三条的规定，分公司不具有法人资格，其民事责任由公司承担。由此，外国公司的分支机构同样不具有中国法人资格，其民事责任由外国公司承担。

第二百四十八条 【从事业务活动的原则】

修订后	修订前
第二百四十八条　经批准设立的外国公司分支机构，在**中华人民共和国**境内从事业务活动，**应当**遵守中国的法律，不得损害中国的社会公共利益，其合法权益受中国法律保护。	第一百九十六条　经批准设立的外国公司分支机构，在中国境内从事业务活动，**必须**遵守中国的法律，不得损害中国的社会公共利益，其合法权益受中国法律保护。

外国公司分支机构作为在中国境内从事业务活动的市场主体，其合法权益受中国法律保护；同时，其从事业务活动的行为也要受到中国法律的约束，不得损害中国的社会公共利益。

第二百四十九条 【外国公司撤销分支机构的债务清偿】

修订后	修订前
第二百四十九条　外国公司撤销其在**中华人民共和国**境内的分支机构时，**应当**依法清偿债务，依照本法有关公司清算程序的规定进行清算。未清偿债务之前，不得将其分支机构的财产**转移**至**中华人民共和国**境外。	第一百九十七条　外国公司撤销其在中国境内的分支机构时，<u>必须</u>依法清偿债务，依照本法有关公司清算程序的规定进行清算。未清偿债务之前，不得将其分支机构的财产<u>移</u>至<u>中国</u>境外。

所谓外国公司撤销其在中国境内的分支机构，包括外国公司基于自身原因的自愿撤销和基于在本国经营期间存在严重违法行为的强制撤销。无论是何种撤销情形，外国公司既然承担其分支机构的民事责任，就应当在撤销时依法清偿债务，依照本法第十二章的相关规定履行清算程序。该分支机构的财产应首先用以清偿在中国境内从事业务活动所形成的债务，有剩余的财产才可以转移至境外或作其他处理。

175

第十四章 法律责任

第二百五十条 【欺诈取得公司登记的法律责任】

修订后	修订前
第二百五十条 违反本法规定，虚报注册资本、提交虚假材料或者采取其他欺诈手段隐瞒重要事实取得公司登记的，由公司登记机关责令改正，对虚报注册资本的公司，处以虚报注册资本金额百分之五以上百分之十五以下的罚款；对提交虚假材料或者采取其他欺诈手段隐瞒重要事实的公司，处以五万元以上二百万元以下的罚款；情节严重的，吊销营业执照；**对直接负责的主管人员和其他直接责任人员处以三万元以上三十万元以下的罚款**。	第一百九十八条 违反本法规定，虚报注册资本、提交虚假材料或者采取其他欺诈手段隐瞒重要事实取得公司登记的，由公司登记机关责令改正，对虚报注册资本的公司，处以虚报注册资本金额百分之五以上百分之十五以下的罚款；对提交虚假材料或者采取其他欺诈手段隐瞒重要事实的公司，处以五万元以上~~五十万元~~以下的罚款；情节严重的，~~撤销公司登记或者~~吊销营业执照。

通过欺诈手段隐瞒重要事实取得公司登记的情形主要包括虚报注册资本和提交虚假材料两类。这些欺诈手段都存在完全虚假或者部分虚假的情形，需要依欺诈的严重程度设置相应的责任。此次修订强化了对于欺诈取得公司登记的处罚力度，同时针对负有责任的个人设置相应的罚款规定。

第二百五十一条 【违反信息公示规定的法律责任】

修订后	修订前
第二百五十一条 公司未依照本法第四十条规定公示有关信息或者不如实公示有关信息的，由公司	新增条文

登记机关责令改正，可以处以一万元以上五万元以下的罚款。情节严重的，处以五万元以上二十万元以下的罚款；对直接负责的主管人员和其他直接责任人员处以一万元以上十万元以下的罚款。	

本条是新增条文。
公司应当依法通过国家企业信用信息公示系统真实、准确、完整地履行公示相关事项的义务。本条对于违反信息公示规定的公司及其负有责任的个人设置了相应的法律责任。

第二百五十二条 【虚假出资或未出资的法律责任】

修订后	修订前
第二百五十二条　公司的发起人、股东虚假出资，未交付或者未按期交付作为出资的货币或者非货币财产的，由公司登记机关责令改正，**可以处以五万元以上二十万元以下的罚款；情节严重的，处以虚假出资或者未出资**金额百分之五以上百分之十五以下的罚款；**对直接负责的主管人员和其他直接责任人员处以一万元以上十万元以下的罚款。**	第一百九十九条　公司的发起人、股东虚假出资，未交付或者未按期交付作为出资的货币或者非货币财产的，由公司登记机关责令改正，处以虚假出资金额百分之五以上百分之十五以下的罚款。

虚假出资和未出资有别，前者可能营造实际出资的假象，后者则直接呈现未出资的事实。此次修订强化了对于虚假出资和未出资的处罚力度，主要针对负有责任的个人设置相应的罚款规定。

177

第二百五十三条 【抽逃出资的法律责任】

修订后	修订前
第二百五十三条 公司的发起人、股东在公司成立后,抽逃其出资的,由公司登记机关责令改正,处所抽逃出资金额百分之五以上百分之十五以下的罚款;对直接负责的主管人员和其他直接责任人员处以三万元以上三十万元以下的罚款。	第二百条 公司的发起人、股东在公司成立后,抽逃其出资的,由公司登记机关责令改正,处以所抽逃出资金额百分之五以上百分之十五以下的罚款。

公司成立后,股东不得抽逃出资。抽逃出资行为会严重损害公司资本充实和公司债权人利益。此次修订强化了对于抽逃出资的处罚力度,主要针对负有责任的个人设置相应的罚款规定。

第二百五十四条 【违反财务会计制度的法律责任】

修订后	修订前
第二百五十四条 有下列行为之一的,由县级以上人民政府财政部门依照《中华人民共和国会计法》等法律、行政法规的规定处罚: (一)在法定的会计账簿以外另立会计账簿; (二)提供存在虚假记载或者隐瞒重要事实的财务会计报告。	第二百零一条 公司违反本法规定,在法定的会计账簿以外另立会计账簿的,由县级以上人民政府财政部门责令改正,处以五万元以上五十万元以下的罚款。 第二百零二条 公司在依法向有关主管部门提供的财务会计报告等材料上作虚假记载或者隐瞒重要事实的,由有关主管部门对直接负责的主管人员和其他直接责任人员处以三万元以上三十万元以下的罚款。

本条规定将旧法关于违反财务会计制度的具体处罚作了概括性规定,并在原规定基础上凝练并列示违反财务会计制度的两种具体情形。会计法等法律、行政法规对于违反财务会计制度应当承担的法律责任有更系统的规定,且相关规定可根据需要适时调整,本法确无针对具体情形设置相应的处罚规定之必要。

第二百五十五条 【不依法通知或公告债权人的法律责任】

修订后	修订前
第二百五十五条 公司在合并、分立、减少注册资本或者进行清算时，不依照本法规定通知或者公告债权人的，由公司登记机关责令改正，对公司处以一万元以上十万元以下的罚款。	第二百零四条第一款 公司在合并、分立、减少注册资本或者进行清算时，不依照本法规定通知或者公告债权人的，由公司登记机关责令改正，对公司处以一万元以上十万元以下的罚款。
公司合并、分立、减资或清算对公司债权人利益产生重要影响。依照本法第十一章、第十二章的相关规定，公司在上述情形下依法负有通知或者公告债权人的义务，以便债权人及时了解情况并依法主张相关权利，否则应当承担相应的法律责任。	

第二百五十六条 【妨害清算的法律责任】

修订后	修订前
第二百五十六条 公司在进行清算时，隐匿财产，对资产负债表或者财产清单作虚假记载，或者在未清偿债务前分配公司财产的，由公司登记机关责令改正，对公司处以隐匿财产或者未清偿债务前分配公司财产金额百分之五以上百分之十以下的罚款；对直接负责的主管人员和其他直接责任人员处以一万元以上十万元以下的罚款。	第二百零四条第二款 公司在进行清算时，隐匿财产，对资产负债表或者财产清单作虚假记载或者在未清偿债务前分配公司财产的，由公司登记机关责令改正，对公司处以隐匿财产或者未清偿债务前分配公司财产金额百分之五以上百分之十以下的罚款；对直接负责的主管人员和其他直接责任人员处以一万元以上十万元以下的罚款。
公司清算应当首先满足各类债权人债权的实现，而后还有剩余的财产方可向股东分配。公司以及直接负责的主管人员和其他直接责任人员妨害清算严重损害债权人或者其他人利益的，应当承担相应的法律责任。《刑法》第一百六十二条规定了妨害清算罪。此外，《刑法》第一百六十二条之二还规定了虚假破产罪。	

第二百五十七条 【中介机构违法的法律责任】

修订后	修订前
第二百五十七条 承担资产评估、验资或者验证的机构提供虚假材料**或者提供有重大遗漏的报告**的，由**有关部门依照《中华人民共和国资产评估法》、《中华人民共和国注册会计师法》等法律、行政法规的规定处罚**。 承担资产评估、验资或者验证的机构因其出具的评估结果、验资或者验证证明不实，给公司债权人造成损失的，除能够证明自己没有过错的外，在其评估或者证明不实的金额范围内承担赔偿责任。	第二百零七条 承担资产评估、验资或者验证的机构提供虚假材料的，~~由公司登记机关没收违法所得，处以违法所得一倍以上五倍以下的罚款，并可以由有关主管部门依法责令该机构停业、吊销直接责任人员的资格证书，吊销营业执照~~。 ~~承担资产评估、验资或者验证的机构因过失提供有重大遗漏的报告的，由公司登记机关责令改正，情节较重的，处以所得收入一倍以上五倍以下的罚款，并可以由有关主管部门依法责令该机构停业、吊销直接责任人员的资格证书，吊销营业执照。~~ 承担资产评估、验资或者验证的机构因其出具的评估结果、验资或者验证证明不实，给公司债权人造成损失的，除能够证明自己没有过错的外，在其评估或者证明不实的金额范围内承担赔偿责任。

本条第一款规定将旧法关于承担资产评估、验资或者验证的机构的行政责任改为概括性规定。资产评估法、注册会计师法等法律、行政法规对于中介机构及其从业人员应当承担的行政责任、刑事责任有更系统的规定，且相关规定可根据需要适时调整，本法确无针对具体情形设置相应的处罚规定之必要。

对于承担资产评估、验资或者验证的机构应当承担的民事赔偿责任，本条第二款采取过错推定的归责原则，要求相关机构在其评估或者证明不实的金额范围内承担赔偿责任。

第二百五十八条　【公司登记机关违法的法律责任】

修订后	修订前
第二百五十八条　公司登记机关违反法律、行政法规规定未履行职责或者履行职责不当的，对负有责任的领导人员和直接责任人员依法给予政务处分。	第二百零八条　公司登记机关~~对不符合本法规定条件的登记申请予以登记，或者对符合本法规定条件的登记申请不予登记的，~~对<u>直接</u>负责的<u>主管</u>人员和其他直接责任人员~~，~~依法给予<u>行</u>政处分。 第二百零九条　公司登记机关~~的上级部门强令公司登记机关对不符合本法规定条件的登记申请予以登记，或者对符合本法规定条件的登记申请不予登记的，或者对违法登记进行包庇的，~~对<u>直接负责的主管</u>人员和<u>其他</u>直接责任人员依法给予行政处分。
本条规定将旧法第二百零八条、第二百零九条予以统合并作出概括性规定。公司登记机关及其工作人员是否依法履职、秉公用权、廉洁从政从业、坚持道德操守，直接关系到公司登记制度的落实、市场经济秩序的稳定和营商环境的优化程度。对于未依法履行职责或者履行职责不当的公司登记机关负有责任的领导人员和直接责任人员应当依照监察法、公职人员政务处分法等法律、行政法规的规定依法给予政务处分。	

第二百五十九条　【冒用公司或分公司名义的法律责任】

修订后	修订前
第二百五十九条　未依法登记为有限责任公司或者股份有限公司，而冒用有限责任公司或者股份有限公司名义的，或者未依法登记为有限责任公司或者股份有限公司的分	第二百一十条　未依法登记为有限责任公司或者股份有限公司，而冒用有限责任公司或者股份有限公司名义的，或者未依法登记为有限责任公司或者股份有限公司的分

181

| 公司，而冒用有限责任公司或者股份有限公司的分公司名义的，由公司登记机关责令改正或者予以取缔，可以并处十万元以下的罚款。 | 公司，而冒用有限责任公司或者股份有限公司的分公司名义的，由公司登记机关责令改正或者予以取缔，可以并处十万元以下的罚款。 |

  设立公司或其分公司并以其名义开展营业，应当遵守本法及相关法律法规关于公司或其分公司设立登记的规定。未经登记，不得以公司或其分公司名义从事经营活动，否则应当承担相应的法律责任。

第二百六十条　【未依法开业或停业、办理变更登记的法律责任】

修订后	修订前

第二百六十条　公司成立后无正当理由超过六个月未开业的，或者开业后自行停业连续六个月以上的，公司登记机关可以吊销营业执照，**但公司依法办理歇业的除外**。
  公司登记事项发生变更时，未依照本法规定办理有关变更登记的，由公司登记机关责令限期登记；逾期不登记的，处以一万元以上十万元以下的罚款。
	第二百一十一条　公司成立后无正当理由超过六个月未开业的，或者开业后自行停业连续六个月以上的，<u>可以由</u>公司登记机关吊销营业执照。
	  公司登记事项发生变更时，未依照本法规定办理有关变更登记的，由公司登记机关责令限期登记；逾期不登记的，处以一万元以上十万元以下的罚款。

  公司成立后应当尽快开展营业，确有需要歇业的应当依法及时办理。倘若大量存在成立而不开业或开业后又自行长期停业的公司，就可能营造虚假繁荣，不利于市场的良性发展。因此，对于不依法开业的公司，公司登记机关可以吊销其营业执照。

  公司登记事项发生变更的，应当依法办理变更登记，并及时通过国家企业信用信息公示系统向社会公示变更后的事项，以维护交易安全。未依法办理变更登记的，应当承担相应的法律责任。

第二百六十一条 【外国公司违法设立分支机构的法律责任】

修订后	修订前
第二百六十一条 外国公司违反本法规定，擅自在**中华人民共和国境内**设立分支机构的，由公司登记机关责令改正或者关闭，可以并处五万元以上二十万元以下的罚款。	第二百一十二条 外国公司违反本法规定，擅自在<u>中国</u>境内设立分支机构的，由公司登记机关责令改正或者关闭，可以并处五万元以上二十万元以下的罚款。

外国公司在中国境内设立分支机构应当遵守本法第十三章及其他相关章节的规定。擅自设立分支机构的行为若破坏了我国公司管理制度，扰乱了正常的市场秩序，应当承担相应的法律责任。

第二百六十二条 【利用公司名义从事严重违法行为的法律责任】

修订后	修订前
第二百六十二条 利用公司名义从事危害国家安全、社会公共利益的严重违法行为的，吊销营业执照。	第二百一十三条 利用公司名义从事危害国家安全、社会公共利益的严重违法行为的，吊销营业执照。

对于利用公司名义从事本条规定的严重违法行为，应当通过吊销营业执照剥夺公司的营业资格，强制其退出市场。除吊销营业执照外，还将依法追究行为人其他相应的法律责任。

第二百六十三条 【民事赔偿优先】

修订后	修订前
第二百六十三条 公司违反本法规定，应当承担民事赔偿责任和缴纳罚款、罚金的，其财产不足以支付时，先承担民事赔偿责任。	第二百一十四条 公司违反本法规定，应当承担民事赔偿责任和缴纳罚款、罚金的，其财产不足以支付时，先承担民事赔偿责任。

183

> 法律责任包括民事责任、行政责任、刑事责任。当公司的违法行为产生责任竞合而其财产又不足以支付全部赔偿和罚款、罚金时,基于保护民事主体合法权益和市场自治自律的考量,应当先承担民事赔偿责任。

第二百六十四条 【刑事责任】

修订后	修订前
第二百六十四条 违反本法规定,构成犯罪的,依法追究刑事责任。	第二百一十五条 违反本法规定,构成犯罪的,依法追究刑事责任。

> 公司、股东、实际控制人、董事、监事、高级管理人员以及其他责任人员违反本法规定,构成犯罪的,依法追究刑事责任。上述主体可能构成犯罪的行为主要涉及刑法分则第三章破坏社会主义市场经济秩序罪的相关规定,尤其是妨害对公司、企业的管理秩序罪、破坏金融管理秩序罪等节涉及的各项罪名,以及第八章贪污贿赂罪的相关规定。
> 为了适应反腐败斗争新形势及加强对民营企业平等保护的需要,刑法修正案(十二)对于上述章节的相关规定也作了相应完善。

第十五章 附 则

第二百六十五条 【本法相关用语的含义】

修订后	修订前
第二百六十五条 本法下列用语的含义： （一）高级管理人员，是指公司的经理、副经理、财务负责人，上市公司董事会秘书和公司章程规定的其他人员。 （二）控股股东，是指其出资额占有限责任公司资本总额**超过**百分之五十或者其持有的股份占股份有限公司股本总额**超过**百分之五十的股东；出资额或者持有股份的比例虽然**低于**百分之五十，但依其出资额或者持有的股份所享有的表决权已足以对**股东会**的决议产生重大影响的股东。 （三）实际控制人，是指通过投资关系、协议或者其他安排，能够实际支配公司行为的人。 （四）关联关系，是指公司控股股东、实际控制人、董事、监事、高级管理人员与其直接或者间接控制的企业之间的关系，以及可能导致公司利益转移的其他关系。但是，国家控股的企业之间不仅因为同受国家控股而具有关联关系。	第二百一十六条 本法下列用语的含义： （一）高级管理人员，是指公司的经理、副经理、财务负责人，上市公司董事会秘书和公司章程规定的其他人员。 （二）控股股东，是指其出资额占有限责任公司资本总额百分之五十以上或者其持有的股份占股份有限公司股本总额百分之五十以上的股东；出资额或者持有股份的比例虽然不足百分之五十，但依其出资额或者持有的股份所享有的表决权已足以对股东会~~、股东大会~~的决议产生重大影响的股东。 （三）实际控制人，是指~~虽不是公司的股东，但~~通过投资关系、协议或者其他安排，能够实际支配公司行为的人。 （四）关联关系，是指公司控股股东、实际控制人、董事、监事、高级管理人员与其直接或者间接控制的企业之间的关系，以及可能导致公司利益转移的其他关系。但是，国家控股的企业之间不仅因为同受国家控股而具有关联关系。

185

本条规定主要对控股股东和实际控制人两个概念的含义作出调整。

对于控股股东的含义，本条将原来规定中的"以上"改为"超过"，"不足"改为"低于"。"超过"不包括本数，即识别控股股东的第一项标准是股东持股比例过半数。进而，该项中的"低于"则应当包括本数，否则可能出现规则适用空白。股东持股比例虽未过半数，但其所享有的表决权足以影响股东会决议的，构成识别控股股东的第二项标准。

对于实际控制人的含义，本条规定删除"虽不是公司的股东"的表述。这也是为了修补旧法对于控股股东和实际控制人的定义可能存在规则适用空白的制度回应。由此，控股股东和实际控制人并非两个并行的概念。实际控制人在本质上是一个涵盖各类控制权行使主体的上位概念。

至于高级管理人员的含义，需注意其既有法定范畴，也可有公司章程规定的自治空间。关联关系则有必要区分国家控股的企业与其他企业在认定关联关系方面的区别。

第二百六十六条 【施行日期和过渡调整】

修订后	修订前
第二百六十六条 本法自2024年7月1日起施行。 本法施行前已登记设立的公司，出资期限超过本法规定的期限的，除法律、行政法规或者国务院另有规定外，应当逐步调整至本法规定的期限以内；对于出资期限、出资额明显异常的，公司登记机关可以依法要求其及时调整。具体实施办法由国务院规定。	第二百一十八条 本法自2006年1月1日起施行。

对法律条文作出全面修订，公布新的法律文本替代旧的法律文本，需要重新确定法律施行日期。立法机关经与有关方面研究，确定修订后的公司法施行日期为2024年7月1日。

对于本法施行前已登记设立的公司的股东出资期限需要相应的过渡调整规则。有限责任公司应逐步将股东出资期限调整至五年内；股份有限公司则需要在国务院规定的期限内调整为实缴制。否则，本法施行前后的公司可能因为适用规则差异而有失公平，并可能产生投机行为。

附　录

中华人民共和国主席令
（第十五号）

《中华人民共和国公司法》已由中华人民共和国第十四届全国人民代表大会常务委员会第七次会议于 2023 年 12 月 29 日修订通过，现予公布，自 2024 年 7 月 1 日起施行。

中华人民共和国主席　习近平

2023 年 12 月 29 日

中华人民共和国公司法

（1993年12月29日第八届全国人民代表大会常务委员会第五次会议通过　根据1999年12月25日第九届全国人民代表大会常务委员会第十三次会议《关于修改〈中华人民共和国公司法〉的决定》第一次修正　根据2004年8月28日第十届全国人民代表大会常务委员会第十一次会议《关于修改〈中华人民共和国公司法〉的决定》第二次修正　2005年10月27日第十届全国人民代表大会常务委员会第十八次会议第一次修订　根据2013年12月28日第十二届全国人民代表大会常务委员会第六次会议《关于修改〈中华人民共和国海洋环境保护法〉等七部法律的决定》第三次修正　根据2018年10月26日第十三届全国人民代表大会常务委员会第六次会议《关于修改〈中华人民共和国公司法〉的决定》第四次修正　2023年12月29日第十四届全国人民代表大会常务委员会第七次会议第二次修订）

目　　录

第一章　总　　则
第二章　公司登记
第三章　有限责任公司的设立和组织机构
　第一节　设　　立
　第二节　组织机构
第四章　有限责任公司的股权转让
第五章　股份有限公司的设立和组织机构
　第一节　设　　立
　第二节　股　东　会
　第三节　董事会、经理
　第四节　监　事　会
　第五节　上市公司组织机构的特别规定
第六章　股份有限公司的股份发行和转让

第一节　股份发行
第二节　股份转让
第七章　国家出资公司组织机构的特别规定
第八章　公司董事、监事、高级管理人员的资格和义务
第九章　公司债券
第十章　公司财务、会计
第十一章　公司合并、分立、增资、减资
第十二章　公司解散和清算
第十三章　外国公司的分支机构
第十四章　法律责任
第十五章　附　　则

第一章　总　　则

第一条　为了规范公司的组织和行为，保护公司、股东、职工和债权人的合法权益，完善中国特色现代企业制度，弘扬企业家精神，维护社会经济秩序，促进社会主义市场经济的发展，根据宪法，制定本法。

第二条　本法所称公司，是指依照本法在中华人民共和国境内设立的有限责任公司和股份有限公司。

第三条　公司是企业法人，有独立的法人财产，享有法人财产权。公司以其全部财产对公司的债务承担责任。

公司的合法权益受法律保护，不受侵犯。

第四条　有限责任公司的股东以其认缴的出资额为限对公司承担责任；股份有限公司的股东以其认购的股份为限对公司承担责任。

公司股东对公司依法享有资产收益、参与重大决策和选择管理者等权利。

第五条　设立公司应当依法制定公司章程。公司章程对公司、股东、董事、监事、高级管理人员具有约束力。

第六条　公司应当有自己的名称。公司名称应当符合国家有关规定。

公司的名称权受法律保护。

第七条　依照本法设立的有限责任公司，应当在公司名称中标明有限责任公司或者有限公司字样。

依照本法设立的股份有限公司，应当在公司名称中标明股份有限公司或者股份公司字样。

第八条 公司以其主要办事机构所在地为住所。

第九条 公司的经营范围由公司章程规定。公司可以修改公司章程，变更经营范围。

公司的经营范围中属于法律、行政法规规定须经批准的项目，应当依法经过批准。

第十条 公司的法定代表人按照公司章程的规定，由代表公司执行公司事务的董事或者经理担任。

担任法定代表人的董事或者经理辞任的，视为同时辞去法定代表人。

法定代表人辞任的，公司应当在法定代表人辞任之日起三十日内确定新的法定代表人。

第十一条 法定代表人以公司名义从事的民事活动，其法律后果由公司承受。

公司章程或者股东会对法定代表人职权的限制，不得对抗善意相对人。

法定代表人因执行职务造成他人损害的，由公司承担民事责任。公司承担民事责任后，依照法律或者公司章程的规定，可以向有过错的法定代表人追偿。

第十二条 有限责任公司变更为股份有限公司，应当符合本法规定的股份有限公司的条件。股份有限公司变更为有限责任公司，应当符合本法规定的有限责任公司的条件。

有限责任公司变更为股份有限公司的，或者股份有限公司变更为有限责任公司的，公司变更前的债权、债务由变更后的公司承继。

第十三条 公司可以设立子公司。子公司具有法人资格，依法独立承担民事责任。

公司可以设立分公司。分公司不具有法人资格，其民事责任由公司承担。

第十四条 公司可以向其他企业投资。

法律规定公司不得成为对所投资企业的债务承担连带责任的出资人的，从其规定。

第十五条 公司向其他企业投资或者为他人提供担保，按照公司章程的规定，由董事会或者股东会决议；公司章程对投资或者担保的总额及单项投资或者担保的数额有限额规定的，不得超过规定的限额。

公司为公司股东或者实际控制人提供担保的，应当经股东会决议。

前款规定的股东或者受前款规定的实际控制人支配的股东，不得参加前款规定事项的表决。该项表决由出席会议的其他股东所持表决权的过半数通过。

第十六条 公司应当保护职工的合法权益,依法与职工签订劳动合同,参加社会保险,加强劳动保护,实现安全生产。

公司应当采用多种形式,加强公司职工的职业教育和岗位培训,提高职工素质。

第十七条 公司职工依照《中华人民共和国工会法》组织工会,开展工会活动,维护职工合法权益。公司应当为本公司工会提供必要的活动条件。公司工会代表职工就职工的劳动报酬、工作时间、休息休假、劳动安全卫生和保险福利等事项依法与公司签订集体合同。

公司依照宪法和有关法律的规定,建立健全以职工代表大会为基本形式的民主管理制度,通过职工代表大会或者其他形式,实行民主管理。

公司研究决定改制、解散、申请破产以及经营方面的重大问题、制定重要的规章制度时,应当听取公司工会的意见,并通过职工代表大会或者其他形式听取职工的意见和建议。

第十八条 在公司中,根据中国共产党章程的规定,设立中国共产党的组织,开展党的活动。公司应当为党组织的活动提供必要条件。

第十九条 公司从事经营活动,应当遵守法律法规,遵守社会公德、商业道德,诚实守信,接受政府和社会公众的监督。

第二十条 公司从事经营活动,应当充分考虑公司职工、消费者等利益相关者的利益以及生态环境保护等社会公共利益,承担社会责任。

国家鼓励公司参与社会公益活动,公布社会责任报告。

第二十一条 公司股东应当遵守法律、行政法规和公司章程,依法行使股东权利,不得滥用股东权利损害公司或者其他股东的利益。

公司股东滥用股东权利给公司或者其他股东造成损失的,应当承担赔偿责任。

第二十二条 公司的控股股东、实际控制人、董事、监事、高级管理人员不得利用关联关系损害公司利益。

违反前款规定,给公司造成损失的,应当承担赔偿责任。

第二十三条 公司股东滥用公司法人独立地位和股东有限责任,逃避债务,严重损害公司债权人利益的,应当对公司债务承担连带责任。

股东利用其控制的两个以上公司实施前款规定行为的,各公司应当对任一公司的债务承担连带责任。

只有一个股东的公司,股东不能证明公司财产独立于股东自己的财产的,应当对公司债务承担连带责任。

第二十四条 公司股东会、董事会、监事会召开会议和表决可以采用电子通信方式,公司章程另有规定的除外。

第二十五条 公司股东会、董事会的决议内容违反法律、行政法规的无效。

第二十六条 公司股东会、董事会的会议召集程序、表决方式违反法律、行政法规或者公司章程，或者决议内容违反公司章程的，股东自决议作出之日起六十日内，可以请求人民法院撤销。但是，股东会、董事会的会议召集程序或者表决方式仅有轻微瑕疵，对决议未产生实质影响的除外。

未被通知参加股东会会议的股东自知道或者应当知道股东会决议作出之日起六十日内，可以请求人民法院撤销；自决议作出之日起一年内没有行使撤销权的，撤销权消灭。

第二十七条 有下列情形之一的，公司股东会、董事会的决议不成立：

（一）未召开股东会、董事会会议作出决议；

（二）股东会、董事会会议未对决议事项进行表决；

（三）出席会议的人数或者所持表决权数未达到本法或者公司章程规定的人数或者所持表决权数；

（四）同意决议事项的人数或者所持表决权数未达到本法或者公司章程规定的人数或者所持表决权数。

第二十八条 公司股东会、董事会决议被人民法院宣告无效、撤销或者确认不成立的，公司应当向公司登记机关申请撤销根据该决议已办理的登记。

股东会、董事会决议被人民法院宣告无效、撤销或者确认不成立的，公司根据该决议与善意相对人形成的民事法律关系不受影响。

第二章 公司登记

第二十九条 设立公司，应当依法向公司登记机关申请设立登记。

法律、行政法规规定设立公司必须报经批准的，应当在公司登记前依法办理批准手续。

第三十条 申请设立公司，应当提交设立登记申请书、公司章程等文件，提交的相关材料应当真实、合法和有效。

申请材料不齐全或者不符合法定形式的，公司登记机关应当一次性告知需要补正的材料。

第三十一条 申请设立公司，符合本法规定的设立条件的，由公司登记机关分别登记为有限责任公司或者股份有限公司；不符合本法规定的设立条件的，不得登记为有限责任公司或者股份有限公司。

第三十二条 公司登记事项包括：
（一）名称；
（二）住所；
（三）注册资本；
（四）经营范围；
（五）法定代表人的姓名；
（六）有限责任公司股东、股份有限公司发起人的姓名或者名称。
公司登记机关应当将前款规定的公司登记事项通过国家企业信用信息公示系统向社会公示。

第三十三条 依法设立的公司，由公司登记机关发给公司营业执照。公司营业执照签发日期为公司成立日期。
公司营业执照应当载明公司的名称、住所、注册资本、经营范围、法定代表人姓名等事项。
公司登记机关可以发给电子营业执照。电子营业执照与纸质营业执照具有同等法律效力。

第三十四条 公司登记事项发生变更的，应当依法办理变更登记。
公司登记事项未经登记或者未经变更登记，不得对抗善意相对人。

第三十五条 公司申请变更登记，应当向公司登记机关提交公司法定代表人签署的变更登记申请书、依法作出的变更决议或者决定等文件。
公司变更登记事项涉及修改公司章程的，应当提交修改后的公司章程。
公司变更法定代表人的，变更登记申请书由变更后的法定代表人签署。

第三十六条 公司营业执照记载的事项发生变更的，公司办理变更登记后，由公司登记机关换发营业执照。

第三十七条 公司因解散、被宣告破产或者其他法定事由需要终止的，应当依法向公司登记机关申请注销登记，由公司登记机关公告公司终止。

第三十八条 公司设立分公司，应当向公司登记机关申请登记，领取营业执照。

第三十九条 虚报注册资本、提交虚假材料或者采取其他欺诈手段隐瞒重要事实取得公司设立登记的，公司登记机关应当依照法律、行政法规的规定予以撤销。

第四十条 公司应当按照规定通过国家企业信用信息公示系统公示下列事项：
（一）有限责任公司股东认缴和实缴的出资额、出资方式和出资日期，股份有限公司发起人认购的股份数；
（二）有限责任公司股东、股份有限公司发起人的股权、股份变更信息；

（三）行政许可取得、变更、注销等信息；
（四）法律、行政法规规定的其他信息。
公司应当确保前款公示信息真实、准确、完整。

第四十一条 公司登记机关应当优化公司登记办理流程，提高公司登记效率，加强信息化建设，推行网上办理等便捷方式，提升公司登记便利化水平。

国务院市场监督管理部门根据本法和有关法律、行政法规的规定，制定公司登记注册的具体办法。

第三章　有限责任公司的设立和组织机构

第一节　设　立

第四十二条 有限责任公司由一个以上五十个以下股东出资设立。

第四十三条 有限责任公司设立时的股东可以签订设立协议，明确各自在公司设立过程中的权利和义务。

第四十四条 有限责任公司设立时的股东为设立公司从事的民事活动，其法律后果由公司承受。

公司未成立的，其法律后果由公司设立时的股东承受；设立时的股东为二人以上的，享有连带债权，承担连带债务。

设立时的股东为设立公司以自己的名义从事民事活动产生的民事责任，第三人有权选择请求公司或者公司设立时的股东承担。

设立时的股东因履行公司设立职责造成他人损害的，公司或者无过错的股东承担赔偿责任后，可以向有过错的股东追偿。

第四十五条 设立有限责任公司，应当由股东共同制定公司章程。

第四十六条 有限责任公司章程应当载明下列事项：

（一）公司名称和住所；
（二）公司经营范围；
（三）公司注册资本；
（四）股东的姓名或者名称；
（五）股东的出资额、出资方式和出资日期；
（六）公司的机构及其产生办法、职权、议事规则；
（七）公司法定代表人的产生、变更办法；

（八）股东会认为需要规定的其他事项。

股东应当在公司章程上签名或者盖章。

第四十七条 有限责任公司的注册资本为在公司登记机关登记的全体股东认缴的出资额。全体股东认缴的出资额由股东按照公司章程的规定自公司成立之日起五年内缴足。

法律、行政法规以及国务院决定对有限责任公司注册资本实缴、注册资本最低限额、股东出资期限另有规定的，从其规定。

第四十八条 股东可以用货币出资，也可以用实物、知识产权、土地使用权、股权、债权等可以用货币估价并可以依法转让的非货币财产作价出资；但是，法律、行政法规规定不得作为出资的财产除外。

对作为出资的非货币财产应当评估作价，核实财产，不得高估或者低估作价。法律、行政法规对评估作价有规定的，从其规定。

第四十九条 股东应当按期足额缴纳公司章程规定的各自所认缴的出资额。

股东以货币出资的，应当将货币出资足额存入有限责任公司在银行开设的账户；以非货币财产出资的，应当依法办理其财产权的转移手续。

股东未按期足额缴纳出资的，除应当向公司足额缴纳外，还应当对给公司造成的损失承担赔偿责任。

第五十条 有限责任公司设立时，股东未按照公司章程规定实际缴纳出资，或者实际出资的非货币财产的实际价额显著低于所认缴的出资额的，设立时的其他股东与该股东在出资不足的范围内承担连带责任。

第五十一条 有限责任公司成立后，董事会应当对股东的出资情况进行核查，发现股东未按期足额缴纳公司章程规定的出资的，应当由公司向该股东发出书面催缴书，催缴出资。

未及时履行前款规定的义务，给公司造成损失的，负有责任的董事应当承担赔偿责任。

第五十二条 股东未按照公司章程规定的出资日期缴纳出资，公司依照前条第一款规定发出书面催缴书催缴出资的，可以载明缴纳出资的宽限期；宽限期自公司发出催缴书之日起，不得少于六十日。宽限期届满，股东仍未履行出资义务的，公司经董事会决议可以向该股东发出失权通知，通知应当以书面形式发出。自通知发出之日起，该股东丧失其未缴纳出资的股权。

依照前款规定丧失的股权应当依法转让，或者相应减少注册资本并注销该股权；六个月内未转让或者注销的，由公司其他股东按照其出资比例足额缴纳相应出资。

股东对失权有异议的，应当自接到失权通知之日起三十日内，向人民法院提起诉讼。

第五十三条 公司成立后，股东不得抽逃出资。

违反前款规定的，股东应当返还抽逃的出资；给公司造成损失的，负有责任的董事、监事、高级管理人员应当与该股东承担连带赔偿责任。

第五十四条 公司不能清偿到期债务的，公司或者已到期债权的债权人有权要求已认缴出资但未届出资期限的股东提前缴纳出资。

第五十五条 有限责任公司成立后，应当向股东签发出资证明书，记载下列事项：

（一）公司名称；

（二）公司成立日期；

（三）公司注册资本；

（四）股东的姓名或者名称、认缴和实缴的出资额、出资方式和出资日期；

（五）出资证明书的编号和核发日期。

出资证明书由法定代表人签名，并由公司盖章。

第五十六条 有限责任公司应当置备股东名册，记载下列事项：

（一）股东的姓名或者名称及住所；

（二）股东认缴和实缴的出资额、出资方式和出资日期；

（三）出资证明书编号；

（四）取得和丧失股东资格的日期。

记载于股东名册的股东，可以依股东名册主张行使股东权利。

第五十七条 股东有权查阅、复制公司章程、股东名册、股东会会议记录、董事会会议决议、监事会会议决议和财务会计报告。

股东可以要求查阅公司会计账簿、会计凭证。股东要求查阅公司会计账簿、会计凭证的，应当向公司提出书面请求，说明目的。公司有合理根据认为股东查阅会计账簿、会计凭证有不正当目的，可能损害公司合法利益的，可以拒绝提供查阅，并应当自股东提出书面请求之日起十五日内书面答复股东并说明理由。公司拒绝提供查阅的，股东可以向人民法院提起诉讼。

股东查阅前款规定的材料，可以委托会计师事务所、律师事务所等中介机构进行。

股东及其委托的会计师事务所、律师事务所等中介机构查阅、复制有关材料，应当遵守有关保护国家秘密、商业秘密、个人隐私、个人信息等法律、行政法规的规定。

股东要求查阅、复制公司全资子公司相关材料的，适用前四款的规定。

第二节 组织机构

第五十八条 有限责任公司股东会由全体股东组成。股东会是公司的权力机构，依照本法行使职权。

第五十九条 股东会行使下列职权：
（一）选举和更换董事、监事，决定有关董事、监事的报酬事项；
（二）审议批准董事会的报告；
（三）审议批准监事会的报告；
（四）审议批准公司的利润分配方案和弥补亏损方案；
（五）对公司增加或者减少注册资本作出决议；
（六）对发行公司债券作出决议；
（七）对公司合并、分立、解散、清算或者变更公司形式作出决议；
（八）修改公司章程；
（九）公司章程规定的其他职权。
股东会可以授权董事会对发行公司债券作出决议。
对本条第一款所列事项股东以书面形式一致表示同意的，可以不召开股东会会议，直接作出决定，并由全体股东在决定文件上签名或者盖章。

第六十条 只有一个股东的有限责任公司不设股东会。股东作出前条第一款所列事项的决定时，应当采用书面形式，并由股东签名或者盖章后置备于公司。

第六十一条 首次股东会会议由出资最多的股东召集和主持，依照本法规定行使职权。

第六十二条 股东会会议分为定期会议和临时会议。
定期会议应当按照公司章程的规定按时召开。代表十分之一以上表决权的股东、三分之一以上的董事或者监事会提议召开临时会议的，应当召开临时会议。

第六十三条 股东会会议由董事会召集，董事长主持；董事长不能履行职务或者不履行职务的，由副董事长主持；副董事长不能履行职务或者不履行职务的，由过半数的董事共同推举一名董事主持。
董事会不能履行或者不履行召集股东会会议职责的，由监事会召集和主持；监事会不召集和主持的，代表十分之一以上表决权的股东可以自行召集和主持。

第六十四条 召开股东会会议，应当于会议召开十五日前通知全体股东；但是，公司章程另有规定或者全体股东另有约定的除外。

股东会应当对所议事项的决定作成会议记录，出席会议的股东应当在会议记录上签名或者盖章。

第六十五条　股东会会议由股东按照出资比例行使表决权；但是，公司章程另有规定的除外。

第六十六条　股东会的议事方式和表决程序，除本法有规定的外，由公司章程规定。

股东会作出决议，应当经代表过半数表决权的股东通过。

股东会作出修改公司章程、增加或者减少注册资本的决议，以及公司合并、分立、解散或者变更公司形式的决议，应当经代表三分之二以上表决权的股东通过。

第六十七条　有限责任公司设董事会，本法第七十五条另有规定的除外。

董事会行使下列职权：

（一）召集股东会会议，并向股东会报告工作；

（二）执行股东会的决议；

（三）决定公司的经营计划和投资方案；

（四）制订公司的利润分配方案和弥补亏损方案；

（五）制订公司增加或者减少注册资本以及发行公司债券的方案；

（六）制订公司合并、分立、解散或者变更公司形式的方案；

（七）决定公司内部管理机构的设置；

（八）决定聘任或者解聘公司经理及其报酬事项，并根据经理的提名决定聘任或者解聘公司副经理、财务负责人及其报酬事项；

（九）制定公司的基本管理制度；

（十）公司章程规定或者股东会授予的其他职权。

公司章程对董事会职权的限制不得对抗善意相对人。

第六十八条　有限责任公司董事会成员为三人以上，其成员中可以有公司职工代表。职工人数三百人以上的有限责任公司，除依法设监事会并有公司职工代表的外，其董事会成员中应当有公司职工代表。董事会中的职工代表由公司职工通过职工代表大会、职工大会或者其他形式民主选举产生。

董事会设董事长一人，可以设副董事长。董事长、副董事长的产生办法由公司章程规定。

第六十九条　有限责任公司可以按照公司章程的规定在董事会中设置由董事组成的审计委员会，行使本法规定的监事会的职权，不设监事会或者监事。公司董事会成员中的职工代表可以成为审计委员会成员。

第七十条　董事任期由公司章程规定，但每届任期不得超过三年。董事任期届满，连选可以连任。

董事任期届满未及时改选，或者董事在任期内辞任导致董事会成员低于法定人数的，在改选出的董事就任前，原董事仍应当依照法律、行政法规和公司章程的规定，履行董事职务。

董事辞任的，应当以书面形式通知公司，公司收到通知之日辞任生效，但存在前款规定情形的，董事应当继续履行职务。

第七十一条 股东会可以决议解任董事，决议作出之日解任生效。

无正当理由，在任期届满前解任董事的，该董事可以要求公司予以赔偿。

第七十二条 董事会会议由董事长召集和主持；董事长不能履行职务或者不履行职务的，由副董事长召集和主持；副董事长不能履行职务或者不履行职务的，由过半数的董事共同推举一名董事召集和主持。

第七十三条 董事会的议事方式和表决程序，除本法有规定的外，由公司章程规定。

董事会会议应当有过半数的董事出席方可举行。董事会作出决议，应当经全体董事的过半数通过。

董事会决议的表决，应当一人一票。

董事会应当对所议事项的决定作成会议记录，出席会议的董事应当在会议记录上签名。

第七十四条 有限责任公司可以设经理，由董事会决定聘任或者解聘。

经理对董事会负责，根据公司章程的规定或者董事会的授权行使职权。经理列席董事会会议。

第七十五条 规模较小或者股东人数较少的有限责任公司，可以不设董事会，设一名董事，行使本法规定的董事会的职权。该董事可以兼任公司经理。

第七十六条 有限责任公司设监事会，本法第六十九条、第八十三条另有规定的除外。

监事会成员为三人以上。监事会成员应当包括股东代表和适当比例的公司职工代表，其中职工代表的比例不得低于三分之一，具体比例由公司章程规定。监事会中的职工代表由公司职工通过职工代表大会、职工大会或者其他形式民主选举产生。

监事会设主席一人，由全体监事过半数选举产生。监事会主席召集和主持监事会会议；监事会主席不能履行职务或者不履行职务的，由过半数的监事共同推举一名监事召集和主持监事会会议。

董事、高级管理人员不得兼任监事。

第七十七条 监事的任期每届为三年。监事任期届满，连选可以连任。

监事任期届满未及时改选，或者监事在任期内辞任导致监事会成员低于法定人数的，在改选出的监事就任前，原监事仍应当依照法律、行政法规和公司章程的规定，履行监事职务。

第七十八条 监事会行使下列职权：

（一）检查公司财务；

（二）对董事、高级管理人员执行职务的行为进行监督，对违反法律、行政法规、公司章程或者股东会决议的董事、高级管理人员提出解任的建议；

（三）当董事、高级管理人员的行为损害公司的利益时，要求董事、高级管理人员予以纠正；

（四）提议召开临时股东会会议，在董事会不履行本法规定的召集和主持股东会会议职责时召集和主持股东会会议；

（五）向股东会会议提出提案；

（六）依照本法第一百八十九条的规定，对董事、高级管理人员提起诉讼；

（七）公司章程规定的其他职权。

第七十九条 监事可以列席董事会会议，并对董事会决议事项提出质询或者建议。

监事会发现公司经营情况异常，可以进行调查；必要时，可以聘请会计师事务所等协助其工作，费用由公司承担。

第八十条 监事会可以要求董事、高级管理人员提交执行职务的报告。

董事、高级管理人员应当如实向监事会提供有关情况和资料，不得妨碍监事会或者监事行使职权。

第八十一条 监事会每年度至少召开一次会议，监事可以提议召开临时监事会会议。

监事会的议事方式和表决程序，除本法有规定的外，由公司章程规定。

监事会决议应当经全体监事的过半数通过。

监事会决议的表决，应当一人一票。

监事会应当对所议事项的决定作成会议记录，出席会议的监事应当在会议记录上签名。

第八十二条 监事会行使职权所必需的费用，由公司承担。

第八十三条 规模较小或者股东人数较少的有限责任公司，可以不设监事会，设一名监事，行使本法规定的监事会的职权；经全体股东一致同意，也可以不设监事。

第四章　有限责任公司的股权转让

第八十四条　有限责任公司的股东之间可以相互转让其全部或者部分股权。

股东向股东以外的人转让股权的，应当将股权转让的数量、价格、支付方式和期限等事项书面通知其他股东，其他股东在同等条件下有优先购买权。股东自接到书面通知之日起三十日内未答复的，视为放弃优先购买权。两个以上股东行使优先购买权的，协商确定各自的购买比例；协商不成的，按照转让时各自的出资比例行使优先购买权。

公司章程对股权转让另有规定的，从其规定。

第八十五条　人民法院依照法律规定的强制执行程序转让股东的股权时，应当通知公司及全体股东，其他股东在同等条件下有优先购买权。其他股东自人民法院通知之日起满二十日不行使优先购买权的，视为放弃优先购买权。

第八十六条　股东转让股权的，应当书面通知公司，请求变更股东名册；需要办理变更登记的，并请求公司向公司登记机关办理变更登记。公司拒绝或者在合理期限内不予答复的，转让人、受让人可以依法向人民法院提起诉讼。

股权转让的，受让人自记载于股东名册时起可以向公司主张行使股东权利。

第八十七条　依照本法转让股权后，公司应当及时注销原股东的出资证明书，向新股东签发出资证明书，并相应修改公司章程和股东名册中有关股东及其出资额的记载。对公司章程的该项修改不需再由股东会表决。

第八十八条　股东转让已认缴出资但未届出资期限的股权的，由受让人承担缴纳该出资的义务；受让人未按期足额缴纳出资的，转让人对受让人未按期缴纳的出资承担补充责任。

未按照公司章程规定的出资日期缴纳出资或者作为出资的非货币财产的实际价额显著低于所认缴的出资额的股东转让股权的，转让人与受让人在出资不足的范围内承担连带责任；受让人不知道且不应当知道存在上述情形的，由转让人承担责任。

第八十九条　有下列情形之一的，对股东会该项决议投反对票的股东可以请求公司按照合理的价格收购其股权：

（一）公司连续五年不向股东分配利润，而公司该五年连续盈利，并且符合本法规定的分配利润条件；

（二）公司合并、分立、转让主要财产；

（三）公司章程规定的营业期限届满或者章程规定的其他解散事由出现，股东会通过决议修改章程使公司存续。

自股东会决议作出之日起六十日内，股东与公司不能达成股权收购协议的，股东可以自股东会决议作出之日起九十日内向人民法院提起诉讼。

公司的控股股东滥用股东权利，严重损害公司或者其他股东利益的，其他股东有权请求公司按照合理的价格收购其股权。

公司因本条第一款、第三款规定的情形收购的本公司股权，应当在六个月内依法转让或者注销。

第九十条 自然人股东死亡后，其合法继承人可以继承股东资格；但是，公司章程另有规定的除外。

第五章 股份有限公司的设立和组织机构

第一节 设　　立

第九十一条 设立股份有限公司，可以采取发起设立或者募集设立的方式。

发起设立，是指由发起人认购设立公司时应发行的全部股份而设立公司。

募集设立，是指由发起人认购设立公司时应发行股份的一部分，其余股份向特定对象募集或者向社会公开募集而设立公司。

第九十二条 设立股份有限公司，应当有一人以上二百人以下为发起人，其中应当有半数以上的发起人在中华人民共和国境内有住所。

第九十三条 股份有限公司发起人承担公司筹办事务。

发起人应当签订发起人协议，明确各自在公司设立过程中的权利和义务。

第九十四条 设立股份有限公司，应当由发起人共同制订公司章程。

第九十五条 股份有限公司章程应当载明下列事项：

（一）公司名称和住所；

（二）公司经营范围；

（三）公司设立方式；

（四）公司注册资本、已发行的股份数和设立时发行的股份数，面额股的每股金额；

（五）发行类别股的，每一类别股的股份数及其权利和义务；

（六）发起人的姓名或者名称、认购的股份数、出资方式；

（七）董事会的组成、职权和议事规则；

（八）公司法定代表人的产生、变更办法；

（九）监事会的组成、职权和议事规则；

（十）公司利润分配办法；

（十一）公司的解散事由与清算办法；

（十二）公司的通知和公告办法；

（十三）股东会认为需要规定的其他事项。

第九十六条 股份有限公司的注册资本为在公司登记机关登记的已发行股份的股本总额。在发起人认购的股份缴足前，不得向他人募集股份。

法律、行政法规以及国务院决定对股份有限公司注册资本最低限额另有规定的，从其规定。

第九十七条 以发起设立方式设立股份有限公司的，发起人应当认足公司章程规定的公司设立时应发行的股份。

以募集设立方式设立股份有限公司的，发起人认购的股份不得少于公司章程规定的公司设立时应发行股份总数的百分之三十五；但是，法律、行政法规另有规定的，从其规定。

第九十八条 发起人应当在公司成立前按照其认购的股份全额缴纳股款。

发起人的出资，适用本法第四十八条、第四十九条第二款关于有限责任公司股东出资的规定。

第九十九条 发起人不按照其认购的股份缴纳股款，或者作为出资的非货币财产的实际价额显著低于所认购的股份的，其他发起人与该发起人在出资不足的范围内承担连带责任。

第一百条 发起人向社会公开募集股份，应当公告招股说明书，并制作认股书。认股书应当载明本法第一百五十四条第二款、第三款所列事项，由认股人填写认购的股份数、金额、住所，并签名或者盖章。认股人应当按照所认购股份足额缴纳股款。

第一百零一条 向社会公开募集股份的股款缴足后，应当经依法设立的验资机构验资并出具证明。

第一百零二条 股份有限公司应当制作股东名册并置备于公司。股东名册应当记载下列事项：

（一）股东的姓名或者名称及住所；
（二）各股东所认购的股份种类及股份数；
（三）发行纸面形式的股票的，股票的编号；
（四）各股东取得股份的日期。

第一百零三条 募集设立股份有限公司的发起人应当自公司设立时应发行股份的股款缴足之日起三十日内召开公司成立大会。发起人应当在成立大会召开十五日前将会议日期通知各认股人或者予以公告。成立大会应当有持有表决权过半数的认股人出席，方可举行。

以发起设立方式设立股份有限公司成立大会的召开和表决程序由公司章程或者发起人协议规定。

第一百零四条 公司成立大会行使下列职权：
（一）审议发起人关于公司筹办情况的报告；
（二）通过公司章程；
（三）选举董事、监事；
（四）对公司的设立费用进行审核；
（五）对发起人非货币财产出资的作价进行审核；
（六）发生不可抗力或者经营条件发生重大变化直接影响公司设立的，可以作出不设立公司的决议。

成立大会对前款所列事项作出决议，应当经出席会议的认股人所持表决权过半数通过。

第一百零五条 公司设立时应发行的股份未募足，或者发行股份的股款缴足后，发起人在三十日内未召开成立大会的，认股人可以按照所缴股款并加算银行同期存款利息，要求发起人返还。

发起人、认股人缴纳股款或者交付非货币财产出资后，除未按期募足股份、发起人未按期召开成立大会或者成立大会决议不设立公司的情形外，不得抽回其股本。

第一百零六条 董事会应当授权代表，于公司成立大会结束后三十日内向公司登记机关申请设立登记。

第一百零七条 本法第四十四条、第四十九条第三款、第五十一条、第五十二条、第五十三条的规定，适用于股份有限公司。

第一百零八条 有限责任公司变更为股份有限公司时，折合的实收股本总额不得高于公司净资产额。有限责任公司变更为股份有限公司，为增加注册资本公开发行股份时，应当依法办理。

第一百零九条 股份有限公司应当将公司章程、股东名册、股东会会议记录、董事会会议记录、监事会会议记录、财务会计报告、债券持有人名册置备于本公司。

第一百一十条 股东有权查阅、复制公司章程、股东名册、股东会会议记录、董事会会议决议、监事会会议决议、财务会计报告,对公司的经营提出建议或者质询。

连续一百八十日以上单独或者合计持有公司百分之三以上股份的股东要求查阅公司的会计账簿、会计凭证的,适用本法第五十七条第二款、第三款、第四款的规定。公司章程对持股比例有较低规定的,从其规定。

股东要求查阅、复制公司全资子公司相关材料的,适用前两款的规定。

上市公司股东查阅、复制相关材料的,应当遵守《中华人民共和国证券法》等法律、行政法规的规定。

第二节 股 东 会

第一百一十一条 股份有限公司股东会由全体股东组成。股东会是公司的权力机构,依照本法行使职权。

第一百一十二条 本法第五十九条第一款、第二款关于有限责任公司股东会职权的规定,适用于股份有限公司股东会。

本法第六十条关于只有一个股东的有限责任公司不设股东会的规定,适用于只有一个股东的股份有限公司。

第一百一十三条 股东会应当每年召开一次年会。有下列情形之一的,应当在两个月内召开临时股东会会议:

(一)董事人数不足本法规定人数或者公司章程所定人数的三分之二时;

(二)公司未弥补的亏损达股本总额三分之一时;

(三)单独或者合计持有公司百分之十以上股份的股东请求时;

(四)董事会认为必要时;

(五)监事会提议召开时;

(六)公司章程规定的其他情形。

第一百一十四条 股东会会议由董事会召集,董事长主持;董事长不能履行职务或者不履行职务的,由副董事长主持;副董事长不能履行职务或者不履行职务的,由过半数的董事共同推举一名董事主持。

董事会不能履行或者不履行召集股东会会议职责的,监事会应当及时召集和主持;监事会不召集和主持的,连续九十日以上单独或者合计持有公司百分之十以上股份的股东可以自行召集和主持。

单独或者合计持有公司百分之十以上股份的股东请求召开临时股东会会议的,董事会、监事会应当在收到请求之日起十日内作出是否召开临时股东会会议的决定,并书面答复股东。

第一百一十五条 召开股东会会议,应当将会议召开的时间、地点和审议的事项于会议召开二十日前通知各股东;临时股东会会议应当于会议召开十五日前通知各股东。

单独或者合计持有公司百分之一以上股份的股东,可以在股东会会议召开十日前提出临时提案并书面提交董事会。临时提案应当有明确议题和具体决议事项。董事会应当在收到提案后二日内通知其他股东,并将该临时提案提交股东会审议;但临时提案违反法律、行政法规或者公司章程的规定,或者不属于股东会职权范围的除外。公司不得提高提出临时提案股东的持股比例。

公开发行股份的公司,应当以公告方式作出前两款规定的通知。

股东会不得对通知中未列明的事项作出决议。

第一百一十六条 股东出席股东会会议,所持每一股份有一表决权,类别股股东除外。公司持有的本公司股份没有表决权。

股东会作出决议,应当经出席会议的股东所持表决权过半数通过。

股东会作出修改公司章程、增加或者减少注册资本的决议,以及公司合并、分立、解散或者变更公司形式的决议,应当经出席会议的股东所持表决权的三分之二以上通过。

第一百一十七条 股东会选举董事、监事,可以按照公司章程的规定或者股东会的决议,实行累积投票制。

本法所称累积投票制,是指股东会选举董事或者监事时,每一股份拥有与应选董事或者监事人数相同的表决权,股东拥有的表决权可以集中使用。

第一百一十八条 股东委托代理人出席股东会会议的,应当明确代理人代理的事项、权限和期限;代理人应当向公司提交股东授权委托书,并在授权范围内行使表决权。

第一百一十九条 股东会应当对所议事项的决定作成会议记录,主持人、出席会议的董事应当在会议记录上签名。会议记录应当与出席股东的签名册及代理出席的委托书一并保存。

第三节 董事会、经理

第一百二十条 股份有限公司设董事会,本法第一百二十八条另有规定的除外。

本法第六十七条、第六十八条第一款、第七十条、第七十一条的规定,适用于股份有限公司。

第一百二十一条 股份有限公司可以按照公司章程的规定在董事会中设置由董事组成的审计委员会，行使本法规定的监事会的职权，不设监事会或者监事。

审计委员会成员为三名以上，过半数成员不得在公司担任除董事以外的其他职务，且不得与公司存在任何可能影响其独立客观判断的关系。公司董事会成员中的职工代表可以成为审计委员会成员。

审计委员会作出决议，应当经审计委员会成员的过半数通过。

审计委员会决议的表决，应当一人一票。

审计委员会的议事方式和表决程序，除本法有规定的外，由公司章程规定。

公司可以按照公司章程的规定在董事会中设置其他委员会。

第一百二十二条 董事会设董事长一人，可以设副董事长。董事长和副董事长由董事会以全体董事的过半数选举产生。

董事长召集和主持董事会会议，检查董事会决议的实施情况。副董事长协助董事长工作，董事长不能履行职务或者不履行职务的，由副董事长履行职务；副董事长不能履行职务或者不履行职务的，由过半数的董事共同推举一名董事履行职务。

第一百二十三条 董事会每年度至少召开两次会议，每次会议应当于会议召开十日前通知全体董事和监事。

代表十分之一以上表决权的股东、三分之一以上董事或者监事会，可以提议召开临时董事会会议。董事长应当自接到提议后十日内，召集和主持董事会会议。

董事会召开临时会议，可以另定召集董事会的通知方式和通知时限。

第一百二十四条 董事会会议应当有过半数的董事出席方可举行。董事会作出决议，应当经全体董事的过半数通过。

董事会决议的表决，应当一人一票。

董事会应当对所议事项的决定作成会议记录，出席会议的董事应当在会议记录上签名。

第一百二十五条 董事会会议，应当由董事本人出席；董事因故不能出席，可以书面委托其他董事代为出席，委托书应当载明授权范围。

董事应当对董事会的决议承担责任。董事会的决议违反法律、行政法规或者公司章程、股东会决议，给公司造成严重损失的，参与决议的董事对公司负赔偿责任；经证明在表决时曾表明异议并记载于会议记录的，该董事可以免除责任。

第一百二十六条 股份有限公司设经理，由董事会决定聘任或者解聘。

经理对董事会负责，根据公司章程的规定或者董事会的授权行使职权。经理列席董事会会议。

第一百二十七条 公司董事会可以决定由董事会成员兼任经理。

第一百二十八条 规模较小或者股东人数较少的股份有限公司，可以不设董事会，设一名董事，行使本法规定的董事会的职权。该董事可以兼任公司经理。

第一百二十九条 公司应当定期向股东披露董事、监事、高级管理人员从公司获得报酬的情况。

第四节 监 事 会

第一百三十条 股份有限公司设监事会，本法第一百二十一条第一款、第一百三十三条另有规定的除外。

监事会成员为三人以上。监事会成员应当包括股东代表和适当比例的公司职工代表，其中职工代表的比例不得低于三分之一，具体比例由公司章程规定。监事会中的职工代表由公司职工通过职工代表大会、职工大会或者其他形式民主选举产生。

监事会设主席一人，可以设副主席。监事会主席和副主席由全体监事过半数选举产生。监事会主席召集和主持监事会会议；监事会主席不能履行职务或者不履行职务的，由监事会副主席召集和主持监事会会议；监事会副主席不能履行职务或者不履行职务的，由过半数的监事共同推举一名监事召集和主持监事会会议。

董事、高级管理人员不得兼任监事。

本法第七十七条关于有限责任公司监事任期的规定，适用于股份有限公司监事。

第一百三十一条 本法第七十八条至第八十条的规定，适用于股份有限公司监事会。

监事会行使职权所必需的费用，由公司承担。

第一百三十二条 监事会每六个月至少召开一次会议。监事可以提议召开临时监事会会议。

监事会的议事方式和表决程序，除本法有规定的外，由公司章程规定。

监事会决议应当经全体监事的过半数通过。

监事会决议的表决，应当一人一票。

监事会应当对所议事项的决定作成会议记录，出席会议的监事应当在会议记录上签名。

第一百三十三条 规模较小或者股东人数较少的股份有限公司,可以不设监事会,设一名监事,行使本法规定的监事会的职权。

第五节 上市公司组织机构的特别规定

第一百三十四条 本法所称上市公司,是指其股票在证券交易所上市交易的股份有限公司。

第一百三十五条 上市公司在一年内购买、出售重大资产或者向他人提供担保的金额超过公司资产总额百分之三十的,应当由股东会作出决议,并经出席会议的股东所持表决权的三分之二以上通过。

第一百三十六条 上市公司设独立董事,具体管理办法由国务院证券监督管理机构规定。

上市公司的公司章程除载明本法第九十五条规定的事项外,还应当依照法律、行政法规的规定载明董事会专门委员会的组成、职权以及董事、监事、高级管理人员薪酬考核机制等事项。

第一百三十七条 上市公司在董事会中设置审计委员会的,董事会对下列事项作出决议前应当经审计委员会全体成员过半数通过:

(一)聘用、解聘承办公司审计业务的会计师事务所;

(二)聘任、解聘财务负责人;

(三)披露财务会计报告;

(四)国务院证券监督管理机构规定的其他事项。

第一百三十八条 上市公司设董事会秘书,负责公司股东会和董事会会议的筹备、文件保管以及公司股东资料的管理,办理信息披露事务等事宜。

第一百三十九条 上市公司董事与董事会会议决议事项所涉及的企业或者个人有关联关系的,该董事应当及时向董事会书面报告。有关联关系的董事不得对该项决议行使表决权,也不得代理其他董事行使表决权。该董事会会议由过半数的无关联关系董事出席即可举行,董事会会议所作决议须经无关联关系董事过半数通过。出席董事会会议的无关联关系董事人数不足三人的,应当将该事项提交上市公司股东会审议。

第一百四十条 上市公司应当依法披露股东、实际控制人的信息,相关信息应当真实、准确、完整。

禁止违反法律、行政法规的规定代持上市公司股票。

第一百四十一条 上市公司控股子公司不得取得该上市公司的股份。

上市公司控股子公司因公司合并、质权行使等原因持有上市公司股份的,不得行使所持股份对应的表决权,并应当及时处分相关上市公司股份。

第六章　股份有限公司的股份发行和转让

第一节　股份发行

第一百四十二条　公司的资本划分为股份。公司的全部股份，根据公司章程的规定择一采用面额股或者无面额股。采用面额股的，每一股的金额相等。

公司可以根据公司章程的规定将已发行的面额股全部转换为无面额股或者将无面额股全部转换为面额股。

采用无面额股的，应当将发行股份所得股款的二分之一以上计入注册资本。

第一百四十三条　股份的发行，实行公平、公正的原则，同类别的每一股份应当具有同等权利。

同次发行的同类别股份，每股的发行条件和价格应当相同；认购人所认购的股份，每股应当支付相同价额。

第一百四十四条　公司可以按照公司章程的规定发行下列与普通股权利不同的类别股：

（一）优先或者劣后分配利润或者剩余财产的股份；

（二）每一股的表决权数多于或者少于普通股的股份；

（三）转让须经公司同意等转让受限的股份；

（四）国务院规定的其他类别股。

公开发行股份的公司不得发行前款第二项、第三项规定的类别股；公开发行前已发行的除外。

公司发行本条第一款第二项规定的类别股的，对于监事或者审计委员会成员的选举和更换，类别股与普通股每一股的表决权数相同。

第一百四十五条　发行类别股的公司，应当在公司章程中载明以下事项：

（一）类别股分配利润或者剩余财产的顺序；

（二）类别股的表决权数；

（三）类别股的转让限制；

（四）保护中小股东权益的措施；

（五）股东会认为需要规定的其他事项。

第一百四十六条 发行类别股的公司，有本法第一百一十六条第三款规定的事项等可能影响类别股股东权利的，除应当依照第一百一十六条第三款的规定经股东会决议外，还应当经出席类别股股东会议的股东所持表决权的三分之二以上通过。

公司章程可以对需经类别股股东会议决议的其他事项作出规定。

第一百四十七条 公司的股份采取股票的形式。股票是公司签发的证明股东所持股份的凭证。

公司发行的股票，应当为记名股票。

第一百四十八条 面额股股票的发行价格可以按票面金额，也可以超过票面金额，但不得低于票面金额。

第一百四十九条 股票采用纸面形式或者国务院证券监督管理机构规定的其他形式。

股票采用纸面形式的，应当载明下列主要事项：

（一）公司名称；

（二）公司成立日期或者股票发行的时间；

（三）股票种类、票面金额及代表的股份数，发行无面额股的，股票代表的股份数。

股票采用纸面形式的，还应当载明股票的编号，由法定代表人签名，公司盖章。

发起人股票采用纸面形式的，应当标明发起人股票字样。

第一百五十条 股份有限公司成立后，即向股东正式交付股票。公司成立前不得向股东交付股票。

第一百五十一条 公司发行新股，股东会应当对下列事项作出决议：

（一）新股种类及数额；

（二）新股发行价格；

（三）新股发行的起止日期；

（四）向原有股东发行新股的种类及数额；

（五）发行无面额股的，新股发行所得股款计入注册资本的金额。

公司发行新股，可以根据公司经营情况和财务状况，确定其作价方案。

第一百五十二条 公司章程或者股东会可以授权董事会在三年内决定发行不超过已发行股份百分之五十的股份。但以非货币财产作价出资的应当经股东会决议。

董事会依照前款规定决定发行股份导致公司注册资本、已发行股份数发生变化的，对公司章程该项记载事项的修改不需再由股东会表决。

第一百五十三条 公司章程或者股东会授权董事会决定发行新股的，董事会决议应当经全体董事三分之二以上通过。

第一百五十四条 公司向社会公开募集股份,应当经国务院证券监督管理机构注册,公告招股说明书。

招股说明书应当附有公司章程,并载明下列事项:

(一)发行的股份总数;

(二)面额股的票面金额和发行价格或者无面额股的发行价格;

(三)募集资金的用途;

(四)认股人的权利和义务;

(五)股份种类及其权利和义务;

(六)本次募股的起止日期及逾期未募足时认股人可以撤回所认股份的说明。

公司设立时发行股份的,还应当载明发起人认购的股份数。

第一百五十五条 公司向社会公开募集股份,应当由依法设立的证券公司承销,签订承销协议。

第一百五十六条 公司向社会公开募集股份,应当同银行签订代收股款协议。

代收股款的银行应当按照协议代收和保存股款,向缴纳股款的认股人出具收款单据,并负有向有关部门出具收款证明的义务。

公司发行股份募足股款后,应予公告。

第二节 股份转让

第一百五十七条 股份有限公司的股东持有的股份可以向其他股东转让,也可以向股东以外的人转让;公司章程对股份转让有限制的,其转让按照公司章程的规定进行。

第一百五十八条 股东转让其股份,应当在依法设立的证券交易场所进行或者按照国务院规定的其他方式进行。

第一百五十九条 股票的转让,由股东以背书方式或者法律、行政法规规定的其他方式进行;转让后由公司将受让人的姓名或者名称及住所记载于股东名册。

股东会会议召开前二十日内或者公司决定分配股利的基准日前五日内,不得变更股东名册。法律、行政法规或者国务院证券监督管理机构对上市公司股东名册变更另有规定的,从其规定。

第一百六十条 公司公开发行股份前已发行的股份,自公司股票在证券交易所上市交易之日起一年内不得转让。法律、行政法规或者国务院证券监督管理机构对上市公司的股东、实际控制人转让其所持有的本公司股份另有规定的，从其规定。

公司董事、监事、高级管理人员应当向公司申报所持有的本公司的股份及其变动情况，在就任时确定的任职期间每年转让的股份不得超过其所持有本公司股份总数的百分之二十五；所持本公司股份自公司股票上市交易之日起一年内不得转让。上述人员离职后半年内，不得转让其所持有的本公司股份。公司章程可以对公司董事、监事、高级管理人员转让其所持有的本公司股份作出其他限制性规定。

股份在法律、行政法规规定的限制转让期限内出质的，质权人不得在限制转让期限内行使质权。

第一百六十一条 有下列情形之一的，对股东会该项决议投反对票的股东可以请求公司按照合理的价格收购其股份，公开发行股份的公司除外：

（一）公司连续五年不向股东分配利润，而公司该五年连续盈利，并且符合本法规定的分配利润条件；

（二）公司转让主要财产；

（三）公司章程规定的营业期限届满或者章程规定的其他解散事由出现，股东会通过决议修改章程使公司存续。

自股东会决议作出之日起六十日内，股东与公司不能达成股份收购协议的，股东可以自股东会决议作出之日起九十日内向人民法院提起诉讼。

公司因本条第一款规定的情形收购的本公司股份，应当在六个月内依法转让或者注销。

第一百六十二条 公司不得收购本公司股份。但是，有下列情形之一的除外：

（一）减少公司注册资本；

（二）与持有本公司股份的其他公司合并；

（三）将股份用于员工持股计划或者股权激励；

（四）股东因对股东会作出的公司合并、分立决议持异议，要求公司收购其股份；

（五）将股份用于转换公司发行的可转换为股票的公司债券；

（六）上市公司为维护公司价值及股东权益所必需。

公司因前款第一项、第二项规定的情形收购本公司股份的，应当经股东会决议；公司因前款第三项、第五项、第六项规定的情形收购本公司股份的，可以按照公司章程或者股东会的授权，经三分之二以上董事出席的董事会会议决议。

公司依本条第一款规定收购本公司股份后，属于第一项情形的，应当自收购之日起十日内注销；属于第二项、第四项情形的，应当在六个月内转让或者注销；属于第三项、第五项、第六项情形的，公司合计持有的本公司股份数不得超过本公司已发行股份总数的百分之十，并应当在三年内转让或者注销。

上市公司收购本公司股份的，应当依照《中华人民共和国证券法》的规定履行信息披露义务。上市公司因本条第一款第三项、第五项、第六项规定的情形收购本公司股份的，应当通过公开的集中交易方式进行。

公司不得接受本公司的股份作为质权的标的。

第一百六十三条 公司不得为他人取得本公司或者其母公司的股份提供赠与、借款、担保以及其他财务资助，公司实施员工持股计划的除外。

为公司利益，经股东会决议，或者董事会按照公司章程或者股东会的授权作出决议，公司可以为他人取得本公司或者其母公司的股份提供财务资助，但财务资助的累计总额不得超过已发行股本总额的百分之十。董事会作出决议应当经全体董事的三分之二以上通过。

违反前两款规定，给公司造成损失的，负有责任的董事、监事、高级管理人员应当承担赔偿责任。

第一百六十四条 股票被盗、遗失或者灭失，股东可以依照《中华人民共和国民事诉讼法》规定的公示催告程序，请求人民法院宣告该股票失效。人民法院宣告该股票失效后，股东可以向公司申请补发股票。

第一百六十五条 上市公司的股票，依照有关法律、行政法规及证券交易所交易规则上市交易。

第一百六十六条 上市公司应当依照法律、行政法规的规定披露相关信息。

第一百六十七条 自然人股东死亡后，其合法继承人可以继承股东资格；但是，股份转让受限的股份有限公司的章程另有规定的除外。

第七章 国家出资公司组织机构的特别规定

第一百六十八条 国家出资公司的组织机构，适用本章规定；本章没有规定的，适用本法其他规定。

本法所称国家出资公司，是指国家出资的国有独资公司、国有资本控股公司，包括国家出资的有限责任公司、股份有限公司。

第一百六十九条 国家出资公司，由国务院或者地方人民政府分别代表国家依法履行出资人职责，享有出资人权益。国务院或者地方人民政府可以授权国有资产监督管理机构或者其他部门、机构代表本级人民政府对国家出资公司履行出资人职责。

代表本级人民政府履行出资人职责的机构、部门，以下统称为履行出资人职责的机构。

第一百七十条 国家出资公司中中国共产党的组织，按照中国共产党章程的规定发挥领导作用，研究讨论公司重大经营管理事项，支持公司的组织机构依法行使职权。

第一百七十一条 国有独资公司章程由履行出资人职责的机构制定。

第一百七十二条 国有独资公司不设股东会，由履行出资人职责的机构行使股东会职权。履行出资人职责的机构可以授权公司董事会行使股东会的部分职权，但公司章程的制定和修改，公司的合并、分立、解散、申请破产，增加或者减少注册资本，分配利润，应当由履行出资人职责的机构决定。

第一百七十三条 国有独资公司的董事会依照本法规定行使职权。

国有独资公司的董事会成员中，应当过半数为外部董事，并应当有公司职工代表。

董事会成员由履行出资人职责的机构委派；但是，董事会成员中的职工代表由公司职工代表大会选举产生。

董事会设董事长一人，可以设副董事长。董事长、副董事长由履行出资人职责的机构从董事会成员中指定。

第一百七十四条 国有独资公司的经理由董事会聘任或者解聘。

经履行出资人职责的机构同意，董事会成员可以兼任经理。

第一百七十五条 国有独资公司的董事、高级管理人员，未经履行出资人职责的机构同意，不得在其他有限责任公司、股份有限公司或者其他经济组织兼职。

第一百七十六条 国有独资公司在董事会中设置由董事组成的审计委员会行使本法规定的监事会职权的，不设监事会或者监事。

第一百七十七条 国家出资公司应当依法建立健全内部监督管理和风险控制制度，加强内部合规管理。

第八章 公司董事、监事、高级管理人员的资格和义务

第一百七十八条 有下列情形之一的，不得担任公司的董事、监事、高

级管理人员：

（一）无民事行为能力或者限制民事行为能力；

（二）因贪污、贿赂、侵占财产、挪用财产或者破坏社会主义市场经济秩序，被判处刑罚，或者因犯罪被剥夺政治权利，执行期满未逾五年，被宣告缓刑的，自缓刑考验期满之日起未逾二年；

（三）担任破产清算的公司、企业的董事或者厂长、经理，对该公司、企业的破产负有个人责任的，自该公司、企业破产清算完结之日起未逾三年；

（四）担任因违法被吊销营业执照、责令关闭的公司、企业的法定代表人，并负有个人责任的，自该公司、企业被吊销营业执照、责令关闭之日起未逾三年；

（五）个人因所负数额较大债务到期未清偿被人民法院列为失信被执行人。

违反前款规定选举、委派董事、监事或者聘任高级管理人员的，该选举、委派或者聘任无效。

董事、监事、高级管理人员在任职期间出现本条第一款所列情形的，公司应当解除其职务。

第一百七十九条　董事、监事、高级管理人员应当遵守法律、行政法规和公司章程。

第一百八十条　董事、监事、高级管理人员对公司负有忠实义务，应当采取措施避免自身利益与公司利益冲突，不得利用职权牟取不正当利益。

董事、监事、高级管理人员对公司负有勤勉义务，执行职务应当为公司的最大利益尽到管理者通常应有的合理注意。

公司的控股股东、实际控制人不担任公司董事但实际执行公司事务的，适用前两款规定。

第一百八十一条　董事、监事、高级管理人员不得有下列行为：

（一）侵占公司财产、挪用公司资金；

（二）将公司资金以其个人名义或者以其他个人名义开立账户存储；

（三）利用职权贿赂或者收受其他非法收入；

（四）接受他人与公司交易的佣金归为己有；

（五）擅自披露公司秘密；

（六）违反对公司忠实义务的其他行为。

第一百八十二条　董事、监事、高级管理人员，直接或者间接与本公司订立合同或者进行交易，应当就与订立合同或者进行交易有关的事项向董事会或者股东会报告，并按照公司章程的规定经董事会或者股东会决议通过。

董事、监事、高级管理人员的近亲属,董事、监事、高级管理人员或者其近亲属直接或者间接控制的企业,以及与董事、监事、高级管理人员有其他关联关系的关联人,与公司订立合同或者进行交易,适用前款规定。

第一百八十三条 董事、监事、高级管理人员,不得利用职务便利为自己或者他人谋取属于公司的商业机会。但是,有下列情形之一的除外:

(一)向董事会或者股东会报告,并按照公司章程的规定经董事会或者股东会决议通过;

(二)根据法律、行政法规或者公司章程的规定,公司不能利用该商业机会。

第一百八十四条 董事、监事、高级管理人员未向董事会或者股东会报告,并按照公司章程的规定经董事会或者股东会决议通过,不得自营或者为他人经营与其任职公司同类的业务。

第一百八十五条 董事会对本法第一百八十二条至第一百八十四条规定的事项决议时,关联董事不得参与表决,其表决权不计入表决权总数。出席董事会会议的无关联关系董事人数不足三人的,应当将该事项提交股东会审议。

第一百八十六条 董事、监事、高级管理人员违反本法第一百八十一条至第一百八十四条规定所得的收入应当归公司所有。

第一百八十七条 股东会要求董事、监事、高级管理人员列席会议的,董事、监事、高级管理人员应当列席并接受股东的质询。

第一百八十八条 董事、监事、高级管理人员执行职务违反法律、行政法规或者公司章程的规定,给公司造成损失的,应当承担赔偿责任。

第一百八十九条 董事、高级管理人员有前条规定的情形的,有限责任公司的股东、股份有限公司连续一百八十日以上单独或者合计持有公司百分之一以上股份的股东,可以书面请求监事会向人民法院提起诉讼;监事有前条规定的情形的,前述股东可以书面请求董事会向人民法院提起诉讼。

监事会或者董事会收到前款规定的股东书面请求后拒绝提起诉讼,或者自收到请求之日起三十日内未提起诉讼,或者情况紧急、不立即提起诉讼将会使公司利益受到难以弥补的损害的,前款规定的股东有权为公司利益以自己的名义直接向人民法院提起诉讼。

他人侵犯公司合法权益,给公司造成损失的,本条第一款规定的股东可以依照前两款的规定向人民法院提起诉讼。

公司全资子公司的董事、监事、高级管理人员有前条规定情形,或者他人侵犯公司全资子公司合法权益造成损失的,有限责任公司的股东、股份有限公司连续一百八十日以上单独或者合计持有公司百分之一以上股份的股东,可以依照前三款规定书面请求全资子公司的监事会、董事会向人民法院提起诉讼或者以自己的名义直接向人民法院提起诉讼。

第一百九十条 董事、高级管理人员违反法律、行政法规或者公司章程的规定,损害股东利益的,股东可以向人民法院提起诉讼。

第一百九十一条 董事、高级管理人员执行职务,给他人造成损害的,公司应当承担赔偿责任;董事、高级管理人员存在故意或者重大过失的,也应当承担赔偿责任。

第一百九十二条 公司的控股股东、实际控制人指示董事、高级管理人员从事损害公司或者股东利益的行为的,与该董事、高级管理人员承担连带责任。

第一百九十三条 公司可以在董事任职期间为董事因执行公司职务承担的赔偿责任投保责任保险。

公司为董事投保责任保险或者续保后,董事会应当向股东会报告责任保险的投保金额、承保范围及保险费率等内容。

第九章 公司债券

第一百九十四条 本法所称公司债券,是指公司发行的约定按期还本付息的有价证券。

公司债券可以公开发行,也可以非公开发行。

公司债券的发行和交易应当符合《中华人民共和国证券法》等法律、行政法规的规定。

第一百九十五条 公开发行公司债券,应当经国务院证券监督管理机构注册,公告公司债券募集办法。

公司债券募集办法应当载明下列主要事项:

(一)公司名称;

(二)债券募集资金的用途;

(三)债券总额和债券的票面金额;

(四)债券利率的确定方式;

(五)还本付息的期限和方式;

(六)债券担保情况;

(七)债券的发行价格、发行的起止日期;

(八)公司净资产额;

(九)已发行的尚未到期的公司债券总额;

（十）公司债券的承销机构。

第一百九十六条 公司以纸面形式发行公司债券的，应当在债券上载明公司名称、债券票面金额、利率、偿还期限等事项，并由法定代表人签名，公司盖章。

第一百九十七条 公司债券应当为记名债券。

第一百九十八条 公司发行公司债券应当置备公司债券持有人名册。

发行公司债券的，应当在公司债券持有人名册上载明下列事项：

（一）债券持有人的姓名或者名称及住所；

（二）债券持有人取得债券的日期及债券的编号；

（三）债券总额，债券的票面金额、利率、还本付息的期限和方式；

（四）债券的发行日期。

第一百九十九条 公司债券的登记结算机构应当建立债券登记、存管、付息、兑付等相关制度。

第二百条 公司债券可以转让，转让价格由转让人与受让人约定。

公司债券的转让应当符合法律、行政法规的规定。

第二百零一条 公司债券由债券持有人以背书方式或者法律、行政法规规定的其他方式转让；转让后由公司将受让人的姓名或者名称及住所记载于公司债券持有人名册。

第二百零二条 股份有限公司经股东会决议，或者经公司章程、股东会授权由董事会决议，可以发行可转换为股票的公司债券，并规定具体的转换办法。上市公司发行可转换为股票的公司债券，应当经国务院证券监督管理机构注册。

发行可转换为股票的公司债券，应当在债券上标明可转换公司债券字样，并在公司债券持有人名册上载明可转换公司债券的数额。

第二百零三条 发行可转换为股票的公司债券的，公司应当按照其转换办法向债券持有人换发股票，但债券持有人对转换股票或者不转换股票有选择权。法律、行政法规另有规定的除外。

第二百零四条 公开发行公司债券的，应当为同期债券持有人设立债券持有人会议，并在债券募集办法中对债券持有人会议的召集程序、会议规则和其他重要事项作出规定。债券持有人会议可以对与债券持有人有利害关系的事项作出决议。

除公司债券募集办法另有约定外，债券持有人会议决议对同期全体债券持有人发生效力。

第二百零五条 公开发行公司债券的，发行人应当为债券持有人聘请债券受托管理人，由其为债券持有人办理受领清偿、债权保全、与债券相关的诉讼以及参与债务人破产程序等事项。

第二百零六条 债券受托管理人应当勤勉尽责，公正履行受托管理职责，不得损害债券持有人利益。

受托管理人与债券持有人存在利益冲突可能损害债券持有人利益的，债券持有人会议可以决议变更债券受托管理人。

债券受托管理人违反法律、行政法规或者债券持有人会议决议，损害债券持有人利益的，应当承担赔偿责任。

第十章　公司财务、会计

第二百零七条 公司应当依照法律、行政法规和国务院财政部门的规定建立本公司的财务、会计制度。

第二百零八条 公司应当在每一会计年度终了时编制财务会计报告，并依法经会计师事务所审计。

财务会计报告应当依照法律、行政法规和国务院财政部门的规定制作。

第二百零九条 有限责任公司应当按照公司章程规定的期限将财务会计报告送交各股东。

股份有限公司的财务会计报告应当在召开股东会年会的二十日前置备于本公司，供股东查阅；公开发行股份的股份有限公司应当公告其财务会计报告。

第二百一十条 公司分配当年税后利润时，应当提取利润的百分之十列入公司法定公积金。公司法定公积金累计额为公司注册资本的百分之五十以上的，可以不再提取。

公司的法定公积金不足以弥补以前年度亏损的，在依照前款规定提取法定公积金之前，应当先用当年利润弥补亏损。

公司从税后利润中提取法定公积金后，经股东会决议，还可以从税后利润中提取任意公积金。

公司弥补亏损和提取公积金后所余税后利润，有限责任公司按照股东实缴的出资比例分配利润，全体股东约定不按照出资比例分配利润的除外；股份有限公司按照股东所持有的股份比例分配利润，公司章程另有规定的除外。

公司持有的本公司股份不得分配利润。

第二百一十一条 公司违反本法规定向股东分配利润的，股东应当将违反规定分配的利润退还公司；给公司造成损失的，股东及负有责任的董事、监事、高级管理人员应当承担赔偿责任。

第二百一十二条 股东会作出分配利润的决议的，董事会应当在股东会决议作出之日起六个月内进行分配。

第二百一十三条 公司以超过股票票面金额的发行价格发行股份所得的溢价款、发行无面额股所得股款未计入注册资本的金额以及国务院财政部门规定列入资本公积金的其他项目，应当列为公司资本公积金。

第二百一十四条 公司的公积金用于弥补公司的亏损、扩大公司生产经营或者转为增加公司注册资本。

公积金弥补公司亏损，应当先使用任意公积金和法定公积金；仍不能弥补的，可以按照规定使用资本公积金。

法定公积金转为增加注册资本时，所留存的该项公积金不得少于转增前公司注册资本的百分之二十五。

第二百一十五条 公司聘用、解聘承办公司审计业务的会计师事务所，按照公司章程的规定，由股东会、董事会或者监事会决定。

公司股东会、董事会或者监事会就解聘会计师事务所进行表决时，应当允许会计师事务所陈述意见。

第二百一十六条 公司应当向聘用的会计师事务所提供真实、完整的会计凭证、会计账簿、财务会计报告及其他会计资料，不得拒绝、隐匿、谎报。

第二百一十七条 公司除法定的会计账簿外，不得另立会计账簿。

对公司资金，不得以任何个人名义开立账户存储。

第十一章 公司合并、分立、增资、减资

第二百一十八条 公司合并可以采取吸收合并或者新设合并。

一个公司吸收其他公司为吸收合并，被吸收的公司解散。两个以上公司合并设立一个新的公司为新设合并，合并各方解散。

第二百一十九条 公司与其持股百分之九十以上的公司合并，被合并的公司不需经股东会决议，但应当通知其他股东，其他股东有权请求公司按照合理的价格收购其股权或者股份。

公司合并支付的价款不超过本公司净资产百分之十的，可以不经股东会决议；但是，公司章程另有规定的除外。

公司依照前两款规定合并不经股东会决议的，应当经董事会决议。

第二百二十条 公司合并，应当由合并各方签订合并协议，并编制资产

负债表及财产清单。公司应当自作出合并决议之日起十日内通知债权人，并于三十日内在报纸上或者国家企业信用信息公示系统公告。债权人自接到通知之日起三十日内，未接到通知的自公告之日起四十五日内，可以要求公司清偿债务或者提供相应的担保。

第二百二十一条　公司合并时，合并各方的债权、债务，应当由合并后存续的公司或者新设的公司承继。

第二百二十二条　公司分立，其财产作相应的分割。

公司分立，应当编制资产负债表及财产清单。公司应当自作出分立决议之日起十日内通知债权人，并于三十日内在报纸上或者国家企业信用信息公示系统公告。

第二百二十三条　公司分立前的债务由分立后的公司承担连带责任。但是，公司在分立前与债权人就债务清偿达成的书面协议另有约定的除外。

第二百二十四条　公司减少注册资本，应当编制资产负债表及财产清单。

公司应当自股东会作出减少注册资本决议之日起十日内通知债权人，并于三十日内在报纸上或者国家企业信用信息公示系统公告。债权人自接到通知之日起三十日内，未接到通知的自公告之日起四十五日内，有权要求公司清偿债务或者提供相应的担保。

公司减少注册资本，应当按照股东出资或者持有股份的比例相应减少出资额或者股份，法律另有规定、有限责任公司全体股东另有约定或者股份有限公司章程另有规定的除外。

第二百二十五条　公司依照本法第二百一十四条第二款的规定弥补亏损后，仍有亏损的，可以减少注册资本弥补亏损。减少注册资本弥补亏损的，公司不得向股东分配，也不得免除股东缴纳出资或者股款的义务。

依照前款规定减少注册资本的，不适用前条第二款的规定，但应当自股东会作出减少注册资本决议之日起三十日内在报纸上或者国家企业信用信息公示系统公告。

公司依照前两款的规定减少注册资本后，在法定公积金和任意公积金累计额达到公司注册资本百分之五十前，不得分配利润。

第二百二十六条　违反本法规定减少注册资本的，股东应当退还其收到的资金，减免股东出资的应当恢复原状；给公司造成损失的，股东及负有责任的董事、监事、高级管理人员应当承担赔偿责任。

第二百二十七条　有限责任公司增加注册资本时，股东在同等条件下有权优先按照实缴的出资比例认缴出资。但是，全体股东约定不按照出资比例优先认缴出资的除外。

股份有限公司为增加注册资本发行新股时，股东不享有优先认购权，公司章程另有规定或者股东会决议决定股东享有优先认购权的除外。

第二百二十八条　有限责任公司增加注册资本时，股东认缴新增资本的出资，依照本法设立有限责任公司缴纳出资的有关规定执行。

股份有限公司为增加注册资本发行新股时，股东认购新股，依照本法设立股份有限公司缴纳股款的有关规定执行。

第十二章　公司解散和清算

第二百二十九条　公司因下列原因解散：

（一）公司章程规定的营业期限届满或者公司章程规定的其他解散事由出现；

（二）股东会决议解散；

（三）因公司合并或者分立需要解散；

（四）依法被吊销营业执照、责令关闭或者被撤销；

（五）人民法院依照本法第二百三十一条的规定予以解散。

公司出现前款规定的解散事由，应当在十日内将解散事由通过国家企业信用信息公示系统予以公示。

第二百三十条　公司有前条第一款第一项、第二项情形，且尚未向股东分配财产的，可以通过修改公司章程或者经股东会决议而存续。

依照前款规定修改公司章程或者经股东会决议，有限责任公司须经持有三分之二以上表决权的股东通过，股份有限公司须经出席股东会会议的股东所持表决权的三分之二以上通过。

第二百三十一条　公司经营管理发生严重困难，继续存续会使股东利益受到重大损失，通过其他途径不能解决的，持有公司百分之十以上表决权的股东，可以请求人民法院解散公司。

第二百三十二条　公司因本法第二百二十九条第一款第一项、第二项、第四项、第五项规定而解散的，应当清算。董事为公司清算义务人，应当在解散事由出现之日起十五日内组成清算组进行清算。

清算组由董事组成，但是公司章程另有规定或者股东会决议另选他人的除外。

清算义务人未及时履行清算义务，给公司或者债权人造成损失的，应当承担赔偿责任。

第二百三十三条　公司依照前条第一款的规定应当清算，逾期不成立清

223

算组进行清算或者成立清算组后不清算的,利害关系人可以申请人民法院指定有关人员组成清算组进行清算。人民法院应当受理该申请,并及时组织清算组进行清算。

公司因本法第二百二十九条第一款第四项的规定而解散的,作出吊销营业执照、责令关闭或者撤销决定的部门或者公司登记机关,可以申请人民法院指定有关人员组成清算组进行清算。

第二百三十四条 清算组在清算期间行使下列职权:

(一)清理公司财产,分别编制资产负债表和财产清单;

(二)通知、公告债权人;

(三)处理与清算有关的公司未了结的业务;

(四)清缴所欠税款以及清算过程中产生的税款;

(五)清理债权、债务;

(六)分配公司清偿债务后的剩余财产;

(七)代表公司参与民事诉讼活动。

第二百三十五条 清算组应当自成立之日起十日内通知债权人,并于六十日内在报纸上或者国家企业信用信息公示系统公告。债权人应当自接到通知之日起三十日内,未接到通知的自公告之日起四十五日内,向清算组申报其债权。

债权人申报债权,应当说明债权的有关事项,并提供证明材料。清算组应当对债权进行登记。

在申报债权期间,清算组不得对债权人进行清偿。

第二百三十六条 清算组在清理公司财产、编制资产负债表和财产清单后,应当制订清算方案,并报股东会或者人民法院确认。

公司财产在分别支付清算费用、职工的工资、社会保险费用和法定补偿金,缴纳所欠税款,清偿公司债务后的剩余财产,有限责任公司按照股东的出资比例分配,股份有限公司按照股东持有的股份比例分配。

清算期间,公司存续,但不得开展与清算无关的经营活动。公司财产在未依照前款规定清偿前,不得分配给股东。

第二百三十七条 清算组在清理公司财产、编制资产负债表和财产清单后,发现公司财产不足清偿债务的,应当依法向人民法院申请破产清算。

人民法院受理破产申请后,清算组应当将清算事务移交给人民法院指定的破产管理人。

第二百三十八条 清算组成员履行清算职责,负有忠实义务和勤勉义务。

清算组成员怠于履行清算职责,给公司造成损失的,应当承担赔偿责

224

任；因故意或者重大过失给债权人造成损失的，应当承担赔偿责任。

第二百三十九条 公司清算结束后，清算组应当制作清算报告，报股东会或者人民法院确认，并报送公司登记机关，申请注销公司登记。

第二百四十条 公司在存续期间未产生债务，或者已清偿全部债务的，经全体股东承诺，可以按照规定通过简易程序注销公司登记。

通过简易程序注销公司登记，应当通过国家企业信用信息公示系统予以公告，公告期限不少于二十日。公告期限届满后，未有异议的，公司可以在二十日内向公司登记机关申请注销公司登记。

公司通过简易程序注销公司登记，股东对本条第一款规定的内容承诺不实的，应当对注销登记前的债务承担连带责任。

第二百四十一条 公司被吊销营业执照、责令关闭或者被撤销，满三年未向公司登记机关申请注销公司登记的，公司登记机关可以通过国家企业信用信息公示系统予以公告，公告期限不少于六十日。公告期限届满后，未有异议的，公司登记机关可以注销公司登记。

依照前款规定注销公司登记的，原公司股东、清算义务人的责任不受影响。

第二百四十二条 公司被依法宣告破产的，依照有关企业破产的法律实施破产清算。

第十三章　外国公司的分支机构

第二百四十三条 本法所称外国公司，是指依照外国法律在中华人民共和国境外设立的公司。

第二百四十四条 外国公司在中华人民共和国境内设立分支机构，应当向中国主管机关提出申请，并提交其公司章程、所属国的公司登记证书等有关文件，经批准后，向公司登记机关依法办理登记，领取营业执照。

外国公司分支机构的审批办法由国务院另行规定。

第二百四十五条 外国公司在中华人民共和国境内设立分支机构，应当在中华人民共和国境内指定负责该分支机构的代表人或者代理人，并向该分支机构拨付与其所从事的经营活动相适应的资金。

对外国公司分支机构的经营资金需要规定最低限额的，由国务院另行规定。

第二百四十六条 外国公司的分支机构应当在其名称中标明该外国公司的国籍及责任形式。

外国公司的分支机构应当在本机构中置备该外国公司章程。

第二百四十七条 外国公司在中华人民共和国境内设立的分支机构不具有中国法人资格。

外国公司对其分支机构在中华人民共和国境内进行经营活动承担民事责任。

第二百四十八条 经批准设立的外国公司分支机构，在中华人民共和国境内从事业务活动，应当遵守中国的法律，不得损害中国的社会公共利益，其合法权益受中国法律保护。

第二百四十九条 外国公司撤销其在中华人民共和国境内的分支机构时，应当依法清偿债务，依照本法有关公司清算程序的规定进行清算。未清偿债务之前，不得将其分支机构的财产转移至中华人民共和国境外。

第十四章　法律责任

第二百五十条 违反本法规定，虚报注册资本、提交虚假材料或者采取其他欺诈手段隐瞒重要事实取得公司登记的，由公司登记机关责令改正，对虚报注册资本的公司，处以虚报注册资本金额百分之五以上百分之十五以下的罚款；对提交虚假材料或者采取其他欺诈手段隐瞒重要事实的公司，处以五万元以上二百万元以下的罚款；情节严重的，吊销营业执照；对直接负责的主管人员和其他直接责任人员处以三万元以上三十万元以下的罚款。

第二百五十一条 公司未依照本法第四十条规定公示有关信息或者不如实公示有关信息的，由公司登记机关责令改正，可以处以一万元以上五万元以下的罚款。情节严重的，处以五万元以上二十万元以下的罚款；对直接负责的主管人员和其他直接责任人员处以一万元以上十万元以下的罚款。

第二百五十二条 公司的发起人、股东虚假出资，未交付或者未按期交付作为出资的货币或者非货币财产的，由公司登记机关责令改正，可以处以五万元以上二十万元以下的罚款；情节严重的，处以虚假出资或者未出资金额百分之五以上百分之十五以下的罚款；对直接负责的主管人员和其他直接责任人员处以一万元以上十万元以下的罚款。

第二百五十三条 公司的发起人、股东在公司成立后，抽逃其出资的，由公司登记机关责令改正，处以所抽逃出资金额百分之五以上百分之十五以下的罚款；对直接负责的主管人员和其他直接责任人员处以三万元以上三十万元以下的罚款。

第二百五十四条 有下列行为之一的，由县级以上人民政府财政部门依照《中华人民共和国会计法》等法律、行政法规的规定处罚：

（一）在法定的会计账簿以外另立会计账簿；

（二）提供存在虚假记载或者隐瞒重要事实的财务会计报告。

第二百五十五条 公司在合并、分立、减少注册资本或者进行清算时，不依照本法规定通知或者公告债权人的，由公司登记机关责令改正，对公司处以一万元以上十万元以下的罚款。

第二百五十六条 公司在进行清算时，隐匿财产，对资产负债表或者财产清单作虚假记载，或者在未清偿债务前分配公司财产的，由公司登记机关责令改正，对公司处以隐匿财产或者未清偿债务前分配公司财产金额百分之五以上百分之十以下的罚款；对直接负责的主管人员和其他直接责任人员处以一万元以上十万元以下的罚款。

第二百五十七条 承担资产评估、验资或者验证的机构提供虚假材料或者提供有重大遗漏的报告的，由有关部门依照《中华人民共和国资产评估法》、《中华人民共和国注册会计师法》等法律、行政法规的规定处罚。

承担资产评估、验资或者验证的机构因其出具的评估结果、验资或者验证证明不实，给公司债权人造成损失的，除能够证明自己没有过错外，在其评估或者证明不实的金额范围内承担赔偿责任。

第二百五十八条 公司登记机关违反法律、行政法规规定未履行职责或者履行职责不当的，对负有责任的领导人员和直接责任人员依法给予政务处分。

第二百五十九条 未依法登记为有限责任公司或者股份有限公司，而冒用有限责任公司或者股份有限公司名义的，或者未依法登记为有限责任公司或者股份有限公司的分公司，而冒用有限责任公司或者股份有限公司的分公司名义的，由公司登记机关责令改正或者予以取缔，可以并处十万元以下的罚款。

第二百六十条 公司成立后无正当理由超过六个月未开业的，或者开业后自行停业连续六个月以上的，公司登记机关可以吊销营业执照，但公司依法办理歇业的除外。

公司登记事项发生变更时，未依照本法规定办理有关变更登记的，由公司登记机关责令限期登记；逾期不登记的，处以一万元以上十万元以下的罚款。

第二百六十一条 外国公司违反本法规定，擅自在中华人民共和国境内设立分支机构的，由公司登记机关责令改正或者关闭，可以并处五万元以上二十万元以下的罚款。

第二百六十二条 利用公司名义从事危害国家安全、社会公共利益的严重违法行为的,吊销营业执照。

第二百六十三条 公司违反本法规定,应当承担民事赔偿责任和缴纳罚款、罚金的,其财产不足以支付时,先承担民事赔偿责任。

第二百六十四条 违反本法规定,构成犯罪的,依法追究刑事责任。

第十五章 附 则

第二百六十五条 本法下列用语的含义:

(一)高级管理人员,是指公司的经理、副经理、财务负责人,上市公司董事会秘书和公司章程规定的其他人员。

(二)控股股东,是指其出资额占有限责任公司资本总额超过百分之五十或者其持有的股份占股份有限公司股本总额超过百分之五十的股东;出资额或者持有股份的比例虽然低于百分之五十,但依其出资额或者持有的股份所享有的表决权已足以对股东会的决议产生重大影响的股东。

(三)实际控制人,是指通过投资关系、协议或者其他安排,能够实际支配公司行为的人。

(四)关联关系,是指公司控股股东、实际控制人、董事、监事、高级管理人员与其直接或者间接控制的企业之间的关系,以及可能导致公司利益转移的其他关系。但是,国家控股的企业之间不仅因为同受国家控股而具有关联关系。

第二百六十六条 本法自 2024 年 7 月 1 日起施行。

本法施行前已登记设立的公司,出资期限超过本法规定的期限的,除法律、行政法规或者国务院另有规定外,应当逐步调整至本法规定的期限以内;对于出资期限、出资额明显异常的,公司登记机关可以依法要求其及时调整。具体实施办法由国务院规定。

关于《中华人民共和国公司法（修订草案）》的说明

——2021年12月20日在第十三届全国人民代表大会
常务委员会第三十二次会议上

全国人大常委会法制工作委员会副主任 王瑞贺

委员长、各位副委员长、秘书长、各位委员：

我受委员长会议委托，作关于《中华人民共和国公司法（修订草案）》的说明。

一、关于公司法修改的必要性

公司是最重要的市场主体，公司法是社会主义市场经济制度的基础性法律。我国现行公司法于1993年制定，1999年、2004年对个别条款进行了修改，2005年进行了全面修订，2013年、2018年又对公司资本制度相关问题作了两次重要修改。公司法的制定和修改，与我国社会主义市场经济体制的建立和完善密切相关，颁布实施近30年来，对于建立健全现代企业制度、促进社会主义市场经济持续健康发展，发挥了重要作用。

党的十八大以来，以习近平同志为核心的党中央统筹推进"五位一体"总体布局，协调推进"四个全面"战略布局，在深化国有企业改革、优化营商环境、加强产权保护、促进资本市场健康发展等方面作出重大决策部署，推动公司制度和实践进一步完善发展，公司注册登记数量由2013年的1033万家增加到3800万家，同时对公司法修改提出一系列任务要求。

第一，修改公司法，是深化国有企业改革、完善中国特色现代企业制度的需要。习近平总书记强调，坚持党对国有企业的领导是重大政治原则，必须一以贯之；建立现代企业制度是国有企业的改革方向，也必须一以贯之。党的十八届三中全会决定提出，推动国有企业完善现代企业制度；健全协调运转、有效制衡的公司法人治理结构。党的十九届三中全会决定提出，将国有重点大型企业监事会职责划入审计署，不再设立国有重点大型企业监事会。党的十九届四中全会决定提出，要深化国有企业改革，完善中国特色现代企业制度；增强国有经济竞争力、创新力、控制力、影响力和抗风险能力。党中央、国务院《关于深化国有企业改革的指导意见》等对推进国有企业改革发展作出具体部署。修改公司法，贯彻落实党中央关于深化国有企业改革决策部署，是巩固深化国有企业治理改革成果，完善中国特色现代企业制度，促进国有经济高质量发展的必然要求。

第二，修改公司法，是持续优化营商环境、激发市场创新活力的需要。法治是最好的营商环境。党的十八大以来，党中央、国务院深入推进简政放权、放管结合、优化服务，持续改善营商环境。修改公司法，为方便公司设立、退出提供制度保障，为便利公司融资投资、优化治理机制提供更为丰富的制度性选择，降低公司运行成本，是推动打造市场化、法治化、国际化营商环境，更好激发市场创新动能和活力的客观需要。

第三，修改公司法，是完善产权保护制度、依法加强产权保护的需要。党的十八届四中全会决定提出，健全以公平为核心原则的产权保护制度，加强对各种所有制经济组织和自然人财产权的保护。党的十八届五中全会决定提出，推进产权保护法治化，依法保护各种所有制经济权益。党的十九大把"两个毫不动摇"写入新时代坚持和发展中国特色社会主义的基本方略。修改公司法，健全以企业组织形式和出资人承担责任方式为主的市场主体法律制度，规范公司的组织和行为，完善公司设立、运营、退出各环节相关当事人责任，切实维护公司、股东、债权人的合法权益，是完善产权保护制度、加强产权平等保护的重要内容。

第四，修改公司法，是健全资本市场基础性制度、促进资本市场健康发展的需要。习近平总书记强调，加快资本市场改革，尽快形成融资功能完备、基础制度扎实、市场监管有效、投资者合法权益得到充分保护的多层次市场体系。修改公司法，完善公司资本、公司治理等基础性制度，加强对投资者特别是中小投资者合法权益的保护，是促进资本市场健康发展、有效服务实体经济的重要举措。

同时，现行公司法律制度存在一些与改革和发展不适应、不协调的问题，主要是：有些制度滞后于近年来公司制度的创新实践；我国公司制度发展历程还不长，有些基础性制度尚有欠缺或者规定较为原则；公司监督制衡、责任追究机制不完善，中小投资者和债权人保护需要加强等。十三届全国人大以来，全国人大代表共有548人次提出相关议案、建议，呼吁修改完善公司法；一些专家学者、有关部门等通过多种方式提出修改公司法的意见建议。

各方面普遍认为，在贯彻新发展理念、构建新发展格局、推动高质量发展的过程中，市场经济体制改革不断深入，市场主体积极探索，创造了丰富的公司制度实践经验；司法机关根据公司法和公司纠纷裁判活动，制定出台了一系列司法解释和裁判规则；公司法理论研究不断深入，取得丰硕成果，为公司法修改完善提供了重要的基础和支撑。

二、关于起草工作和把握的几点

公司法修改列入了十三届全国人大常委会立法规划和年度立法工作计划。2019年初，法制工作委员会成立由中央有关部门、部分专家学者参加的公司法修改起草组，并组成工作专班，抓紧开展起草工作。在工作中，充分发挥全国人大代表的作用，通过多种方式听取他们的意见；成立专家组并委托专家学者对重点难点问题开展专题研究；请最高人民法院、国务院国资委、国家市场监管总局、中国证监会总结梳理公司法实施情况，提出修法建议。在上述工作基础上，经多次征求意见、反复修改完善，形成了公司法修订草案征求意见稿，送各省（区、市）人大常委会和中央有关部门共54家单位征求意见。总的认为，征求意见稿贯彻落实党中央一系列部署要求，深入总结实践经验，修改思路清晰，修改内容系统全面、针对性强，重要制度的充实完善符合实际，基本可行。法制工作委员会根据反馈意见对征求意见稿又作了修改完善，形成了《中华人民共和国公司法（修订草案）》。

起草工作注意把握以下几点：**一是**，坚持正确政治方向。贯彻落实党中央决策部署对完善公司法律制度提出的各项任务要求，充分发挥市场在资源配置中的决定性作用，更好发挥政府作用，完善中国特色现代企业制度，为坚持和完善我国基本经济制度提供坚实法制保障。**二是**，在现行公司法基本框架和主要制度的基础上作系统修改。保持现行公司法框架结构、基本制度稳定，维护法律制度的连续性、稳定性，降低制度转换成本；同时，适应经济社会发展变化的新形势新要求，针对实践中的突出问题和制度短板，对现行公司法作系统的修改完善。**三是**，坚持立足国情与借鉴国际经验相结合。从我国实际出发，将实践中行之有效的做法和改革成果上升为法律规范；同时注意吸收借鉴一些国家公司法律制度有益经验，还适应世界银行营商环境评价，作了一些有针对性的修改。**四是**，处理好与其他法律法规的关系。做好公司法修改与民法典、外商投资法、证券法、企业国有资产法以及正在修改的企业破产法等法律的衔接，并合理吸收相关行政法规、规章、司法解释的成果。

三、关于修订草案的主要内容

修订草案共15章260条，在现行公司法13章218条的基础上，实质新增和修改70条左右。主要修改内容包括：

（一）坚持党对国有企业的领导

坚持党的领导，是国有企业的本质特征和独特优势，是完善中国特色现代企业制度的根本要求。修订草案依据党章规定，明确党对国有企业的领导，保证党组织把方向、管大局、保落实的领导作用，规定："国家出资公司中中国共产党的组织，按照中国共产党章程的规定发挥领导作用，研究讨论公司重大经营管理事项,支持股东会、董事会、监事会、高级管理人员依法行使职权"。

同时,修订草案继续坚持现行公司法关于在各类型公司中根据党章规定设立党的组织,开展党的活动,公司应当为党组织的活动提供必要条件等规定。

(二)关于完善国家出资公司特别规定

深入总结国有企业改革成果,在现行公司法关于国有独资公司专节的基础上,设"国家出资公司的特别规定"专章:一是,将适用范围由国有独资有限责任公司,扩大到国有独资、国有控股的有限责任公司、股份有限公司。二是,明确国家出资公司由国有资产监督管理机构等根据授权代表本级政府履行出资人职责;履行出资人职责的机构就重要的国家出资公司的重大事项作出有关决定前,应当报本级政府批准;国家出资公司应当依法建立健全内部监督管理和风险控制制度。三是,落实党中央有关部署,加强国有独资公司董事会建设,要求国有独资公司董事会成员中外部董事应当超过半数;并在董事会中设置审计委员会等专门委员会,同时不再设监事会。

(三)关于完善公司设立、退出制度

深入总结党的十八大以来持续优化营商环境改革成果,完善公司登记制度,进一步简便公司设立和退出。一是,新设公司登记一章,明确公司设立登记、变更登记、注销登记的事项和程序;同时要求公司登记机关优化登记流程,提高登记效率和便利化水平。二是,充分利用信息化建设成果,明确电子营业执照、通过统一的企业信息公示系统发布公告、采用电子通讯方式作出决议的法律效力。三是,扩大可用作出资的财产范围,明确股权、债权可以作价出资;放宽一人有限责任公司设立等限制,并允许设立一人股份有限公司。四是,完善公司清算制度,强化清算义务人和清算组成员的义务和责任;增加规定,经全体股东对债务履行作出承诺,可以通过简易程序注销登记。

(四)关于优化公司组织机构设置

贯彻落实党中央关于完善中国特色现代企业制度的要求,深入总结我国公司制度创新实践经验,在组织机构设置方面赋予公司更大自主权。一是,突出董事会在公司治理中的地位,并根据民法典的有关规定,明确董事会是公司的执行机构。二是,根据国有独资公司、国有资本投资运营公司董事会建设实践,并为我国企业走出去及外商到我国投资提供便利,允许公司选择单层制治理模式(即只设董事会、不设监事会)。公司选择只设董事会的,应当在董事会中设置由董事组成的审计委员会负责监督;其中,股份有限公司审计委员会的成员应过半数为非执行董事。三是,进一步简化公司组织机构设置，对于规模较小的公司，可以不设董事会，股份有限公司设一至二名董事，有限责任公司设一名董事或者经理；规模较小的公司还可以不设监事会，设一至二名监事。

同时，现行公司法在职工董事的设置方面，只对国有独资和国有全资的有限责任公司提出了要求。为更好保障职工参与公司民主管理、民主监督，修订草案扩大设置职工董事的公司范围，并不再按公司所有制类型对职工董事的设置提出要求。考虑到修订草案已规定规模较小的公司不设董事会，并综合考虑中型企业划分标准等因素，规定：职工人数三百人以上的公司，董事会成员中应当有职工代表；其他公司董事会成员中可以有职工代表。

（五）关于完善公司资本制度

为提高投融资效率并维护交易安全，深入总结企业注册资本制度改革成果，吸收借鉴国外公司法律制度经验，丰富完善公司资本制度。**一是**，在股份有限公司中引入授权资本制，即股份有限公司设立时只需发行部分股份，公司章程或者股东会可以作出授权，由董事会根据公司运营的实际需要决定发行剩余股份。这样既方便股份有限公司设立，又给予了公司发行新股筹集资本的灵活性，并且能够减少公司注册资本虚化等问题的发生。**二是**，为适应不同投资者的投资需求，对已有较多实践的类别股作出规定，包括优先股和劣后股、特殊表决权股、转让受限股等；允许公司根据章程择一采用面额股或者无面额股；按照反洗钱有关要求，并根据我国股票发行的实际，取消无记名股。**三是**，增加简易减资制度，即：公司按照规定弥补亏损后仍有亏损的，可以进行简易减资，但不得向股东进行分配。

同时，加强对股东出资和股权交易行为的规范，维护交易安全。**一是**，增加股东欠缴出资的失权制度，规定：股东未按期足额缴纳出资，经公司催缴后在规定期限内仍未缴纳出资的，该股东丧失其未缴纳出资的股权。**二是**，增加有限责任公司股东认缴出资的加速到期制度，规定：公司不能清偿到期债务，且明显缺乏清偿能力的，公司或者债权人有权要求已认缴出资但未届缴资期限的股东提前缴纳出资。**三是**，明确瑕疵股权转让时转让方、受让方的出资责任。

（六）关于强化控股股东和经营管理人员的责任

落实党中央关于产权平等保护等要求，总结吸收公司法司法实践经验，完善控股股东和经营管理人员责任制度。**一是**，完善董事、监事、高级管理人员忠实义务和勤勉义务的具体内容；加强对关联交易的规范，扩大关联人的范围，增加关联交易报告义务和回避表决规则。**二是**，强化董事、监事、高级管理人员维护公司资本充实的责任，包括：股东欠缴出资和抽逃出资，违反本法规定分配利润和减少注册资本，以及违反本法规定为他人取得本公司股份提供财务资助时，上述人员的赔偿责任。**三是**，增加规定：董事、高级管理人员执行职务，因故意或者重大过失，给他人造成损害的，应当与公司承担连带责任。**四是**，针对实践中控股股东、实际控制人滥用控制地位侵害公司及中小股东权益的突出问题，借鉴一些国家法律规定，明确：公司的控股股东、实际控制人利用其对公司的影响，指使董事、高级管理人员从事损害公司利益或者股东利益的行为，给公司或者股东造成损失的，与该董事、高级管理人员承担连带责任。

（七）关于加强公司社会责任

贯彻党的十八届四中全会决定有关要求，加强公司社会责任建设，增加规定：公司从事经营活动，应当在遵守法律法规规定义务的基础上，充分考虑公司职工、消费者等利益相关者的利益以及生态环境保护等社会公共利益，承担社会责任；国家鼓励公司参与社会公益活动，公布社会责任报告。

公司法修订草案和以上说明是否妥当，请审议。

全国人民代表大会宪法和法律委员会关于《中华人民共和国公司法（修订草案）》修改情况的汇报

（2023年8月28日）

全国人民代表大会常务委员会：

　　公司是最重要的市场主体，公司法是社会主义市场经济的基础性法律。我国现行公司法于1993年制定，1999年、2004年、2013年、2018年对个别条款进行了修改，2005年进行了全面修订。

　　为落实党中央关于深化国有企业改革、优化营商环境、加强产权保护、促进资本市场健康发展等重大决策部署，公司法修改列入十三届全国人大常委会立法规划。法制工作委员会组织成立由中央有关部门和专家学者组成的修改起草组，研究起草，形成修订草案。2021年11月，中央政治局常委会会议审议并原则同意常委会党组关于公司法修订草案的请示和汇报。2021年12月，十三届全国人大常委会第三十二次会议审议了由委员长会议提请审议的公司法修订草案。2022年12月，十三届全国人大常委会第三十八次会议对修订草案进行了二次审议。

　　宪法和法律委员会、法制工作委员会通过召开座谈会、实地调研等方式听取各方面意见，在中国人大网全文公布修订草案，公开征求社会公众意见。起草和修改工作注意把握以下几点：一是，坚持正确政治方向。二是，在现行公司法基本框架和制度基础上作系统修改。三是，坚持立足国情与借鉴国际经验相结合。四是，处理好与其他法律法规的关系。

　　经过两次审议后的修订草案主要内容包括：一是，贯彻落实党中央决策部署。坚持党对国有企业的领导，规定国家出资公司中中国共产党的组织的领导作用；贯彻党的二十大精神，在立法目的中增加完善中国特色现代企业制度，弘扬企业家精神的规定。二是，设国家出资公司组织机构的特别规定专章。将适用范围由国有独资有限责任公司，扩大到国有独资、国有控股的有限责任公司、股份有限公司；要求国有独资公司董事会成员中外部董事应当过半数；落实中央关于监事会改革要求，明确国有独资公司在董事会中设置由董事组成的审计委员会行使监事会职权的，不设监事会或者监事；增加国家出资公司应当依法建立健全内部监督管理和风险控制制度的规定。三是，完善公司设立、退出制度。新设公司登记一章，明确公司登记事项和程序；明确电子营业执照、采用电子通讯方式作出决议的法律效力；扩大可用作出资的财产范围，明确股权、债权可以作价出资；放宽一人有限责任公司设立等限制，并允许设立一人股份有限公司；明确清算义务人及其责任；增加简易注销和强制注销制度。四是，优化公司组织机构设置。允许公司只设董事会、不设监事会，公司只设董事会的，应当在董事会中设置审计委员会行使监事会职权；简化公司组织机构设置，对于规模较小或者股东人数较少的公司，可以不设董事会（监事会），设一名董事（监事）；对于规模较小或者股东人数较少的有限责任公司，经全体股东一致同意，可以不设监事；为更好保障职工参与公司民主管理，规定职工人数三百人以上的公司，除依法设监事会并有公司职工代表的外，其董事会成员中应当有公司职工代表。五是，完善公司资本制度。在股份有限公司中引入授权资本制，允许公司章程或者股东会授权董事会发行股份；规定公司可以发行优先股和劣后股、特殊表决权股、转让受限股等类别股；允许公司择一采用面额股或者无面额股；取消无记名股；增加简易减资制度；增加股东欠缴出资的失权制度、股东认缴出资加速到期制度，明确股权转让时转让方、受让方的出资责任。六是，强化控股股东、实际控制人和董事、监事、高级管理人员的责任。完善忠实和勤勉义务的具体内容；加强对关联交易的规范，增加关联交易报告义务和回避表决规则；强化董监高维护公司资本充实的责任；规定董事、高级管理人员执行职务存在故意或者重大过失的，也应当对他人承担赔偿责任；规定公司的控股股东、实际控制人指示董事、高级管理人员从事损害公司或者股东利益的行为的，与该董事、高级管理人员承担连带责任。七是，加强公司社会责任。规定公司应当充分考虑公司职工、消费者等利益相关者的利益以及生态环境保护等社会公共利益，承担社会责任。

本届以来，宪法和法律委员会、法制工作委员会就修订草案二次审议稿的有关问题多次召开座谈会，并到北京、福建进行调研，进一步听取有关方面意见。宪法和法律委员会于7月26日召开会议，根据常委会组成人员审议意见和各方面的意见，对草案进行了逐条审议。财政经济委员会、最高人民法院、司法部、国家市场监督管理总局、中国证券监督管理委员会有关负责同志列席了会议。8月23日，宪法和法律委员会召开会议，再次进行了审议。现将公司法修订草案主要问题修改情况汇报如下：

一、有的地方、部门、专家学者和社会公众提出，自2014年修改公司法实施注册资本认缴登记制，取消出资期限、最低注册资本和首期出资比例以来，方便了公司设立，激发了创业活力，公司数量增加迅速。但实践中也出现股东认缴期限过长，影响交易安全、损害债权人利益的情形。建议在总结实践经验的基础上，进一步完善认缴登记制度，维护资本充实和交易安全。宪法和法律委员会经会同有关方面研究，建议增加有限责任公司股东认缴期限的规定，明确全体股东认缴的出资额应当按照公司章程的规定自公司成立之日起五年内缴足。

二、有的地方、部门、专家学者和社会公众提出，职工是公司重要的利益相关者，建议进一步强化公司民主管理，维护职工合法权益。宪法和法律委员会经研究，建议作以下修改：一是，明确公司应当依照宪法和有关法律的规定，建立健全以职工代表大会为基本形式的民主管理制度；二是，完善董事会中职工代表的有关规定，除对职工三百人以上不设监事会的公司董事会设职工代表作出强制要求外，进一步明确，其他公司的董事会成员中可以有职工代表。

三、有的常委会组成人员、地方、部门、专家学者和社会公众提出，为进一步落实产权平等保护要求，建议进一步完善中小股东权利保护相关规定。宪法和法律委员会经研究，建议作以下修改：一是，规定控股股东滥用股东权利，严重损害公司或者其他股东利益的，其他股东有权请求公司按照合理的价格收购其股权；二是，完善股份有限公司股东查阅、复制公司有关材料的规定；三是，增加公司不得提高临时提案股东持股比例的规定；四是，规定公司减少注册资本，应当按照股东出资或者持有股份的比例相应减少出资额或者股份，法律另有规定的除外。

四、有的常委委员、地方、部门、专家学者和社会公众提出，实践中有的控股股东、实际控制人虽不在公司任职但实际控制公司事务，通过关联交易等方式，侵害公司利益，建议进一步强化对控股股东和实际控制人的规范。宪法和法律委员会经研究，建议增加规定，控股股东、实际控制人不担任公司董事但实际执行公司事务的，适用董事对公司负有忠实义务和勤勉义务的规定。

五、有的地方、部门、专家学者和社会公众建议，落实党中央关于公司债券管理体制改革要求，适应债券市场发展实践需要，完善相关规定。宪法和法律委员会经研究，建议作以下修改：一是，根据《关于国务院机构改革方案的决定》将国家发改委的企业债券审核职责划入中国证监会的要求，删去国务院授权的部门对公开发行债券注册的规定；二是，明确公司债券可以公开发行，也可以非公开发行；三是，将债券存根簿改为债券持有人名册；四是，将发行可转债的公司由上市公司扩大到所有股份有限公司；五是，增加债券持有人会议决议规则和效力的规定，增加债券受托管理人相关规定。

六、有的常委委员、地方、部门和社会公众建议增加对提交虚假材料取得公司登记的直接责任人员的处罚；同时，对违反会计法、资产评估法的违法行为的处罚与相关法律做好衔接。宪法和法律委员会经研究，建议作以下修改：一是，增加规定，对虚报注册资本、提交虚假材料或者采取其他欺诈手段隐瞒重要事实取得公司登记的直接负责主管人员和其他直接责任人员处以一万元以上五万元以下的罚款；二是，对违反会计法、资产评估法等的违法行为，规定按照会计法、资产评估法、注册会计师法等法律、行政法规的规定处罚。

此外，还对修订草案二次审议稿作了一些文字修改。

修订草案三次审议稿已按上述意见作了修改，宪法和法律委员会建议提请本次常委会会议继续审议。

修订草案三次审议稿和以上汇报是否妥当，请审议。

全国人民代表大会宪法和法律委员会关于《中华人民共和国公司法（修订草案）》审议结果的报告

（2023年12月25日）

全国人民代表大会常务委员会：

常委会第五次会议对公司法修订草案进行了三次审议。会后，法制工作委员会在中国人大网全文公布修订草案，征求社会公众意见。宪法和法律委员会、法制工作委员会赴上海调研，听取意见；并就修订草案中的主要问题与有关方面交换意见，共同研究。宪法和法律委员会于12月5日召开会议，根据常委会组成人员审议意见和各方面的意见，对修订草案进行了逐条审议。财政经济委员会、最高人民法院、司法部、国家市场监督管理总局有关负责同志列席了会议。12月18日，宪法和法律委员会召开会议，再次进行了审议。宪法和法律委员会认为，为贯彻落实党中央关于深化国有企业改革、优化营商环境、加强产权保护、促进资本市场健康发展等重大决策部署，修改公司法是必要的，修订草案经过三次审议修改，已经比较成熟。同时，提出如下主要修改意见：

一、有的常委委员、社会公众提出，公司是最重要的市场主体，修改公司法完善中国特色现代企业制度，是贯彻落实宪法关于国家完善"企业经营管理制度"的重要举措，建议增加"根据宪法"制定本法。宪法和法律委员会经研究，建议采纳这一意见。

二、有的常委会组成人员和部门、专家学者、社会公众提出，草案规定的失权制度对股东权利影响较大，建议明确失权的决议程序和失权股东的异议程序。宪法和法律委员会经研究，建议增加规定，公司经董事会决议可以向未按期缴纳出资的股东发出失权通知；股东对失权有异议的，应当自收到失权通知之日起三十日内，向人民法院提起诉讼。

三、有的常委委员和部门、专家学者建议进一步完善公司出资制度，强化股东出资责任。宪法和法律委员会经研究，建议作以下修改：一是在规定有限责任公司股东出资认缴期限不得超过五年的基础上，明确法律、行政法规以及国务院决定可以对有限责任公司股东出资期限作出特别规定，为重点行业领域设定短于五年的认缴期限留出制度空间；二是规定股份有限公司发起人应当在公司成立前按照其认购的股份全额缴纳股款；三是增加对不按照规定公示或者不如实公示出资等有关信息的处罚。

　　四、有的常委会组成人员、社会公众建议进一步强化职工民主管理、保护职工合法权益。宪法和法律委员会经研究，建议作以下修改：一是在立法目的中增加保护"职工"合法权益的规定；二是增加公司研究决定"解散、申请破产"时听取职工意见的规定。还有的常委委员建议明确审计委员会成员中应当有职工代表。宪法和法律委员会经研究认为，允许公司设置审计委员会履行监督职责，不设监事会或者监事，是要强化审计委员会对公司财务、会计监督的专业性；考虑到审计委员会是一项新制度，对其成员组成保持适当的灵活性和包容性，更有利于实践发展。据此，建议增加规定，公司董事会成员中的职工代表可以成为审计委员会成员。

　　五、有的常委会组成人员和部门、专家学者建议明确公司收到股东提议召开临时股东会会议的请求时，应当在规定期限内答复股东是否召开会议，以确保股东能够及时自行召集。宪法和法律委员会经研究，建议增加规定，单独或者合计持有公司百分之十以上股份的股东请求召开临时股东会会议的，董事会、监事会应当在收到请求之日起十日内作出是否召开临时股东会会议的决定，并书面答复股东。

　　六、一些常委会组成人员和部门、专家学者、社会公众建议完善审计委员会的议事方式和表决程序，保障其有效发挥监督作用。宪法和法律委员会经研究，建议增加以下规定：审计委员会作出决议，应当经审计委员会成员的过半数通过；审计委员会决议的表决，应当一人一票；审计委员会的议事方式和表决程序，除本法有规定的外，由公司章程规定。

　　七、有的常委委员和部门、专家学者、社会公众建议增加股东对全资子公司相关材料的查阅、复制权利，完善股东对全资子公司董事、监事、高级管理人员等提起代表诉讼的程序，更好发挥股东在监督公司治理方面的作用。宪法和法律委员会经研究，建议作以下修改：一是增加股东可以要求查阅、复制全资子公司相关材料的规定；二是增加规定，公司全资子公司的董事、监事、高级管理人员执行职务违反法律、行政法规或者公司章程的规定，或者他人侵犯公司全资子公司合法权益造成损失的，有限责任公司的股东、股份有限公司连续一百八十日以上单独或者合计持有公司百分之一以上股份的股东，可以按照规定书面请求全资子公司的监事会、董事会向人民法院提起诉讼或者以自己的名义直接向人民法院提起诉讼。

　　八、修订草案三次审议稿第二百二十四条第三款规定，公司减少注册资本，应当按照股东出资或者持有股份的比例相应减少出资额或者股份，本法或者其他法律另有规定的除外。有的代表、部门、专家学者和社会公众提出，等比例减资有利于实现股东平等，但也应尊重公司意思自治，适应商业实践需要，允许股东对非等比例减资作出约定。宪法和法律委员会经研究，建议增加"有限责任公司全体股东另有约定或者股份有限公司章程另有规定"作为等比例减资的例外情形。

此外，还对修订草案三次审议稿作了一些文字修改。

12月14日，法制工作委员会召开会议，邀请部分全国人大代表、专家学者以及市场监管部门、人民法院、协会、企业、中介服务机构等方面的代表，就修订草案中主要制度规范的可行性、法律出台时机、法律实施的社会效果和可能出现的问题等进行评估。普遍认为，修订草案贯彻落实党中央决策部署，坚持问题导向，深入总结实践经验，完善公司资本制度和公司治理结构，加强股东权利保护，强化控股股东、实际控制人和经营管理人员责任，对于完善中国特色现代企业制度、推动经济高质量发展具有重要意义。修订草案内容系统全面，针对性强，符合实际，建议尽快出台。同时，建议有关部门抓紧制定配套规范，深入开展法律宣传，确保法律正确有效实施。与会人员还对修订草案提出了一些具体修改意见，有的意见已经采纳。

修订草案四次审议稿已按上述意见作了修改，宪法和法律委员会建议提请本次常委会会议审议通过。

修订草案四次审议稿和以上报告是否妥当，请审议。

全国人民代表大会宪法和法律委员会关于《中华人民共和国公司法（修订草案）》修改情况的汇报

（2022年12月27日）

全国人民代表大会常务委员会：

　　常委会第三十二次会议对公司法修订草案进行了初次审议。会后，法制工作委员会将修订草案印发各省（区、市）人大、中央有关部门、部分中央企业和基层立法联系点、全国人大代表、研究机构等征求意见；在中国人大网全文公布修订草案，征求社会公众意见。宪法和法律委员会、法制工作委员会联合召开座谈会，听取全国人大代表、中央有关部门和专家学者对修订草案的意见；并就修订草案的有关问题与有关方面交换意见，共同研究。宪法和法律委员会于11月29日召开会议，根据常委会组成人员的审议意见和各方面意见，对修订草案进行了逐条审议。财政经济委员会、最高人民法院、司法部、国家市场监督管理总局、中国证券监督管理委员会有关负责同志列席了会议。现将公司法修订草案主要问题修改情况汇报如下：

　　一、有的意见建议贯彻党的二十大精神，在立法目的中增加"完善中国特色现代企业制度，弘扬企业家精神"的内容。宪法和法律委员会经研究，建议采纳这一意见。

　　二、有的常委会组成人员、地方、部门和专家学者建议进一步强化股东的出资责任。宪法和法律委员会经研究，建议作以下修改：一是完善失权股权处理规定，明确未按期足额缴纳出资的股东失权后，失权股权在六个月内未转让或者注销的，由公司其他股东按照其出资比例足额缴纳相应出资；股东未按期足额缴纳出资，给公司造成损失的，应当承担赔偿责任。二是明确公司不能清偿到期债务的，公司或者已到期债权的债权人有权要求已认缴出资但未届缴资期限的股东提前缴纳出资。三是对于股东转让已认缴出资但未届缴资期限的股权的，在受让人承担缴纳出资义务的基础上，明确受让人未按期足额缴纳出资的，出让人对受让人未按期缴纳的出资承担补充责任。

　　三、有的常委委员、地方、部门和专家学者、社会公众建议进一步完善公司组织机构设置及其职权相关规定，提升公司治理效果。宪法和法律委员会经研究，建议作以下修改：一是进一步厘清股东会和董事会的职权划分，恢复现行公司法关于董事会职权的列举规定，明确股东会可以对其职权范围内的部分事项（如发行公司债券）授权董事会作出决议。二是完善关于董事会成员中职工代表的相关规定，明确职工人数三百人以上的公司，除依法设监事会并有公司职工代表的外，其董事会成员中应当有公司职工代表。三是明确公司在董事会中设置审计委员会行使本法规定的监事会职权的，不设监事会或者监事；进一步明确股份有限公司审计委员会的人员组成和资格要求。四是为了进一步提高公司治理的灵活性，明确规模较小的有限责任公司经全体股东一致同意，也可以不设监事。

四、有的常委委员、地方、部门和专家学者、社会公众建议进一步完善董事责任的相关规定；有的建议增加关于董事责任保险的规定。宪法和法律委员会经研究，建议作以下修改：一是将修订草案第一百九十条修改为，董事、高级管理人员执行职务，给他人造成损害的，公司应当承担赔偿责任；董事、高级管理人员存在故意或者重大过失的，也应当承担赔偿责任。二是增加一条规定：公司可以在董事任职期间为董事因执行公司职务承担的赔偿责任投保责任保险。公司为董事投保责任保险或者续保后，董事会应当向股东会报告责任保险的投保金额、承保范围及保险费率等内容。

五、有的常委委员、地方、部门和专家学者建议进一步完善上市公司组织机构的相关规定，强化上市公司治理。宪法和法律委员会经研究，建议作以下修改：一是授权国务院证券监督管理机构对上市公司独立董事的具体管理办法作出规定。二是增加上市公司审计委员会职权的规定。三是明确上市公司应当依法披露股东、实际控制人的信息，相关信息应当真实、准确、完整。禁止违反法律、行政法规的规定，代持上市公司股票。四是明确上市公司控股子公司不得取得该上市公司的股份，对于控股子公司因公司合并、质权行使等原因持有上市公司股份的，不得行使所持股份对应的表决权，并应当及时处分相关上市公司股份。

六、有的地方、部门和企业建议根据国有企业改革实践，对修订草案关于国家出资公司的规定进行修改完善，并与企业国有资产法做好衔接。宪法和法律委员会经研究，建议作以下修改：一是将"第六章国家出资公司的特别规定"调整为第七章，并将章名改为"国家出资公司组织机构的特别规定"，删除企业国有资产法中已经有明确规定的内容。二是落实党中央关于深化国有企业监事会改革要求，明确国有独资公司不设监事会或者监事，董事会审计委员会行使监事会相关职权。

七、有的意见提出，为解决实践中公司注销难、"僵尸公司"大量存在的问题，建议根据地方实践经验，增加强制注销的内容。宪法和法律委员会经研究，建议增加一条规定：公司被吊销营业执照、责令关闭或者被撤销，满三年未清算完毕的，公司登记机关可以通过统一的企业信息公示系统予以公告，公告期限不少于六十日。公告期限届满后，未有异议的，公司登记机关可以注销公司登记。被强制注销公司登记的，原公司股东、清算义务人的责任不受影响。

此外，还对修订草案作了一些文字修改。

修订草案二次审议稿已按上述意见作了修改，宪法和法律委员会建议提请本次常委会会议继续审议。

修订草案二次审议稿和以上汇报是否妥当，请审议。

全国人民代表大会宪法和法律委员会关于《中华人民共和国公司法（修订草案四次审议稿）》修改意见的报告

（2023年12月29日）

全国人民代表大会常务委员会：

本次常委会会议于12月25日下午对公司法修订草案四次审议稿进行了分组审议。普遍认为，修订草案已经比较成熟，建议进一步修改后，提请本次常委会会议表决通过。同时，有些常委会组成人员和列席人员还提出了一些修改意见和建议。宪法和法律委员会于12月25日晚召开会议，逐条研究了常委会组成人员和列席人员的审议意见，对修订草案进行了审议。财政经济委员会、最高人民法院、司法部、国家市场监督管理总局有关负责同志列席了会议。宪法和法律委员会认为，修订草案是可行的，同时，提出以下修改意见：

一、有些常委委员建议明确公司应当按照规定真实、准确、完整公示相关信息，提高公司披露信息的透明度和准确性。宪法和法律委员会经研究，建议采纳这一意见，在修订草案四次审议稿第四十条中增加规定，公司应当确保公示信息真实、准确、完整。

二、修订草案四次审议稿第五十条规定，有限责任公司设立时的股东，在出资不足的范围内承担连带责任。有的意见提出，上述要求应仅适用于设立时股东未实际缴纳出资或实际出资的非货币财产的实际价额显著低于所认缴的出资额的情形，建议进一步予以明确。宪法和法律委员会经研究，建议采纳这一意见，对相关表述进行调整。

三、修订草案四次审议稿第一百三十六条第二款对上市公司章程应当载明的事项作了规定。有的常委委员提出，上市公司章程修改程序复杂，成本较高，建议适当简化有关记载事项。宪法和法律委员会经研究，建议删去其中的董事会专门委员会的"议事规则"，将"薪酬与考核机制"修改为"薪酬考核机制"。

四、有的常委委员提出，董事会根据公司章程或者股东会授权决定发行股份，会导致公司注册资本、已发行股份数发生变化，仅因此项记载事项发生变化需要修改公司章程的，不需再由股东会表决，建议予以明确。宪法和法律委员会经研究，建议采纳这一意见。

还有一个问题需要汇报。国家市场监督管理总局建议对新法施行前已设立的公司的出资期限设置过渡期，并授权国务院制定具体办法。根据国家市场监督管理总局的意见，宪法和法律委员会经研究，建议增加规定："本法施行前已登记设立的公司，出资期限超过本法规定的期限的，除法律、行政法规或者国务院另有规定外，应当逐步调整至本法规定的期限以内；对于出资期限、出资额明显异常的，公司登记机关可以依法要求其及时调整。具体实施办法由国务院规定。"同时，宪法和法律委员会建议，法律出台后，国务院方面应当抓紧制定实施办法，保证与法律同步实施并做好宣传解读工作。

经与有关方面研究，建议将修订后的公司法施行时间确定为2024年7月1日。

此外，根据常委会组成人员的审议意见，还对修订草案四次审议稿作了个别文字修改。

修订草案修改稿已按上述意见作了修改，宪法和法律委员会建议本次常委会会议审议通过。

修订草案修改稿和以上报告是否妥当，请审议。

图书在版编目（CIP）数据

中华人民共和国公司法新旧对照与重点条文解读/周游编著.—北京：中国法制出版社，2024.1（2024.5重印）
ISBN 978-7-5216-4195-0

Ⅰ.①中… Ⅱ.①周… Ⅲ.①公司法-法律解释-中国 Ⅳ.①D922.291.915

中国国家版本馆CIP数据核字（2024）第012152号

责任编辑：赵燕　　　　　　　　　　　　　封面设计：蒋怡

中华人民共和国公司法新旧对照与重点条文解读
ZHONGHUA RENMIN GONGHEGUO GONGSIFA XINJIU DUIZHAO YU ZHONGDIAN TIAOWEN JIEDU

编著/周游
经销/新华书店
印刷/三河市紫恒印装有限公司
开本/850毫米×1168毫米　32开　　　印张/8.375　字数/231千
版次/2024年1月第1版　　　　　　　　2024年5月第2次印刷

中国法制出版社出版
书号 ISBN 978-7-5216-4195-0　　　　　　　定价：26.00元

北京市西城区西便门西里甲16号西便门办公区
邮政编码：100053　　　　　　　　　　　　传真：010-63141600
网址：http://www.zgfzs.com　　　　　　　编辑部电话：010-63141669
市场营销部电话：010-63141612　　　　　　印务部电话：010-63141606

（如有印装质量问题，请与本社印务部联系。）